DANIEL GLUCKSTEIN
PIERRE LAMBERT

# ITINÉRAIRES

ÉDITIONS DU
ROCHER
Jean-Paul Bertrand

ISBN 2 268 04233 2

# Sommaire

Annexes

# Introduction

Qui sommes-nous ? Que voulons-nous ?

L'année 2001 aura connu en France « la percée médiatique » du « lambertisme ». Bien que nous contestions cette appellation, nous pourrions nous en réjouir... s'il s'agissait d'informer honnêtement l'opinion publique sur une organisation, jusque-là ignorée par la presse écrite, orale et télévisuelle.

Hélas, nous ne pouvons que constater ce qui est : à côté de quelques tentatives, isolées et partielles de fournir une information exacte, la plupart des articles de presse, émissions de radio et de télévision nous concernant (souvent par ricochet) s'expriment avec un grand luxe de contrevérités, quand ce n'est pas de mensonges et de falsifications délibérés.

Qui sommes-nous ? Que voulons-nous ?

Alors que l'écriture de ce livre était entamée, les attentats du 11 septembre aux États-Unis ont fait basculer le monde entier dans une guerre dont le président Bush a déclaré qu'elle serait totale : militaire, économique, sociale, politique, financière. Son vice-président précise (*Washington Post*) :

> « C'est peut-être une guerre qui n'aura pas de fin, du moins de notre vivant. »

Dans le monde entier, travailleurs et peuples sont saisis d'effroi devant cette marche au cataclysme. Peut-on en chercher les racines ailleurs que dans la survie du régime décomposé de la propriété privée des moyens de production ? Y a-t-il une issue positive ? L'alternative *« socialisme ou barbarie »* formulée par la grande révolutionnaire Rosa Luxembourg, voilà cent ans, est-elle toujours d'actualité ?

Nous ne prétendons pas détenir la vérité révélée. C'est sur la base de faits vérifiés et vérifiables que nous voulons, dans ce livre, apporter des éléments permettant de dégager des réponses à ces questions, dans et par la libre discussion.

Nous faisons nôtre la devise de la I^re Internationale :

> « L'émancipation des travailleurs sera l'œuvre des travailleurs eux-mêmes. »

Nous estimons que le marxisme représente un apport fondamental à la lutte pour la libération de l'humanité des chaînes de l'exploitation et de l'oppression. Pour avoir établi scientifiquement que le socialisme devra faire suite, nécessairement, au système de la propriété privée des moyens de production, Marx et Engels ont subi, de leur vivant, dénigrements et calomnies. Aujourd'hui, alors que l'humanité subit les conséquences désastreuses de la survie de ce système pourrissant, ses adversaires continuent de recourir aux mêmes calomnies et falsifications à l'encontre du marxisme.

Nous reviendrons dans ce livre sur notre attitude à l'égard de « l'affaire » – récemment suscitée par les appétits présidentiels – concernant l'appartenance passée du Premier ministre à la section française de la IV^e Internationale, courant communiste internationaliste, dont nous (Pierre Lambert et Daniel Gluckstein) sommes membres l'un et l'autre. Le « traitement » médiatique de cette question a vu fleurir toutes les accusations d'intolérance et de sectarisme contre notre courant. Le mieux, pour y répondre, est encore une fois de partir des faits.

Dans un livre récent intitulé *Un philosophe dans la résistance*[1], Pierre Fougeyrollas, ancien professeur de sociologie à l'université de Jussieu, retrace son itinéraire sous la forme d'un dialogue avec François George. Un itinéraire qui l'a conduit, dans la Résistance, à rejoindre le PCF, puis à le quitter pour adhérer vers 1970 à l'Organisation communiste internationaliste. Il n'est évidemment pas question, dans cette introduction, d'exposer l'ensemble de l'expérience vécue par Pierre Fougeyrollas. Signalons simplement quelques passages susceptibles d'éclairer ce que nous sommes :

> « L'OCI appelait à voter [en 1981] pour le premier secrétaire du Parti socialiste dès le premier tour, dans la perspective d'un gouvernement PS-PCF sans ministres bourgeois. Je n'avais aucune peine à suivre, en l'occurrence, la discipline de parti. Avec l'OCI, je votais donc Mitterrand tout en conservant mon opinion sur l'homme qui allait incontestablement permettre à la gauche d'accéder au pouvoir après vingt ans "d'exil". Mais, bien entendu, cette victoire de la gauche débouchant sur un gouvernement PS-PCF-radicaux de gauche ne pouvait pas satisfaire les militants de l'OCI, toujours tendus sur l'imminence de la révolution et de sa préparation[2]. »

---

1. Éditions O. Jacob, 2001.
2. Notre propos n'étant pas de débattre de cette question qui, par certains côtés, concentre notre position sur l'avenir de la civilisation humaine et, par d'autres, les erreurs que nous avons pu commettre. Nous y reviendrons, sous cet angle, dans la conclusion de cet ouvrage.

Pierre Fougeyrollas analyse :

> « Petit à petit, j'ai été conduit dans le cours de mes recherches à ne plus me servir de la méthode du marxisme comme une méthode exclusive, unique, et à l'abandonner quand elle ne permettait pas d'avancer plus loin (...). J'en informai Pierre Lambert qui me dit : "Es-tu encore marxiste ?" Je lui répondis : "Non." J'entendais par là que je ne reniais pas l'enrichissement intellectuel que Marx m'avait apporté, mais que je voulais désormais me référer aussi à d'autres penseurs que lui. Lambert m'a compris et nous avons décidé de nous séparer politiquement tout en conservant les sentiments d'une amitié réciproque. »

L'organisation qui se construit sur les bases du marxisme se veut une association libre à laquelle, librement, le militant accepte de s'affilier. Comme tout militant, Pierre Fougeyrollas avait admis que la discipline de parti nécessitait un large accord de principe. Ce qui n'empêche nullement la libre discussion, au contraire indispensable. *« Le marxisme n'est pas un dogme, mais un guide pour l'action »*, écrivait Lénine. Mais lorsque l'accord sur l'action n'est plus possible, il devient nécessaire de se séparer. Ce qui n'implique pas que les désaccords interdisent les relations d'amitié. Cela, certes, peut sembler difficile. Le témoignage de Pierre Fougeyrollas atteste, cependant, que cela n'est pas impossible.

Nombreux, néanmoins, sont ceux qui, ayant librement abandonné le combat pour la IV^e^ Internationale (de façon ouverte ou camouflée), participent maintenant allégrement à la campagne « antilambertiste ».

Cette campagne s'inscrit dans une continuité. Marxistes, militants ouvriers, militants révolutionnaires en ce début de XXI^e^ siècle, nous nous honorons de nous trouver, de ce fait, en bonne compagnie : tous les grands révolutionnaires – Robespierre, Blanqui, Marx, Engels, Lénine, Trotsky, Jaurès, Rosa Luxembourg – et ceux et celles, connus et inconnus, qui ont consacré leur intelligence théorique et leur activité pratique à la cause de l'émancipation humaine depuis deux siècles, et sur qui les défenseurs de l'exploitation et de l'oppression ont déversé boue et opprobre par tombereaux entiers.

Marx, en son temps, dut subir semblables dénigrements et calomnies, jusqu'à le dépeindre, selon les circonstances, comme agent de tel gouvernement ou suppôt de tel autre.

Lénine fut, à son tour, accusé d'agir pour le compte de l'empereur d'Allemagne parce qu'il combattait pour l'arrêt de la Première Guerre mondiale, pour la paix et la fraternisation entre travailleurs allemands et russes.

Trotsky fut, plus tard, dénoncé par Staline et ses séides comme un agent du Mikado et de Hitler réunis. Avec Trotsky, des centaines de milliers de militants ouvriers de toutes tendances, qui avaient dévoué leur existence à la cause ouvrière, furent assassinés, accusés des pires crimes imaginaires.

En France aujourd'hui, aucun autre courant politique ne subit un tel acharnement haineux de la part des partisans du régime d'exploitation capitaliste fondé sur la propriété privée des moyens de production.

Mais ce déferlement d'hostilités médiatiques est compensé, et largement, par la sympathie manifestée à notre égard par travailleurs et militants qui, même s'ils ne partagent pas toutes ses positions, reconnaissent dans la IVe Internationale un instrument dévoué à la cause de l'émancipation ouvrière.

Avant d'entrer dans le vif du sujet, il nous faut, pour la bonne compréhension du lecteur, clarifier un problème de dénomination. Sommes-nous « lambertistes », « trotskystes », marxistes, communistes, socialistes, rien de tout cela, ou tout cela à la fois ? Paradoxe qu'il nous faut d'emblée dévoiler : les « lambertistes », c'est nous et, pourtant... le « lambertisme », cela n'existe pas. Cette dénomination est une invention de nos adversaires. Nous appartenons à un courant du mouvement ouvrier qui plonge ses racines dans le marxisme ; un courant organisé à l'échelle internationale dans la IVe Internationale, et dans chaque pays dans des sections nationales de la IVe Internationale, lesquelles, selon les circonstances, peuvent exister indépendamment des autres organisations ou comme courants d'organisations ouvrières existantes. Dans notre pays, la section française de la IVe Internationale est organisée dans le Courant communiste internationaliste du Parti des travailleurs, parti au sein duquel elle combat en commun avec des militants venus d'autres horizons du mouvement ouvrier [1].

Pour Marx, l'analyse des lois qui permettent de saisir l'histoire de l'humanité vise non seulement à comprendre le passé mais à organiser le combat de l'avenir. Il s'agit d'unir la théorie et la pratique dans l'organisation. C'est à cette école que nous sommes allés, celle du marxisme conçu comme un guide pour l'action.

---

1. Nous sommes marxistes. Cela, pour nous, répétons-le, ne signifie aucunement adhésion à un dogme. Le marxisme, c'est une analyse théorique qui part des faits et les généralise pour les faire déboucher dans l'action et l'organisation. L'œuvre de Marx fut comparée en différentes circonstances à l'œuvre de Darwin. On a écrit parfois que le marxisme serait du « darwinisme appliqué à la science des sociétés ». Chronologiquement, les choses ne se sont pas passées ainsi. Mais il y a – c'est exact – un rapport entre la démarche de Marx et celle de Darwin. Au point que, sur la tombe de Marx, lors de l'enterrement de ce dernier, son vieil ami et camarade de combat F. Engels, déclarait : *« De même que Darwin a découvert la loi de développement de la nature organique, Marx a découvert la loi du développement de l'histoire humaine. »*

Les principes sur lesquels ce guide est fondé sont-ils toujours valables aujourd'hui ? Les marxistes partent des faits. Marx a pu se tromper sur tel ou tel aspect. Si les faits le démontraient, nous n'hésiterions pas à le dire et à le corriger.

Le marxisme raisonne aux antipodes des religions et des sectes. Son point de départ, n'est ni le dogme, ni la croyance en un esprit supérieur : ce sont les faits, uniquement et exclusivement les faits. Marx lui-même est parti des faits pour écrire le *Capital*, et de ces faits il a déduit l'analyse des lois du fonctionnement du système capitaliste, et du développement de l'histoire en général.

Partant donc des faits tels qu'ils se présentent aujourd'hui, peut-on vérifier que les enseignements du marxisme restent valables, comme reste valable la conclusion pratique qui en découle : la nécessité, pour les travailleurs, de s'organiser afin d'ouvrir la voie de leur émancipation ?

Le courant marxiste a traversé plus de cent cinquante ans de combats du mouvement ouvrier dans tous les pays ; combats faits de défaites et de succès, d'avancées et de reculs, d'expériences souvent tragiques dont il a fallu tirer les leçons. Partie prenante de la Commune de Paris et de la construction d'un vaste mouvement ouvrier organisé, en Europe particulièrement à la fin du XIXe et au début du XXe siècle, le marxisme a aussi nourri l'immense expérience de la Révolution russe, donnant naissance à un courant politique, le bolchevisme, marqué en particulier par l'élaboration théorique et l'action politique pratique de Lénine.

Ultérieurement, les marxistes ont été confrontés à un phénomène sans précédent : le premier État ouvrier né de la révolution prolétarienne – c'est-à-dire de l'appropriation du pouvoir et de la collectivisation de la propriété par la classe ouvrière russe – connaissait un processus de dégénérescence bureaucratique. Ce fut le stalinisme. Il a incombé à Trotsky, qui avait joué un rôle majeur dans la Révolution russe, de poursuivre le combat engagé avec Lénine dans la dernière période la vie de ce dernier, contre la formation naissante de cette bureaucratie. L'histoire a voulu que Trotsky joue un rôle majeur dans la compréhension théorique du stalinisme [1] et dans le combat contre cette dégénérescence jusqu'à constituer, sur cette base, une nouvelle internationale révolutionnaire, la IVe Internationale, s'inscrivant elle-même dans toute la continuité du mouvement ouvrier (de la IIIe Internationale, née de la Révolution russe, de la IIe fondée notamment avec Engels, et de la première, l'Association internationale des travailleurs dans laquelle Marx, Engels, Bakounine et beaucoup d'autres dirigeants du mouvement ouvrier, quels qu'aient pu être leurs conflits et leurs divergences, ont joué un rôle majeur).

Nous sommes souvent désignés comme « trotskystes ». Rappelons que Trotsky lui-même ne se considérait pas comme un « trotskyste », mais comme un marxiste. Ce sont ses adversaires – aussi bien ceux qui défendaient le régime de la propriété privée des moyens de production que les partisans du régime sanglant du stalinisme – qui ont inventé le mot « trotskyste » pour tenter d'en faire une catégorie distincte du marxisme et opposée à lui.

Cela étant, et précisément en rapport avec le passé, nous assumons cette étiquette. Nous assumons le rôle de Trotsky qui ne s'est pas contenté d'appliquer le marxisme, mais l'a enrichi, notamment en déduisant de tout l'apport théorique du marxisme et de l'expérience de la première Révolution russe de 1905, la théorie de la révolution permanente.

Nous assumons l'apport de l'homme qui a donné de l'évolution de l'Union soviétique et des conséquences de cette évolution, la seule analyse qui permet de comprendre ce qui

1. On renverra le lecteur à *La Révolution trahie*, de Léon Trotsky, ouvrage d'une brûlante actualité, bien qu'écrit en 1936.

se passe aujourd'hui. (Trotsky a démontré, il y a plus de soixante ans, que la bureaucratie stalinienne préparait le rétablissement du capitalisme en URSS et que celui-ci mènerait aux conséquences que l'on voit aujourd'hui : destruction en masse de l'industrie et de l'agriculture, de la classe productrice elle-même et de la culture, aboutissant à ce qu'un quart de la population vit d'une vie végétative et au bord de la famine.)

Oui, nous assumons l'étiquette de trotskystes, car pendant des années et des années, ceux qui se sont battus contre le stalinisme et la bureaucratie ont été qualifiés par Staline, son Guépéou, sa bureaucratie, de « trotskystes ». Et comme le présent dépend en grande partie du passé, cette étiquette, il n'y a pas de raison de l'abandonner.

Oui, nous assumons d'être trotskystes, comme nous assumons d'être des bolcheviks-léninistes, des marxistes de notre époque.

D'autres, dans la période plus récente, ont inventé à leur tour l'étiquette de « lambertisme » sans doute, là aussi, pour tenter d'opposer le courant que nous représentons à la continuité du trotskysme, et, à travers cette continuité, au marxisme lui-même.

Nous reviendrons dans ce livre sur les conditions particulières, difficiles et complexes qui ont vu notre courant résister et survivre à des situations qui le menaçaient dans son existence même. C'est un fait que Pierre Lambert, militant ouvrier entré aux Jeunesses communistes en 1934, exclu pour trotskysme en 1935, combattant depuis plus de soixante-cinq ans dans les rangs de la IVe Internationale et de sa section française, a joué un certain rôle dans la continuité de notre courant politique. De ce fait, nos adversaires et les médias à leur service ont déduit que notre courant devait être désigné du nom de « lambertisme ».

Cette étiquette nous ne l'avons pas revendiquée. Cependant, elle ne nous dérange pas. L'expérience tragique du mouvement ouvrier montre que les étiquettes ne sont pas toujours en rapport avec le contenu. Bien des politiques se rangent, encore aujourd'hui, derrière des étiquettes qui n'ont plus aucun rapport avec les idéaux qu'elles sont censées porter. Ce n'est pas le cas pour nous.

Au-delà du cours changeant de la politique, des étiquettes et des dénominations, nous sommes la IVe Internationale, courant dans le mouvement ouvrier, combattant pour aider la classe ouvrière et la jeunesse à se libérer des chaînes de l'exploitation et de l'oppression.

C'est ce contenu que nous allons, dans ce livre, nous attacher à expliquer. Ce livre s'adresse donc aux travailleurs, aux jeunes, à ceux qu'indigne et révolte la situation du monde en ce début de XXIe siècle, à ceux qui craignent pour la civilisation humaine tout entière menacée d'effondrement, à ceux qui recherchent la vérité des faits.

Nous voulons ici montrer en quoi et pourquoi l'effondrement de la civilisation humaine n'a rien d'inéluctable, puisqu'il découle de la survie d'un régime social historiquement condamné. Nous voulons montrer qu'il est possible – et nécessaire – de remplacer ce régime par un régime social porteur de progrès, de paix et de justice sociale. Ce livre s'adresse à qui veut engager le débat, à qui cherche à comprendre pour agir, et – pourquoi pas ? – à s'organiser.

Dans l'intense campagne de presse déclenchée depuis des mois et des mois contre le prétendu « lambertisme », il s'est trouvé un éditeur pour nous proposer d'exposer librement notre point de vue. C'est ce que nous allons nous attacher à faire ici en ne nous adressant ni à nos adversaires ni à la campagne médiatique. C'est à vous, travailleurs, jeunes, militants, que ce livre s'adresse, vous à qui la survie du régime capitaliste apparaît comme une accumulation de souffrances auxquelles il faudra bien que l'humanité mette un terme. À vous qui, comme nous, considérez que plus tôt l'humanité balaiera le vieux régime d'oppression et d'exploitation, plus grandes seront ses chances de se sauver elle-même [1].

1. Rédigé à deux, et comme expression particulière d'un point de vue collectif plus large – celui des militants de la IVe Internationale – ce livre est logiquement rédigé à la première personne du pluriel. Pour la bonne compréhension du lecteur, nous avons cependant laissé à plusieurs passages la forme d'entretiens entre les auteurs, ou de témoignages individuels, ou de documents.

## CHAPITRE 1

# La lutte de classe doit-elle être reléguée au musée des accessoires vieillis de l'histoire ?

PIERRE LAMBERT : La campagne antitrotskyste est devenue une constante dans la crise politique. Depuis une année ou deux, elle a pris un essor plus impressionnant encore en raison de l'itinéraire du Premier ministre Jospin. Mais ses auteurs livrent rarement leurs véritables motivations. Leur acharnement à notre encontre se présente toujours d'une manière camouflée, laquelle varie selon les « nécessités ». Pour qui veut comprendre, sur la base des faits, les questions soulevées par cette campagne, il faut aller à la racine. Il me semble que dans ton livre *Lutte des classes et mondialisation*[1] tu fournis des éléments susceptibles d'éclairer les raisons de cette campagne haineuse dirigée contre nous.

DANIEL GLUCKSTEIN : Dans *Lutte des classes et mondialisation*, j'ai expliqué, faits à l'appui, que la survie du capitalisme décomposé conduit à la ruine de la société et que, par conséquent, il n'y a aucun espoir à placer dans le « redressement » du capitalisme, dans sa « réforme », ou encore dans son « humanisation ». Il est

1. Daniel Gluckstein, *Lutte des classes et mondialisation*, Éditions Sélio, 1999, 511 pages, 150 F.

intéressant de rappeler que, lorsque ce livre fut publié, il se trouva des contradicteurs pour pourfendre ce qu'ils appelaient notre « sempiternel catastrophisme ». En particulier – nous étions dans les premiers mois de l'année 1999 – ils opposaient à notre analyse cette objection présentée alors comme « indiscutable » : le développement impétueux de la « nouvelle économie », des nouvelles technologies de l'information et de la communication (NTIC), de l'industrie du téléphone portable. N'était-ce pas là la « preuve » des ressources infinies du capitalisme, plus que jamais porteur de l'essor des forces productives..., ouvrant ainsi un avenir prometteur à l'ensemble de l'humanité ? Hélas, hélas... avant même que nous n'ayons eu le temps de répondre complètement à cette argumentation... la « nouvelle économie » s'était déjà effondrée !

Rappelons-nous le début de l'année 2000. Il n'était question que de « start up ». Des centaines d'entreprises se créaient tous les jours, qui, nous disait-on, anticipaient l'économie de demain ; des petites entreprises remarquables par leur flexibilité maximum, l'absence de syndicats, les bas salaires compensés par des « stock options ». Dix-huit mois après, la plupart des « start up » ont disparu. Le terme même a disparu plus vite encore qu'il ne s'était imposé. Entre mars 2000 et septembre 2001, l'indice Nasdaq (la Bourse américaine des valeurs de haute technologie) a perdu 75 % de sa valeur. L'investissement massif dans les nouvelles technologies de l'information et de la communication (les NTIC) a créé une véritable situation de surproduction. Engagés dans une concurrence effrénée, les capitalistes se sont suréquipés en matériel de haute technologie (informatique notamment), dont une large part est sous-utilisée. Les stocks de matériels gonflés au maximum, l'investissement s'est effondré. Aux États-Unis, avant même les événements du 11 septembre, l'investissement avait baissé de 15 % sur le premier semestre 2001.

La conséquence en a été une destruction massive dans toute la filière de l'informatique.

Rien qu'aux États-Unis, avant même les événements du 11 septembre, des centaines de milliers d'emplois avaient été supprimés dans ce secteur. Le secteur du téléphone (censé être un secteur locomotive grâce aux portables) s'est à son tour effondré. Des aventures comme l'UMTS – cette nouvelle technologie qui devait permettre aux utilisateurs de mobiles d'avoir accès à l'internet – ont fait perdre des milliers de milliards de francs (une perte qui a, cependant, fait la joie de quelques spéculateurs). Des technologies et des équipements qui n'étaient pas au point, une demande largement surestimée ont transformé cette folie spéculative en un gouffre. France Telecom a vu son titre perdre 75 % de sa valeur en un an, les suppressions d'emplois dégringolent par dizaines et centaines de milliers chez Ericsson, Motorola, Nortel, Alcatel.

Le journal *Le Monde*, la veille même des attentats du 11 septembre, devait reconnaître que le mythe de la « nouvelle économie » – dont il était, quelques mois plus tôt, un chantre officiel – était bien mort :

*« Plus de 4 000 milliards de dollars sont partis en fumée en quelques mois* (aux États-Unis, NDR) *avec l'éclatement de la bulle autour de la nouvelle économie. »*

PIERRE LAMBERT : Tu parles bien ici du journal *Le Monde*, qui, quelques mois auparavant, n'avait pas de mots assez élogieux, pas d'expressions assez enthousiastes pour saluer l'avènement de la « nouvelle économie », Eldorado moderne du système capitaliste ? Le journal *Le Monde* qui montrait du doigt ceux qui, comme nous – qui d'autre, au fait, en dehors de nous ? – refusaient de céder à cet engouement, et en soulignaient le caractère éphémère dans le temps et dévastateur dans ses conséquences sociales et économiques ?

DANIEL GLUCKSTEIN : Eh oui... Et sans le moindre regard critique sur son revirement à 180°, *Le Monde* a « découvert » en septembre 2001, que la « nouvelle économie » était virtuelle, et que 4 000 milliards de dollars sont partis en fumée ! En réalité, ce sont 6 600 milliards de dollars partis en fumée en dix-huit mois (avant le 11 septembre 2001, aux conséquences encore incalculables, à l'heure où nous écrivons, pour l'économie mondiale). 6 600 milliards de dollars, c'est cinq fois le produit intérieur brut de la France. Bien évidemment, ces 6 600 milliards de dollars qui affectent la plupart des grandes entreprises... il va falloir les récupérer... Et où les récupérer, sinon dans l'augmentation du taux d'exploitation, en tentant d'extorquer plus de plus-value à la classe ouvrière par de nouvelles restructurations, des licenciements, des délocalisations, des mesures de déréglementation, le démantèlement des régimes de protection sociale et des services publics d'éducation, de santé, etc. ?

Depuis le 11 septembre, ne voit-on pas, d'ailleurs, les multinationales du monde entier saisir l'occasion de la « guerre contre le terrorisme » décrétée par l'administration US pour dégraisser à tour de bras, non pas tant « en prévision » des conséquences du 11 septembre, qu'afin d'apurer les comptes de la période passée ? Que font-ils d'autre que d'appliquer la consigne de la conseillère en communication du ministre britannique des Transports, Mrs Jo Moore déclarant, une heure après les attentats frappant le World Trade Center (AFP, 9 octobre) :

*« C'est un très bon jour pour ressortir tout ce qu'on veut faire passer en douce. »*

La survie du système capitaliste en cours de décomposition entraîne l'humanité à la ruine. De 1994 à 2000, selon l'INSEE, « l'excédent brut d'exploitation » en France est passé de 1 248 milliards de francs à 1 566 milliards de francs. Cet « excédent brut d'exploitation », c'est la plus-value créée dans la production par l'exploitation du travail salarié[1]. Durant cette même période où « l'excédent brut d'exploitation », arraché par l'exploitation de la force de travail, croît donc de plus de 25 %, quelle situation ont connue les salariés ? « Grâce » à l'action du gouvernement de droite, puis « grâce » à l'action du gouvernement de « gauche plurielle » qui lui a succédé à partir de 1997, ils ont subi l'offensive généralisée de destruction de la Sécurité sociale, la liquidation de dizaines de milliers de lits dans les hôpitaux, la généralisation de la précarité par le biais des « emplois jeunes », « contrats emploi solidarité », CDD, et « emplois aidés » ; ils ont subi également le blocage des salaires, la déréglementation et la flexibilité imposées partout à travers l'application de la loi Aubry dite des « 35 heures », la remise en cause systématique des conventions collectives nationales et des statuts, une politique de privatisation comme on ne l'avait jamais connue jusque-là avec la remise en cause des services publics essentiels, de l'école à l'EDF, de l'équipement à La Poste, en passant par les hôpitaux, et combien d'autres encore.

---

1. En système capitaliste, rien n'est plus important que la mise en valeur du capital. Cette mise en valeur du capital obéit à une règle très simple : tout capitaliste (ou tout groupe de capitalistes), qui investit un capital A dans un secteur quelconque de la production, attend en retour de récupérer un capital qu'on appellera A' (supérieur à A). La différence entre A et A', cette valeur supplémentaire qui apparaît dans le processus de production des marchandises, c'est ce que Marx appelle « plus-value ». Son origine, c'est l'exploitation de la force de travail. L'exploitation de la force de travail contraint l'ouvrier à produire plus de valeur nouvelle qu'il n'en consomme. Ou, si l'on veut le dire autrement : le salaire qui lui est payé ne correspond qu'à une partie du travail effectué. L'autre partie du travail effectué par l'ouvrier l'est gratuitement. La valeur produite durant cette période de travail gratuit, c'est cette valeur supplémentaire, cette plus-value, que le capitaliste confisque. La raison d'être du système capitaliste fondé sur la propriété privée des moyens de production, c'est l'extorsion de la plus-value.

Durant cette longue période, où « l'excédent brut d'exploitation » capitaliste a connu une croissance de 25 % en France, à l'autre pôle de la société une catégorie sociale nouvelle, celle qu'on appelle « les travailleurs pauvres », n'a cessé elle aussi de croître. Selon les statistiques de l'INSEE (*Économie et statistiques*, n° 335, 2000), les travailleurs pauvres représentaient en France 6 % de la population active en 1996. Rappelons qu'un « travailleur pauvre » est une personne active qui appartient à un ménage dont le niveau de vie est inférieur au seuil de pauvreté fixé par les statistiques à 3 500 F par mois en 1996. En même temps que se développe le nombre des « travailleurs pauvres », se développe le nombre des « ménages pauvres ». En 1996, le nombre des « ménages pauvres » était inférieur à 8 % des ménages. Cette proportion se situe, à partir de 1998-1999, au-dessus de 10 %. Si l'on considère le nombre de personnes concernées, pas moins de 12 % de la population aujourd'hui relèvent de ce qu'on appelle cette « population pauvre ».

Autre caractéristique : entre 1970 et aujourd'hui, la proportion de « jeunes pauvres » n'a cessé d'augmenter. En 1970, le taux de pauvreté augmentait avec l'âge. C'est l'inverse en 1996. De plus, on remarque, selon le même document de l'Observatoire de la pauvreté et de l'exclusion (édition 2000), publié par la Documentation française le 10 janvier 2001, que *« la pauvreté des ménages de salariés ou de chômeurs s'est aggravée depuis le début des années 1990. Alors qu'elle était, auparavant, stable on retrouve ici l'incidence de la forte dégradation du marché du travail et du développement des formes particulières d'emplois »*. Peut-on dire plus clairement que les politiques de déréglementation du travail, visant à aggraver les conditions d'exploitation, aboutissent, à un pôle de la société, à une augmentation de 25 % de la plus-value extorquée aux travailleurs, et, de l'autre, à un affaissement généralisé des conditions sociales d'existence, à une véritable paupérisation de la population ?

PIERRE LAMBERT : Ce qui est vrai à l'échelle nationale, ne l'est-il pas tout autant, et même davantage, à l'échelle de la planète entière ? Certes, la place manque ici pour donner un tableau d'ensemble de la situation mondiale. Mais ne faut-il pas au moins mentionner le sort réservé au continent africain, tant celui-ci – soumis depuis des décennies au pillage des grandes puissances capitalistes et des institutions internationales qui y fomentent guerres, massacres et dévastations – offre à l'humanité entière l'image de « l'avenir » que lui promet la survie du régime fondé sur la propriété privée des moyens de production ?

DANIEL GLUCKSTEIN : En effet. En février 2000, j'ai participé à un tribunal international réuni à Los Angeles (États-Unis) pour juger les responsables de la dérive meurtrière qui frappe le continent africain. Dans les témoignages et informations fournis par les délégués venus de 16 pays africains, on peut lire :

« – *Dans les années 90, 220 millions d'Africains vivaient en dessous du seuil de pauvreté, la "prévision" était de 300 millions pour l'an 2000 (rapport du PNUD).*

– *42 % de la population "vivent" avec moins d'un dollar par jour.*

– *Plus de 60 % de la population n'a pas accès à l'eau potable.*

– *La tuberculose tue 600 000 Africains par an, la malaria cause un million de morts, dont 400 000 enfants de moins de 4 ans.*

– *1 400 000 personnes entre 15 et 49 ans ont été infectées en 1999 par le virus du Sida dans les neuf pays du Sud de l'Afrique, selon un rapport de l'UNAIDS de novembre 1998.*

– *La malnutrition affecte 48 % des enfants en Éthiopie, 41 % en Érythrée, 37 % au Burundi, etc.*

*– Plus de la moitié des pays d'Afrique est affectée par des guerres aux conséquences tragiques : des centaines de milliers de morts (plus de 200 000 au Burundi depuis 1993, qui s'ajoutent au million de personnes massacrées dans le Rwanda voisin).*

*– Plus de 12 millions d'Africains errent d'un bout à l'autre du continent.*

*– Pour la jeunesse, c'est la misère ou l'intégration dans les bandes armées (plus de 300 000 enfants recensés).*

*– Les privatisations conduisent à la fermeture massive d'usines et au chômage généralisé dans les villes.*

*– Le système scolaire est sinistré.*

*– Les hôpitaux sont devenus des mouroirs.*

*– L'agriculture est dévastée et les paysans et planteurs sont en grande difficulté en raison des baisses de prix sur le marché mondial et par la disparition des systèmes de péréquation et de stabilisation.*

*– L'existence des syndicats est menacée.*

*– La répression se généralise (...).*

*– D'ici peu, le continent africain sera peuplé d'enfants orphelins livrés à la violence et à la misère, de vieillards n'ayant plus aucune base de subsistance, ni par le biais de l'assurance sociale, ni au sein des familles ravagées.*

*– D'ici peu, le continent africain sera un continent où le seul déplacement des populations sera celui des migrations produit de la guerre et des violences.*

*– D'ici peu, le continent africain sera un continent où la vie de la majorité sera quotidiennement menacée par la famine et la maladie* [1]. »

---

1. *Les peuples africains menacés d'extermination.* Compte rendu du tribunal international chargé de juger les responsables de l'évolution meurtrière qui menace l'existence même des travailleurs et des peuples d'Afrique (Los Angeles, États-Unis, 5 et 6 février 2000). Édité par le Comité permanent du Tribunal Afrique, c/o Entente internationale des travailleurs et des peuples.

À ces faits établis en février 2000, j'ajoute les terribles informations fournies en novembre 2001 par le rapport ONUSIDA. En Afrique subsaharienne, l'espérance moyenne de vie est tombée de 62 ans à 47 ans (et même 40 ans an Afrique australe). Tous les secteurs sont concernés. Nombre de pays africains ont perdu le quart de leur personnel de santé. Au total, sur 40 millions de personnes infectées par le virus du Sida dans le monde, 28 millions se trouvent en Afrique. L'Afrique du Sud est le pays le plus touché du monde : 12 % de la population officiellement infectés ! Désormais, 40 % des décès chez les adultes sud-africains de 15 à 49 ans sont dus au Sida.

Sur la base de ces faits, de l'analyse des mécanismes de la « dette » et des plans d'ajustement structurel imposés par le Fonds monétaire international et la Banque mondiale, le Tribunal de Los Angeles s'est conclu sur ce verdict :

*« Sur la base des faits, le jury constate que le sort atroce auquel sont livrées les populations d'Afrique résulte d'un système d'exploitation et d'oppression qui détruit le continent africain et qui menace l'humanité tout entière. »*

Qui osera démentir ce verdict ? J'ajoute que la dérive mafieuse de l'économie mondiale atteint désormais des proportions qu'on ne peut plus considérer comme marginales. La mafiosisation de l'économie est-elle autre chose que la face (à peine) cachée de la putréfaction de l'ensemble du système ? Selon le Fonds monétaire international, le montant des revenus mafieux blanchis (recyclés) chaque année est désormais supérieur au PIB d'un pays comme la France : entre 800 et 2 000 milliards de dollars par an ! Sur cet ensemble, 300 à 500 milliards de dollars proviendraient des seuls trafics de drogue [1] !

---

1. Jean de Maillard (*Le Marché fait sa loi. De l'usage du crime par la mondialisation*. Éditions Mille et une nuits) qui fournit ces chiffres, apporte également les précisions suivantes, tirées des rapports officiels du

Ce qu'on appelle la « mondialisation » n'est rien d'autre que le droit imprescriptible que s'arroge la classe capitaliste d'abattre toutes les barrières qui se dressent contre son droit à l'exploitation, barrières que constituent les garanties sociales, les codes du travail,

---

Fonds monétaire international et de l'administration des États-Unis : *« Montant financier du trafic de migrants clandestins dans le monde : 7 milliards de dollars par an ; nombre de femmes et d'enfants auxquels des groupes de trafiquants font franchir les frontières : 700 000 par an dans le monde (de 45 à 50 000 pour les seuls États-Unis) ; gain de l'industrie mondiale de la prostitution : 4 milliards de dollars ; trafic d'espèces animales protégées : 6 à 10 milliards de dollars ; trafic sur les matières dangereuses et les ressources naturelles protégées : de 22 à 31 milliards de dollars ; (...) gain des organisations mafieuses italiennes en 1997 : plus de 74 milliards de dollars ; pertes imputables à la piraterie maritime : 450 millions de dollars (...). De 70 à 80 % du secteur privé en Russie serait racketté par la mafia, qui prélèverait 10 à 20 % des revenus des entreprises. Selon le MVD (ministère de l'Intérieur), il y aurait en Russie 89 organisations mafieuses importantes et un millier de plus petite taille ; 11 de ces organisations sont composées de 243 groupes réunissant quelque 50 000 membres, qui opèrent aussi dans 44 autres pays. Pour le gouvernement américain, qui fournit ses propres estimations, les chiffres sont un peu différents : environ 200 groupes mafieux de niveau élevé agissent, outre en Russie, dans 60 pays répartis sur tous les continents. Ils ont, entre autres, investi de 4 à 7 milliards de dollars en Italie entre 1993 et 1995, grâce aux liens qu'ils ont noués avec les mafias italiennes. En Israël, la mafia russe a investi, selon les estimations de la police israélienne, jusqu'à 4,5 milliards de dollars depuis le début des années 90. Sur les 17 milliards de dollars des réserves israéliennes en devises étrangères, 5 milliards proviennent de la mafia russe. En Grèce, les activités du crime organisé rapportent 11,5 milliards de dollars par an. En Chine, les toxicomanes dépensent 17 milliards de dollars par an pour l'achat de drogue ; la contrebande y est évaluée à 12 milliards de dollars. Les effectifs des Triades, les organisations mafieuses asiatiques d'origine chinoise, sont évalués à plus de 100 000 membres dans le monde. Les yakusas, la mafia japonaise, seraient responsables directement de 10 % des créances irrecouvrables du système bancaire japonais (soit 70 milliards de dollars), et indirectement de 30 % de ces "mauvaises dettes" qui ont plongé le Japon dans la crise depuis le début des années 90. Le revenu annuel des yakusas serait de 13 milliards de dollars. »*

les conventions collectives, les régimes de protection sociale, l'existence d'organisations ouvrières indépendantes ; barrière que constitue aussi l'existence de nations qui pourraient constituer un frein à la prétention de la nation capitaliste la plus puissante de s'emparer des richesses du monde entier. Ce qu'on appelle le « nouvel ordre mondial », ce n'est rien d'autre que ce droit reconnu à l'impérialisme le plus puissant d'imposer dans le monde entier les cadres politiques, juridiques, militaires les plus favorables à son droit imprescriptible à l'exploitation. Un droit qui, depuis le 11 septembre, prend la forme brutale du protectorat militaire, économique, financier, politique que l'impérialisme américain prétend imposer dans le monde entier.

Plus que jamais, la lutte des classes est le moteur de l'histoire. Une lutte des classes qui voit la classe capitaliste s'acharner à surmonter les conséquences de sa propre crise de décomposition par l'aggravation sans précédent des conditions d'exploitation. Une lutte des classes qui voit la classe ouvrière s'acharner à survivre comme classe, et, en survivant comme classe, à assurer la survie de l'humanité.

PIERRE LAMBERT : Ici se trouve posée la question de l'objectif : quelle est la finalité de la lutte de classe ? L'objectif est le socialisme libérateur. Les moyens en sont la défense de la démocratie, indissociable de l'indépendance des organisations ouvrières aujourd'hui menacées. Y a-t-il une autre voie pour sortir de cette spirale destructrice à laquelle la survie du régime fondé sur la propriété privée des moyens de production condamne l'humanité ? Marx et Engels ont établi scientifiquement que le socialisme devait nécessairement faire suite au système capitaliste, lorsque celui-ci aurait accompli et achevé son œuvre progressiste. N'est-ce pas le cas aujourd'hui ?

L'objectif de la lutte de classe peut-il être autre que de remplacer l'actuel régime de la propriété privée des moyens de production, par un régime fondé sur l'appropriation collective des moyens de production ? L'objectif peut-il être autre chose que l'établissement d'un régime social et politique où la production elle-même ne serait plus guidée par la recherche du profit mais par la nécessité de satisfaire aux besoins sociaux de l'humanité tout entière ?

Les faits démontreraient-ils aujourd'hui que la lutte des classes serait devenue une notion périmée ? Qui peut nier que la lutte des classes et ses conséquences sont conditionnées par le groupement des individus selon qu'ils possèdent les moyens de production – les « entreprises » dans le nouveau vocabulaire, c'est-à-dire ceux qui en détiennent le capital – ou qu'ils ne possèdent que leur force de travail ? Qui peut nier que les capitalistes qui possèdent les moyens de production exploitent les travailleurs qui sont contraints de vendre leur force de travail – et encore, quand ils le peuvent [1].

Et pourtant, alors qu'est démontrée chaque jour davantage la réalité de l'exploitation, de toutes parts, à droite et à gauche, à tous les niveaux, les affirmations se succèdent qui tentent de travestir les faits. C'est Lionel Jospin qui en appelle au « *patriotisme économique* », c'est-à-dire à la commune « *responsabilité presque civique des chefs d'entreprise et des consommateurs* » qui doivent, ensemble, « *soutenir l'activité économique* » (27 septembre 2001). C'est Seillière, président du MEDEF, qui se prononce pour « *un dialogue constructif avec les syndicats* », arguant de ce que « *les*

1. AFP, 28 décembre 2001 : « *Après une hausse déjà significative en octobre (+ 1,3 %), celle de novembre est une des plus importantes depuis que le chômage a recommencé à progresser en mai dernier (...). La situation s'est détériorée pour l'ensemble des catégories de demandeurs d'emplois, (...) en partie à cause des licenciements massifs dans l'industrie (...) mais aussi les chômeurs de longue durée, dont la diminution régulière marque le pas. (...) Au ministère de l'Emploi, on reconnaît que la hausse est "plutôt forte".* »

*salariés qu'ils représentent* (les syndicats, NDR) *et nous-mêmes n'avons pas des points de vue ou des intérêts contradictoires, adversaires ».* C'est ce que Seillière appelle la « société civile » dont il se veut le porte-parole (9 décembre 2001, sur France 3). C'est Chirac, déclarant (9 novembre 2001) :

*« Le message du gaullisme, c'est la volonté de construire une France sans exclusion où chacun prend part à la décision, que ce soit dans l'entreprise ou dans la vie publique, où chacun est associé au travail, au savoir, à la propriété, à toutes les expressions de la citoyenneté, inséparables d'une grande démocratie moderne. »*

« Chacun associé à la propriété » ? Tu parles...

DANIEL GLUCKSTEIN : La meilleure manière de démonter les mécanismes de ce camouflage, c'est, encore une fois, partir des faits. Un exemple parmi des milliers : comment s'est mis en place, et pourquoi, le dernier plan de restructuration à Alstom ?

Un lundi matin d'octobre 1999, une grosse enveloppe arrive dans la boîte aux lettres d'un des trois établissements du site ABB-Alstom-Power de La Courneuve. Dans cet envoi anonyme, 50 pages, toutes tamponnées « confidentiel », donnent en détail les prévisions de restructuration des centres d'études et de recherches du groupe dans le monde. Le document prévoit des milliers de suppressions de postes. Pour le seul centre de La Courneuve les effectifs doivent être ramenés de 250 à 28 !

Immédiatement, les travailleurs réagissent avec leurs syndicats. Ils demandent des comptes à la direction. Celle-ci dément. Incrédulité parmi les travailleurs. Quatre jours plus tôt, on leur avait expliqué qu'ils sortaient du groupe Alstom pour constituer, avec la partie énergie du groupe helvético-suédois ABB, une nouvelle société, ABB-Alstom-Power, forte de 57 000 personnes et leader mondial dans le domaine des études et de la fabrication de turboalternateurs pour les centrales énergétiques.

Salariés du bureau d'études de La Courneuve, ils ont déjà derrière eux un long passé de confrontation aux plans de restructuration. En 1992, ils avaient été déplacés de l'usine du Bourget vers le site de La Courneuve. Au Bourget (un établissement qui comptait jusqu'à 2 500 salariés en 1980), ils avaient travaillé pendant vingt ans, trente ans, participé à la conception des machines qui ont équipé toutes les centrales nucléaires en France et une bonne partie des centrales nucléaires dans le monde. En 1991, ils ne sont plus que 270 salariés, pour moitié ingénieurs, pour moitié techniciens et dessinateurs... confrontés à un plan de licenciements auquel ils opposent une grève totale. Pour tenter de mettre fin à ce conflit, la direction du groupe acceptera un protocole de compromis dans lequel les bureaux d'études préservent leur intégralité tout en étant délocalisés à La Courneuve et obtiennent une garantie qu'il n'y aura aucun licenciement pendant au moins une durée de cinq ans.

D'autres grèves, d'autres pressions, le protocole rompu. Mais finalement, les travailleurs en s'unissant dans des grèves et d'autres actions syndicales font reculer la direction.

Durant cette décennie des années 90, ils ont vu fermer bien des usines du groupe, y compris celle du Bourget, désormais vendue. Déplacés d'Alstom Le Bourget à Alstom La Courneuve, ils ont vu nombre d'anciens collègues livrés aux allers et retours, de la cellule de reclassement en formations plus ou moins bidon pour, au bout du compte, finir – et encore pour combien de temps ? – chauffeurs de taxi, bagagistes, fleuristes, gérants de pressing, alors que ce sont des professionnels de très haute qualification !

C'est à tout cela qu'ils pensent, les salariés des bureaux d'études de La Courneuve, lorsqu'en ces derniers jours de 1999 ils prennent connaissance de ce document secret qui annonce, pour 85 % d'entre eux, qu'ils seront licenciés. Ils ont une moyenne d'âge de 49 ans, la plupart d'entre eux vingt à trente ans d'ancienneté. Leur technicité est internationalement reconnue. Mais aussi leur expérience de luttes et leur fort taux de syndicalisation qui leur ont permis d'obtenir la reconnaissance des qualifications et des niveaux de salaires plus élevés que dans nombre de petites entreprises. Chacun se pose la question : si les licenciements passent, qui embauchera du personnel qualifié de 50 ans ou plus ?

Mars 2000 : quatre mois ont passé depuis que la direction d'Alstom a démenti les plans. Lors d'une conférence de presse tenue à Bruxelles, le P-DG d'ABB-Alstom-Power révèle que le document secret et démenti... était bien vrai ! Le plan de restructuration annoncé prévoit la suppression de 10 000 postes de travail, la fermeture de 25 sites dans le monde. Ils sont, eux, à La Courneuve, parmi les 1 500 à 2 000 salariés directement menacés en France. S'engage alors un combat de résistance pour le retrait de ce plan.

Durant dix-huit mois, ces travailleurs d'Alstom se mobilisent pour empêcher le plan de licenciement. Ils multiplient initiatives, grèves, manifestations. Cette résistance au plan de licenciement va contraindre la direction à revoir partiellement son plan, à réduire le nombre d'emplois supprimés et à reclasser un certain nombre de travailleurs. Mais en partie seulement. À l'heure où ces lignes sont écrites, des centaines de travailleurs d'Alstom n'ont aucune garantie sur l'avenir. Peut-être, quand ce livre sera-t-il imprimé, auront-ils été chassés de l'entreprise, seront-ils partis grossir les rangs des millions de chômeurs que compte notre pays, quoi que prétendent les statistiques officielles maquillées.

Pour les centaines de travailleurs d'Alstom, l'annonce du plan de restructuration, c'est l'amorce d'un drame. Un drame et une angoisse, nourris de l'expérience, car tous savent très bien ce qu'il y a derrière les mots « reclassement », « restructuration », « plan social » : le chômage. Le drame de tous les travailleurs, qui, pendant vingt-cinq ans, trente ans sont exploités dans une usine et à qui, du jour au lendemain, on vient dire : c'est terminé, plus d'avenir, plus rien ! Un drame qui ne frappe pas qu'Alstom. Finalement, quel que soit le nom de l'entreprise, c'est toujours le même drame, la même rage ouvrière.

On pense à Moulinex :

« "Trente-six ans de boulot pour Moulinex. Et nous voilà à la porte. Et dire que j'ai déjà connu ça avec mon mari qui bossait à la SMN. Il a été reclassé là et ça recommence ! (...) À midi, quand on a appris, tout le monde s'est arrêté de travailler. Mais ce matin, l'encadrement nous a menacés de constat d'huissier, car on ne produisait pas assez vite (...)." "C'est dégoûtant, *lance Michelle.* J'ai déjà quitté Mamers pour venir là. Je suis passée du batteur au micro-ondes... Et maintenant ? J'ai encore une fille de 15 ans à charge." *Guy travaille la nuit à la fabrication des capots pour les micro-ondes :* "Je ne suis pas le seul à travailler là : ma sœur, ma belle-sœur sont là aussi. Une bonne partie de la famille va être touchée. Cela fait deux ans qu'on se demande à quelle sauce on va être mangé (...)." "Le 4 mai, j'aurais fêté mes 36 ans de maison, *explique Michèle, 57 ans.* Je m'inquiète surtout pour les jeunes collègues. Comment vont-elles faire, les pauvres ?" *Comme tout le monde, Josiane est dépitée :* "Mon avenir, c'est le chômage. Sans permis de conduire, qu'est-ce que je peux faire ? Mon mari travaillait à la SMN ? Il a retrouvé du travail. Mais moi, je bosse là depuis l'âge de 16 ans. Où voudra-t-on m'embaucher ? (...)" *Pas de gros salaires ici.* "J'ai 30 ans d'ancienneté pour gagner 6 300 F aujourd'hui. Tout ça pour se faire jeter", *dit Sylvie, tout en distribuant des tracts (...). Geneviève est bien connue dans la maison, où elle travaille depuis 37 ans, elle n'en exprime pas moins sa vérité :* "Les filles, aujourd'hui, elles ont la rage." » (*Liberté*, 27 avril 2001.)

On pense à Bata, Flextronics (*Le Monde*, 1er août 2001) :

« *Il y a quelques semaines, quand on a annoncé que l'usine Bata (875 employés) de Moussey, en Moselle, déposait son bilan, Josiane, 41 ans, s'est efforcée de remonter le moral de son mari. Thomas est électromécanicien depuis dix-neuf ans dans cette usine de chaussures.* "Je lui disais que ce serait dur, mais qu'on tiendrait avec mon salaire en attendant qu'il retrouve autre chose." *Mais depuis la semaine dernière, Josiane est atterrée. Elle travaillait chez Flextronics (250 employés) à Moncel-lès-Lunéville, en Meurthe-et-Moselle, qui annonce à son tour la fermeture du site.* "J'ai peur de l'avenir, *confie-t-elle.* On a encore six ans à payer sur la maison, et mon aîné fait des grandes études à Dijon. Il va falloir qu'on tienne." *Bien sûr, les vacances ont été annulées. Et Josiane ne sait pas de quoi l'avenir sera fait :* "Vu le nombre de gens qui vont se retrouver sur le carreau, ça va être dur de retrouver du boulot..." »

Et on va nous dire qu'il n'y a pas des intérêts de classe contradictoires ?

PIERRE LAMBERT : On pourrait évoquer ici, aussi, ce fait divers qui a défrayé la chronique quelques mois plus tôt : ces ouvriers de Cellatex dans les Ardennes qui menaçaient de faire sauter toute leur usine dans un geste désespéré pour protester contre le plan de suppressions d'emplois. Ce sont chaque fois des vies, des milliers, des dizaines de milliers d'existences qui sont bouleversées, menacées d'être ainsi pulvérisées. J'ai d'ailleurs entendu récemment à la radio un travailleur de Cellatex qui s'adressait en ces termes aux travailleurs de Moulinex :

« *Malgré toutes les promesses qui ont été données après le coup d'éclat, les cellules de reconversion, de ceci, de cela, ce que je peux dire et passer comme message aux salariés de Moulinex, c'est qu'il ne faut pas se laisser endormir. Un plan social, ce n'est pas un avenir. Un plan social, il se termine, et, après, on se retrouve à la rue. Aujourd'hui, parmi les 153 ouvriers de Cellatex, très peu ont retrouvé du boulot. En plus, les ouvriers de Cellatex ont créé un précédent. Les employeurs hésitent à les embaucher. Ils sont un peu diabolisés, il faut le savoir, ce n'est pas innocent.* » (Entendu sur Europe 1, 13 novembre 2001.)

DANIEL GLUCKSTEIN : Ceci n'est pas vrai seulement en France. Aux États-Unis, dans les semaines qui ont suivi les attentats du 11 septembre, les plans de restructuration sont tombés avec une brutalité inouïe. Le 24 octobre 2001, le président de la centrale syndicale, AFL-CIO, John Sweeney, devait déclarer :

« *L'ironie tragique de la situation, c'est que l'hommage rendu par la nation* [aux travailleurs victimes des attentats du 11 septembre, NDR] *est purement verbal. Au moment où le Congrès chante les louanges des travailleurs, il s'attache à briser purement et simplement la résistance. Les travailleurs ont été au premier rang des victimes des attentats terroristes, beaucoup ont péri dans le World Trade Center, au Pentagone lorsque les avions se sont écrasés. Pourtant à la suite de cette période, plus de 500 000 ont perdu leur emploi, 150 000 pour la seule industrie aéronautique, 102 000 dans les industries du tourisme et de l'hôtellerie. D'autres plans extrêmement brutaux sont en préparation dans la métallurgie, l'automobile et l'ensemble de l'industrie manufacturière.* »

Quelques semaines plus tard, la même centrale syndicale AFL-CIO révisait à la hausse les chiffres des licenciements annoncés depuis le 11 septembre : plus d'un million ! Et les prévisions pour les prochains mois sont des plus sombres...

PIERRE LAMBERT : Tout cela est indiscutable. Mais si l'on en croit les articles de la grande presse, ces drames

– chacun s'accorde à les qualifier de « drames », y compris patrons et gouvernants – résulteraient d'une espèce de mécanique fatale : les plans de licenciements découleraient des lois de l'économie de marché, c'est « la crise », les conditions de la concurrence, de la compétitivité, etc. (et tout cela aggravé depuis le 11 septembre). Qu'en est-il en réalité ? Rien, bien entendu.

DANIEL GLUCKSTEIN : Revenons aux ouvriers d'Alstom. En ce début de l'année 2000, au moment où ils apprennent que 10 000 d'entre eux (2 000 en France) verront leur emploi supprimé, chacun est saisi d'angoisse et, avec lui, sa famille, ses enfants, ses proches : sur qui le couperet va-t-il tomber ? Et si, par malheur, il tombe sur moi, quelle chance ai-je de m'en sortir ?

Angoisse, drame, pour des milliers de familles ouvrières. Pour quelle raison, au fond ? Pour répondre à cette question, déplaçons-nous à l'autre bout de l'échiquier social, à l'autre pôle de cette société ABB-Alstom-Power, c'est-à-dire du côté de ceux qui décident. Donnons-leur la parole pour qu'ils nous expliquent eux-mêmes leurs raisons. Dans un document consacré à Alstom et publié par la banque BNP-Paribas (janvier 2001), les chiffres suivants sont donnés concernant ce qui est appelé la *« marge opérationnelle en pourcentage du chiffre d'affaires »* (traduit en bon français : le taux de profit) réalisée par l'entreprise Alstom-activité Énergie. En 1997, cette « marge opérationnelle » est de 6,23 % ; en 1998, de 5,78 % ; en 1999, de 6,67 % ; en 2000 de 2,61 %. Comme on le voit, ABB-Alstom-Power ne perd pas d'argent. Durant toute cette période – y compris en 2000, l'année la plus creuse –, tout million de francs investi par les actionnaires d'Alstom-Énergie rapporte plusieurs dizaines de milliers de francs de profit. Ce n'est donc pas parce qu'ils perdent de l'argent que les dirigeants d'Alstom sacrifient la vie de 10 000 salariés et de leurs familles. De l'argent, ils continuent d'en gagner. Mais pas autant qu'ils l'escomptent et l'exigent. Car, voyez-vous, *« Alstom devrait s'inscrire dans la ligne du marché (entre 5 et 6 % de croissance) ».*

Ainsi fonctionne le système capitaliste fondé sur la propriété privée des moyens de production. Le taux moyen de profit doit être réalisé dans toutes les branches. S'il ne l'est pas, il faut « dégraisser ». Le document BNP-Paribas ne s'en cache pas :

*« Nous tablons sur un scénario de remontée progressive de la marge opérationnelle du groupe avec une hypothèse de 6,2 % à l'horizon mars 2003. »*

Comment ?

*« L'objectif de faire sortir du périmètre Alstom près de 10 000 personnes sur les 58 000 que comptait cette division est en passe d'être atteint. (...) Alstom ne présente plus* [nous sommes en janvier 2001] *de poids mort dans son portefeuille. »*

Vous avez bien lu : 10 000 salariés qualifiés, qui ont durant dix ans, vingt ans, trente ans, davantage, travaillé pour cette compagnie, lui permettant de réaliser de substantiels profits, ces 10 000 travailleurs avec leurs familles étaient devenus un « poids mort ». À éliminer, donc !

Ce qui vient d'être décrit à propos d'Alstom n'est qu'un épisode banal – tragique pour chaque travailleur concerné, mais banal du point de vue du fonctionnement de l'ensemble du système capitaliste – de la lutte des classes sur laquelle repose le régime de la propriété privée des moyens de production.

PIERRE LAMBERT : Leur objectif est la baisse du coût du travail. Dans le « coût du travail », sont compris non seulement le salaire direct, mais aussi la Sécurité sociale financée collectivement par le salaire différé, les retraites par répartition, l'hospitalisation, la médecine... Voilà ce que recouvre la cohérence de l'offensive anti-ouvrière des grands groupes capitalistes et des gouvernements à leur disposition.

DANIEL GLUCKSTEIN : C'est un fait : le système capitaliste ne peut « fonctionner » que s'il est établi sur ce rapport social d'exploitation qui permet à ceux qui possèdent les moyens de production (la classe capitaliste) d'imposer leur loi à ceux qui ne possèdent, pour toute richesse, que leur force de travail (la classe ouvrière). Les faits montrent que notre société est divisée en classes sociales aux intérêts contradictoires, et que ces classes sociales sont en lutte les unes contre les autres. L'existence du mouvement ouvrier lui-même ne fait qu'exprimer cette réalité.

La IVe Internationale est un courant du mouvement ouvrier. Elle reconnaît la lutte des classes comme le moteur essentiel de tout le développement de l'histoire. Dans cette lutte des classes, elle s'inscrit du côté de la classe ouvrière, dont l'action et l'organisation pour se préserver comme classe mettent à l'ordre du jour la remise en cause du système fondé sur la propriété privée des moyens de production.

Les principes qui viennent d'être énoncés n'ont rien d'original. Ils ont fondé le mouvement ouvrier depuis deux siècles. Naguère, quiconque se réclamait du mouvement ouvrier (qu'il s'intitule « socialiste » ou « communiste », « trotskyste » ou « anarchiste », « libertaire » ou « anarcho-syndicaliste », syndicaliste) reconnaissait ces principes pour siens. S'il faut revenir aujourd'hui sur ces définitions de base, c'est parce que depuis deux ou trois décennies (et de manière aggravée depuis la chute du Mur de Berlin), l'idéologie dominante assène comme une vérité indiscutable que la lutte de classe n'existe plus. La société ne serait plus divisée en classes aux intérêts opposés. Par conséquent, le mouvement ouvrier lui-même n'aurait plus de raison d'être. Une telle théorie n'est pas gratuite. S'il n'y a plus lutte des classes, c'est que l'humanité n'a d'autre avenir que la survie éternelle du système capitaliste. Dès lors, on peut, dans le meilleur des cas, se fixer « d'humaniser » l'exploitation capitaliste, de la « modérer [1] ». Mais cela n'est pas possible, l'exploitation capitaliste amenant l'humanité à l'effondrement.

Cette tentative d'effacer la réalité de la lutte de classe et même des classes sociales en présence – tentative dont on voit l'intérêt que la classe dominante peut en tirer – est aujourd'hui relayée par tous les dirigeants des partis, qui, pourtant, historiquement, ont été constitués par la classe ouvrière pour se défendre. Ce n'est pas un mince paradoxe de la fin du XXe siècle et du début du XXIe siècle que de voir les politiques les plus conformes aux intérêts de la classe capitaliste mises en œuvre par des gouvernements composés de ministres « socialistes », « communistes », y compris « anciens trotskystes », et autres variantes de ce qu'il est convenu d'appeler « la gauche ». Pour les dirigeants de ces partis, c'est désormais chose acquise et revendiquée comme telle : l'horizon de l'humanité est définitivement borné par la domination du système capitaliste.

Dès lors, il n'y aurait plus lieu de se référer à la lutte de classe, plus lieu de délimiter la classe ouvrière de la classe capitaliste, plus lieu, non plus, de délimiter le mouvement ouvrier du reste de la société. Nous serions tous partie prenante d'une informe et indéfinissable « société

1. Dans les *Annales franco-allemandes*, Paris 1844, Karl Marx écrit : *« Pour qu'une classe soit par excellence la classe de l'émancipation, il faut inversement qu'une autre classe soit ouvertement la classe de l'asservissement. L'importance générale négative de la noblesse et du clergé français avait comme conséquence nécessaire l'importance générale positive de la bourgeoisie, la classe la plus immédiatement voisine et opposée. »* Sur le plan idéologique, l'offensive menée aujourd'hui visant à nier l'existence des classes sociales et leur antagonisme, a pour objet d'interdire d'identifier où se concentre la cause de l'asservissement actuel de la classe ouvrière, donc où se concentre la solution. Le corollaire, sur un plan politique et institutionnel, c'est la constitution de systèmes de type corporatiste, qui nient la démocratie, puisqu'ils nient le droit de la classe ouvrière à disposer de ses propres organisations (voir plus loin).

civile » dans laquelle organisations syndicales et partis politiques sont mis sur le même plan que les associations de défense de l'environnement, clubs de défense de la nature, sociétés de consommateurs, associations pour on ne sait quelle taxe hypothétique sur la spéculation. Ainsi, sous le label de prétendues « organisations non gouvernementales » (ONG) financées par la Banque mondiale, côte à côte avec des représentants du patronat et de l'État, s'élaborerait un vaste projet commun de société où les travailleurs de plus en plus précarisés seraient une composante parmi d'autres, n'ayant ni intérêts particuliers et distincts à défendre, ni besoin, pour ce faire, d'organisations indépendantes.

Il ne s'agit pas d'idéologie, mais de problèmes politiques très concrets, sur lesquels nous aurons l'occasion de revenir dans cet ouvrage. Le marxisme, répétons-le, part, en toutes circonstances, des faits. Pour que le lecteur puisse comprendre où se situe le trotskysme (et pourquoi il est ainsi attaqué), il était nécessaire de commencer par le commencement. Sur la base des faits, peut-on établir la réponse à la question : la lutte de classe existe-t-elle, les classes sociales ont-elles toujours, dans notre société en ce début de XXIe siècle, des intérêts contradictoires ?

À cette question, notre « preuve par l'Alstom » apporte un début de réponse. Les dirigeants d'Alstom eux-mêmes ne le nient pas. Dans un document de la direction Alstom-Europe, en date d'avril 2000, ils reconnaissent :

*« Notre scénario de croissance de résultats dépendra largement du bon déroulement des restructurations au sein d'Alstom-Power. Les effectifs seraient réduits de 20 % sur une période de quatre ans. »*

De son côté, dans le document BNP-Paribas déjà cité, la direction d'Alstom écrit :

*« Le management estime à début 2001 avoir atteint plus de 70 % des objectifs fixés dans le cadre du plan*

*de restructuration. Les réductions d'effectifs couvrent entre 6000 et 7000 personnes sur les neuf premiers mois de l'exercice de 2000. À ce stade, les seules poches de frottement sont concentrées sur les ajustements réalisés dans le cadre de la législation française.* »

Ce que les dirigeants d'Alstom appellent les « poches de frottement », c'est la lutte de classe par laquelle salariés et organisations cherchent à imposer le retrait du plan de restructuration !

Qui prétendra qu'il n'y a pas de classes sociales ? Qu'entre les ouvriers d'Alstom[1] – parfois conduits au désespoir et à la misère du fait de la perte de leur emploi – et les dirigeants d'Alstom, qui, pour satisfaire au besoin de profit des actionnaires, liquident (il n'y a pas d'autre mot) le « poids mort » de 10000 travailleurs, il n'y a pas intérêts contradictoires et antagoniques ?

---

1. Dans l'exemple qui vient d'être évoqué, la réponse est claire : d'un côté, les actionnaires ; de l'autre, les salariés. Les actionnaires, qu'ont-ils en commun ? À travers les actions, ils possèdent les moyens de production. Ils sont propriétaires des usines, des machines, des capitaux, des matières premières. Ils constituent la classe des propriétaires des moyens de production, ou encore la classe capitaliste. De l'autre côté, les salariés d'Alstom. Qu'ont-ils en commun ? Chaque travailleur est « propriétaire »... de sa force de travail. Une force de travail qu'il est tenu de vendre à la classe capitaliste (qui l'achète au moyen de son capital) car c'est là le seul moyen de gagner son salaire et donc de vivre.

CHAPITRE 2

# Syndicats, partis, indépendance de classe : quarante années d'engagement syndical

Au cours d'une lutte plus que séculaire pour la défense de ses intérêts immédiats (inséparables de la réalisation de son objectif historique : le socialisme), la classe ouvrière a édifié des organisations, partis et syndicats, qui la rassemblent face à la classe capitaliste. L'existence de ces organisations et la préservation de leur indépendance ont toujours revêtu une importance majeure aux yeux des marxistes.

Au sujet, précisément, de l'indépendance des syndicats, il nous faut relever le caractère absurde, marqué d'une grande ignorance – ou d'une grande malveillance ? –, de la campagne déchaînée par certains au sujet du prétendu « entrisme des trotskystes dans les syndicats ». Comme il a été beaucoup question de l'entrisme au sujet de l'actuel Premier ministre, nous reviendrons plus loin dans ce livre sur cette question. Mais établissons d'emblée un fait : si l'entrisme est bien une tactique politique mise en œuvre par les militants de la IVe Internationale, dès les années 30, vis-à-vis de certains partis politiques se réclamant des intérêts ouvriers, en revanche, l'adhésion d'un militant de la IVe Internationale à une organisation syndicale ne se distingue en rien du mouvement par lequel n'importe quel salarié, de quelque tendance politique qu'il soit, décide de se syndiquer. Il s'agit, pour reprendre la formule classique du syndicalisme confédéré en France, de se regrouper avec les autres salariés pour assurer la *« défense commune des intérêts matériels et moraux »* et cela, *« indépendamment des opinions politiques, philosophiques ou religieuses »* de chacun.

Prétendre le contraire reviendrait à dire que l'organisation syndicale appartient à tel ou tel courant politique, à tel ou tel appareil politique, qui la contrôle. Cette conception existe : c'est celle du syndicat « courroie de transmission » d'un parti politique.

Cette conception a coûté cher au mouvement ouvrier. Elle n'est pas la nôtre. Nous nous situons résolument dans la tradition du mouvement syndical dans notre pays, celle du regroupement dans le syndicat de travailleurs, quelles que soient les opinions politiques, philosophiques et religieuses. En ce sens, il ne peut y avoir « d'entrisme » des militants trotskystes dans les organisations syndicales.

### La IVe Internationale et les syndicats

DANIEL GLUCKSTEIN : Ton expérience dans le mouvement syndical débute avec la construction des syndicats illégaux sous l'occupation nazie. Elle se poursuit à la Libération, période de considérables développements du mouvement syndical. Avant tout, une définition : pour un militant de la IVe Internationale, le syndicat, c'est quoi ?

PIERRE LAMBERT : Il faut commencer par une question qui a toujours été complexe dans le mouvement ouvrier, celle des rapports entre syndicat et parti. Historiquement, cette question a été traitée (et résolue) de façons différentes par le mouvement ouvrier selon les pays. En Angleterre, ce sont les trade unions qui ont constitué le Labour Party. L'Allemagne connaît également le lien organique entre syndicat et parti, bien que les rapports ne soient pas exactement les mêmes qu'en Grande-Bretagne. En France, il y a une tradition particulière, celle de l'indépendance des syndicats par rapport aux partis établie dans la Charte d'Amiens [1].

En ce qui me concerne, au départ, lorsque j'ai commencé à militer pour aider à construire des syndi-

---

1. La Charte d'Amiens, adoptée au congrès de la vieille CGT à Amiens, en 1906, stipule : *« Le Congrès confédéral d'Amiens confirme l'article 2, constitutif de la CGT :* "La CGT groupe, en dehors de toute école politique, tous les travailleurs conscients de la lutte à mener pour la disparition du salariat et du patronat..." *Le Congrès considère que cette déclaration est une reconnaissance de la lutte des classes qui oppose, sur le terrain économique, les travailleurs en révolte contre toutes les formes d'exploitation et d'oppression, tant matérielles, que morales, mises en œuvre par la classe capitaliste contre la classe ouvrière. Le Congrès précise par les points suivants, cette affirmation théorique : dans l'œuvre revendicatrice quotidienne, le syndicalisme poursuit la coordination des efforts ouvriers, l'accroissement du mieux-être des travailleurs par la réalisation d'améliorations immédiates, telles que la diminution des heures de travail, l'augmentation des salaires, etc. Mais cette besogne n'est qu'un côté de l'œuvre du syndicalisme ; il prépare l'émancipation intégrale, qui ne peut se réaliser que par l'expropriation capitaliste ; il préconise comme moyen d'action la grève générale et il considère que le syndicat, aujourd'hui groupement de résistance, sera, dans l'avenir, le groupe de production et de répartition, base de réorganisation sociale. Le Congrès déclare que cette double besogne, quotidienne et d'avenir, découle de la situation des salariés qui pèse sur la classe ouvrière et qui fait à tous les travailleurs, quelles que soient leurs opinions ou leurs tendances politiques ou philosophiques, un devoir d'appartenir au groupement essentiel qu'est le syndicat. Comme conséquence, en ce qui concerne les individus, le Congrès affirme l'entière liberté pour le syndiqué, de participer, en dehors du groupement corporatif, à telles formes de lutte correspondant à sa conception philosophique ou politique, se bornant à lui demander, en réciprocité, de ne pas introduire dans le syndicat les opinions qu'il professe au-dehors. En ce qui concerne les organisations, le Congrès déclare qu'afin que le syndicalisme atteigne son maximum d'effet, l'action économique doit s'exercer directement contre le patronat, les organisations confédérées n'ayant pas, en tant que groupements syndicaux, à se préoccuper des partis et des sectes qui, en dehors et à côté, peuvent poursuivre, en toute liberté, la transformation sociale. »* (Résolution du congrès des 8-14 octobre 1906, adoptée par 830 voix, 8 contre et 1 blanc.)

cats illégaux – c'était au début des années 40, j'avais une vingtaine d'années [1] – je ne me posais pas la question des rapports entre partis et syndicats comme j'ai été amené à le faire à partir de l'expérience vécue.

Ma trajectoire politique, c'était celle d'un jeune issu d'une famille ouvrière pauvre de la banlieue parisienne (à Montreuil), qui avait rejoint les Jeunesses communistes au lendemain de la prise du pouvoir par Hitler, et en avait été exclu en 1935 pour « trotskysme ». Je ne savais pas à l'époque qui était Trotsky et je n'étais certainement pas trotskyste ; je n'ai rejoint les organisations trotskystes que plus tard, un peu avant le Front populaire (1936). Pour moi cette tradition de militant issu des Jeunesses communistes, puis trotskyste, m'amenait à considérer que la façon dont le Parti communiste concevait les rapports avec les syndicats était correcte.

Cette conception découlait des leçons de ce qui s'était passé en 1914 quand les dirigeants de la CGT dans leur immense majorité (à l'exception de quelques-uns comme Monatte, Rosmer, Merrheim) avaient basculé dans l'union sacrée. À l'époque donc, il me paraissait naturel – en tout cas je n'en remettais pas en cause la nécessité – que les syndicats révolutionnaires puissent se constituer à côté de syndicats qui avaient basculé dans l'union sacrée. C'est l'expérience pratique qui fut la mienne au début des années 40, qui m'a amené à reconsidérer cette conception.

C'est à ce moment-là, au moment où je m'attelle avec d'autres à la construction de syndicats illégaux, que je comprends que le syndicat, qui rassemble les travailleurs

1. Il faut faire la clarté : même si nous étions peu nombreux, nous étions tout de même quelques milliers de toutes tendances, engagés sur cette voie, à cette époque. Rien n'est plus ridicule pour un individu que d'estimer qu'il pourrait être un « surhomme ». (Je ne veux pas être cruel, je ne citerai aucun nom. Et pourtant, j'ai très souvent constaté que bien nombreux sont ceux qui croient honorer le sol en marchant...)

quelles que soient leurs tendances politiques, philosophiques et religieuses, ne peut pas être identifié au parti. Je commence à comprendre que ce sont deux formes d'organisation différentes dont la classe ouvrière a besoin, comme elle a besoin de toutes les formes d'organisation et conquêtes, qui la constituent comme classe (les conventions collectives, la Sécurité sociale, etc.).

DANIEL GLUCKSTEIN : 1940, c'est une période de clandestinité et de répression. On ne peut pas dire que la situation soit marquée par un grand développement de la lutte de classe. Les travailleurs sont sous le choc de la défaite et de l'instauration du régime de Vichy. Quelle forme concrète pouvait prendre cet engagement sur le terrain de la lutte de classe pour un jeune militant ?

PIERRE LAMBERT : Pendant toute une période, ce n'est pas passé par la lutte de classe directe, c'est vrai, mais par des discussions politiques qui se sont poursuivies dans de petits groupes clandestins. Le mouvement ouvrier était évidemment très prostré. Le pacte germano-soviétique, la débâcle de 1940, pesaient considérablement. Le mouvement ouvrier s'est reconstitué à partir du moment où Hitler a attaqué l'Union soviétique. Certes, il y a eu des mouvements auparavant. Fin 1940, par exemple, une grève des mineurs du Nord pour des rations alimentaires avait, évidemment, un caractère politique, un contenu anti-hitlérien, anticapitaliste. Mais on ne peut pas dire qu'il y avait une large lutte de classe consciente, organisée. La lutte de classe a commencé à se reconstituer largement à partir de l'entrée des troupes nazies en Union soviétique. La guerre en Union soviétique a amené un tournant pour ces militants du PC, dont le parti avait disparu comme parti après le pacte germano-soviétique. Certains, comme d'autres d'ailleurs, étaient entrés dans les rangs des organisations vichystes. (Cela s'est vu partout. J'y reviendrai plus loin, à propos des calomnies distillées par Edwy Plenel du journal *Le Monde*, et par Serge Raffy.) Ceux qui avaient refusé (notamment des jeunes) se sont reconstitués, et c'est à partir de là que la lutte de classe s'est développée. Pour ma part, je suis entré en usine quelques mois après juillet 1941, et, là, j'ai appris ce qu'était véritablement la lutte de classe, en aidant – avec d'autres, il faut toujours le rappeler – à constituer petit à petit les syndicats illégaux. De plus en plus nombreux, des militants ouvriers de toutes tendances ont reconstitué la lutte de classe organisée.

C'est à partir de l'expérience que j'ai vécue, en particulier dans les syndicats illégaux et surtout dans les syndicats en 1945-1946, que j'ai estimé qu'il fallait réviser la position qui avait été prise par l'Internationale communiste (les 21 conditions [1]). En 1947, au congrès de

---

1. Au IIe Congrès de l'Internationale communiste (juillet 1920), un texte est adopté qui entrera dans l'histoire sous le titre des « 21 conditions » d'admission des partis dans l'Internationale communiste. Il faut, pour comprendre ce texte, le replacer dans son contexte. La jeune Internationale communiste, constituée au lendemain de la Révolution d'Octobre 1917, voyait affluer vers elle, non seulement des milliers de prolétaires gonflés d'enthousiasme par la victoire des soviets en Russie, promesse de victoires révolutionnaires prochaines dans d'autres pays, mais aussi toute une série d'organisations, de partis, de dirigeants dont certains étaient largement imprégnés de la politique indécise, voire social-patriote, qui avait marqué nombre de courants au sein des vieux partis socialistes et du mouvement syndical. Le IIe Congrès de l'Internationale communiste jugea donc nécessaire de résumer dans un certain nombre de points les conditions à remplir par un parti pouvant être admis dans l'Internationale communiste. La vérité historique oblige à dire que c'était là plus un texte lié aux circonstances qu'un texte ayant vocation définitive. Un certain nombre de « conditions » avaient, de toute évidence, une portée générale, d'autres étaient plus conjoncturelles. Mais, comme cela est arrivé plus d'une fois dans l'histoire, le « provisoire » dura et se transforma en autre chose. Le stalinisme eut vite fait de s'emparer de ces « 21 conditions » pour figer de manière définitive celles de ces conditions qui pouvaient servir à la stabilisation d'une couche bureaucratique dirigeant l'Internationale communiste et les tourner contre la lutte de classe elle-même. Parmi ces conditions, les conditions 9 et 10 portent sur les rapports entre l'Internationale

l'organisation trotskyste en France, j'ai proposé de réviser cette condition : j'ai proposé un amendement qui a été adopté à l'unanimité, substituant aux points 9 et 10 des 21 conditions, la reconnaissance, en France, de l'indépendance réciproque des partis et des syndicats.

DANIEL GLUCKSTEIN : Tu évoques l'expérience de la construction des syndicats illégaux et ensuite la Libération. En quoi cette expérience conduisait-elle à la conclusion qu'il fallait remettre en cause deux des 21 conditions sur les rapports entre partis et syndicats ?

PIERRE LAMBERT : J'ai vu ce qu'était la subordination de la CGT à l'appareil stalinien et j'ai compris à quel point cela était néfaste. Quand je dis l'appareil stalinien, il faut préciser : il y avait, à l'époque (et il y eut encore après pendant un certain temps), d'excellents militants du Parti communiste, qui considéraient que le prestige de l'Armée rouge et l'impact de la Révolution russe justifiaient beaucoup de choses. En particulier, cela les conduisait à accepter de se subordonner à l'appareil stalinien.

---

communiste et les organisations syndicales. Bien que n'y soit pas formulée explicitement la subordination du syndicat au parti, le contenu de ces conditions y conduit très logiquement. La neuvième condition stipule qu'il est nécessaire de mener *« le travail opiniâtre et constant* (qui) *conquerra les syndicats au communisme »*. La dixième enjoint de combattre partout pour la rupture avec l'Internationale syndicale fondée à Amsterdam afin de faire adhérer les syndicats à *« l'union internationale des syndicats rouges adhérant à l'Internationale communiste »*. Ces formulations visaient à permettre une délimitation avec un mouvement syndical dirigé par ceux qui, en août 1914, avaient entraîné les syndicats dans l'union sacrée avec les gouvernements de guerre (à l'exception de quelques minorités comme celle dirigée par Pierre Monatte en France au sein de la CGT). Il n'empêche que la formulation de ces conditions posait comme un principe l'alignement des syndicats sur le parti avec toutes les conséquences négatives que cela a eues ensuite. Ce sont ces conditions, consacrées au syndicalisme, que les militants trotskystes ont, au lendemain de la Seconde Guerre mondiale, remises en cause.

Militant de la IVe Internationale, j'étais en désaccord avec cela. Partisan de la défense des conquêtes sociales d'Octobre (nous y reviendrons), je m'opposais à la subordination de la lutte de classe, dans quelque pays que ce soit, à l'appareil du Kremlin ; donc, quel que soit le prestige d'Octobre 1917, je ne pouvais admettre la subordination d'une organisation syndicale à Staline et à la bureaucratie stalinienne. De manière plus générale d'ailleurs, je ne pensais pas que le mouvement syndical devait se subordonner à quelque État que ce soit, y compris l'URSS. C'est pour cela que je ne pouvais accepter cette situation.

DANIEL GLUCKSTEIN : N'y a-t-il pas un paradoxe : tu expliques que tu prends conscience du caractère néfaste de la politique de subordination de l'organisation syndicale à l'appareil stalinien au moment même où tu prends toi-même, qui n'es pas membre du Parti communiste, des responsabilités dans les organisations syndicales qui se reconstituent dans l'illégalité ? Tu étais militant trotskyste et on sait ce que cela voulait dire à l'époque, en particulier pour l'appareil stalinien. Pourtant, dans ces circonstances, où se combinaient le régime de Vichy et le stalinisme, il était possible pour un militant trotskyste de se lier à des militants d'autres courants ou tendances et de participer à la reconstruction du mouvement ouvrier ?

PIERRE LAMBERT : Encore une fois, on ne peut comprendre cela si on ne comprend pas ce qui différencie syndicat et parti. J'estimais, pour ma part, que le syndicat devait rassembler les travailleurs quelles que soient leurs tendances politiques, philosophiques et religieuses. Donc, je n'avais pas de compte à rendre à l'appareil stalinien de ce que je faisais politiquement. C'est uniquement à partir de la confiance que les ouvriers m'accordaient que j'ai acquis ces responsabilités. Je n'avais de compte à rendre qu'aux seuls syndiqués qui m'avaient élu, quelles que soient leurs tendances ou opinions politiques.

Certes, les syndicats qui se sont reconstruits dans l'illégalité étaient très largement dominés par l'appareil et les militants du PCF. Cependant, il ne pouvait être question pour moi de rentrer dans le Parti communiste plusieurs années après avoir été exclu des Jeunesses communistes. Mon point de vue était : je n'ai pas de compte à rendre au PC, ce n'est pas mon parti. Je ne vois pas pourquoi je devrais rendre compte à ce parti du mandat que les travailleurs m'ont confié dans le cadre de l'organisation syndicale. Ce qui était vrai pour moi était vrai pour les autres militants de la IVe Internationale. C'est en ce sens-là que les trotskystes ont joué un rôle important là où ils étaient.

DANIEL GLUCKSTEIN : C'est dans ce mouvement, où les travailleurs reconstruisent leurs syndicats, que tu te trouves, sur la base d'un mandat confié par les salariés, porté à occuper des responsabilités ?

PIERRE LAMBERT : J'ai occupé, au départ, des responsabilités dans la CGT métallurgie, à différents niveaux. J'ai participé à toutes les luttes de classe dans les conditions de la fin de la guerre. C'est le moment où la lutte de classe devient pleinement une réalité et pose ouvertement la question du changement de la société capitaliste.

DANIEL GLUCKSTEIN : C'est là que tu « apprends ton métier », comme tu le dis souvent, de délégué ouvrier : celui qui porte les revendications, négocie avec les patrons et les autorités avec parfois des succès, parfois des échecs, qui rend compte de son mandat et, en toutes circonstances, cherche à organiser.

PIERRE LAMBERT : À ce moment-là, il faut dire la vérité, dans les conditions de la fin de la guerre, les patrons, comme classe, avaient collaboré avec Vichy et n'étaient pas particulièrement fiers... Les conditions économiques étaient ce qu'elles étaient, mais c'est vrai que j'ai appris mon métier de délégué ouvrier dans une lutte de classe qui a imposé les plus importantes conquêtes sociales, telle la Sécurité sociale.

DANIEL GLUCKSTEIN : Justement, nous sommes en 1944. C'est une situation particulière en France. Tu es à ce moment-là un des militants qui ont contribué à construire des syndicats illégaux et qui apparaissent maintenant en plein jour. Quand ils apparaissent en plein jour, c'est non seulement la question syndicale, mais aussi la question politique, la question de la production, la question du pouvoir qui sont posées. Comment ces choses-là sont-elles liées dans la situation en 1944-1945 ?

PIERRE LAMBERT : Il y a eu une grande discussion. À mon avis, sur le plan fondamental, la IVe Internationale en France avait raison quand elle a expliqué que la crise à la fin de la guerre posait le problème de l'État. Nous avions tous l'espoir que cela renouerait avec la grande expérience de la Révolution russe, l'État-Commune. Et il faut dire que les événements allaient dans ce sens. Mais nous avions des illusions.

DANIEL GLUCKSTEIN : Sur quoi portaient ces illusions ?

PIERRE LAMBERT : Nous étions convaincus de la capacité des travailleurs d'aller plus loin sur la voie des conquêtes révolutionnaires, et cela n'était pas une illusion. En revanche, nos illusions consistaient en une insuffisante compréhension du rôle contre-révolutionnaire des appareils et, plus particulièrement, de l'appareil stalinien.

DANIEL GLUCKSTEIN : Par exemple ?

PIERRE LAMBERT : Par exemple, j'étais secrétaire de l'union locale CGT de Clichy (banlieue parisienne). Les milices ouvrières patriotiques, qui étaient armées, représentaient la force publique. Dans les usines, ouvrières et ouvriers avaient, de fait, le pouvoir entre les mains. La direction de la CGT, fin octobre-début novembre 1944, a convoqué des conférences à la production. J'ai répercuté cette proposition selon la responsabilité qui était la mienne. Je suis descendu dans l'usine dans laquelle je travaillais. C'était une usine de fils électriques avec 3 000 ouvrières et ouvriers (surtout des ouvrières parce qu'il y avait encore beaucoup d'hommes prisonniers) et nous avons commencé à discuter.

Tout le monde était là : ouvriers, ouvrières, techniciens, cadres, ingénieurs, tout le monde était là, mais pas de patron ! Comme à ce moment-là la guerre se poursuivait, il fallait relancer la production. La première chose qu'il fallait faire, c'était donc le recensement de ce qui existait. Dans chaque atelier on a fait le recensement de ce qu'il y avait pour pouvoir faire repartir la production. On élisait des délégués d'atelier. On a fait une commission de la production. Dans le cycle de la production, chacune et chacun occupent une place selon sa qualification. La preuve concrète pouvait être faite : on n'avait pas besoin de patron.

DANIEL GLUCKSTEIN : Je t'ai souvent entendu dire : finalement, ce qui s'est passé dans cette conférence de la production, c'est une indication, à une échelle limitée, de ce que pourrait être, à une échelle plus vaste, l'organisation de la production sans patron.

PIERRE LAMBERT : En effet, la suite l'a prouvé. La CGT avait réuni des conférences à la production, par branche : automobile, électricité, aviation, et d'autres secteurs. On s'est réuni rue Jean-Pierre-Timbaud (qui s'appelait à ce moment là la rue d'Angoulême), où siégeait l'Union des syndicats des travailleurs de la métallurgie de la région parisienne (USTM). Ce qui s'est passé est typique. Il y avait des délégués des entreprises qui étaient là. L'un a dit : « Moi, dans l'usine, nous avons du cuivre mais aucune machine n'est en état de marcher. » Un autre : « Moi, j'ai des machines, mais pas de cuivre. Je peux les confier à cette usine. » J'ai proposé à ce moment-là que se constitue un bureau des délégués de la commission à la production pour organiser la reprise de l'économie. Cela a, bien entendu, été refusé.

DANIEL GLUCKSTEIN : Pourquoi « bien entendu » ?

PIERRE LAMBERT : Parce qu'il fallait appliquer sans murmurer ce que Thorez a décrété après être revenu de Moscou : un seul État, une seule armée, et, dans l'entreprise, le patron est le « patron patriote ». Et celles et ceux qui émettaient des doutes furent impitoyablement chassés (il serait trop long de poursuivre ici sur ce point). Cela ne veut pas dire qu'il n'y a pas eu d'immenses conquêtes arrachées durant cette période de 1944-1945, qui constituent des traits majeurs de ce qu'on appelle encore aujourd'hui « l'exception française » (ce que le gouvernement Jospin s'efforce « allégrement » de liquider). C'est un fait : à cette époque, l'appareil dirigeant du PC, pour le compte du Kremlin, a fait obstacle à ce que la production soit réorganisée par les ouvriers, pour les ouvriers, en se passant des patrons (au fait : l'appareil a-t-il tellement changé sur ce point après la chute de l'URSS ?).

DANIEL GLUCKSTEIN : Comment cela s'est-il passé alors ?

PIERRE LAMBERT : Prenons un exemple précis. Avant que Thorez ne revienne de Moscou, Jacques Duclos écrit un article. C'est au moment où le gouvernement de Gaulle voulait dissoudre les milices ouvrières patriotiques. Dans cet article, Duclos, en octobre ou novembre 1944, s'oppose à la dissolution des milices ouvrières patriotiques. Arrive Thorez qui déclare : *« Un seul État, une seule police, une seule armée, il faut rendre les armes à la police. »* À partir de ce moment-là, l'État se reconstruit. Qu'est-ce qui se passait à la Libération ? Une combinaison entre des formes de pouvoir bourgeois très démocratique et des formes de pouvoir ouvrier (milices ouvrières patriotiques, commissions à la production, etc.). Les syndicats avaient un rôle particulier et décisif. La reconstruction de l'État s'est faite en limitant au fur et à mesure les pouvoirs que la classe ouvrière avait conquis par son propre combat. En même temps, des conquêtes étaient arrachées, des conquêtes sociales, (répétons-le : « l'exception française ») qui durent encore. Conquêtes qui cristallisaient une lutte de classe, des positions que la classe ouvrière avait arrachées dans les luttes de classe de la Libération.

DANIEL GLUCKSTEIN : C'est vrai que la Libération est une phase où des conquêtes considérables vont être arrachées, la Sécurité sociale, les conventions collectives, les négociations, etc. C'est à ce moment que se conforte une position qui va être constamment la tienne, à savoir qu'il n'y a pas de politique ouvrière indépendante sans la défense pied à pied de tout ce qui est conquis par la classe ouvrière.

PIERRE LAMBERT : Il est évident, pour moi, que ce qu'on appelle « l'exception française » n'est pas autre chose que le résultat de la crainte qui étreignait à la Libération l'impérialisme mondial et, notamment, l'impérialisme français devant la montée révolutionnaire. Ils ont lâché beaucoup de choses. C'est cela, « l'exception française ». Elle dure encore, mais c'est ce qu'ils veulent détruire aujourd'hui, en associant les syndicats à l'œuvre de destruction des conquêtes sociales. C'est, au-delà des appétits de pouvoirs, le programme commun de Chirac et de Jospin. L'un et l'autre, avec Seillière, exigent l'intégration des syndicats dans ce qu'ils appellent la « société civile », et indiquent leur volonté commune d'imposer un nouvel ordre corporatiste. Cela dit, dans cette époque difficile, c'est quand même la classe ouvrière qui a reconquis la démocratie, essayé de lui donner une forme et un contenu qui ont été bloqués par les appareils. Et, pour moi, ce passé démontre que rien n'est encore perdu.

DANIEL GLUCKSTEIN : Revenons à la question du syndicat. Militant de la fédération des métaux CGT, tu occupes même des responsabilités importantes. Plus tard, tu changes de secteur professionnel, deviens employé à la Caisse d'allocations familiales, et restes syndiqué CGT. Entre-temps, il y avait eu la scission syndicale : quelle position adoptes-tu ?

PIERRE LAMBERT : J'ai condamné la scission en 1947. À tort ou à raison, j'estimais qu'il était nécessaire de préserver l'unité dans le cadre d'une seule CGT. Je suis donc resté à la CGT. Mais, en même temps, j'avais d'excellents rapports d'estime avec des camarades qui ont constitué à cette époque Force ouvrière et j'ai conservé ces rapports après la scission et bien évidemment au-delà.

DANIEL GLUCKSTEIN : Pourtant, tu vas te retrouver toi-même, assez rapidement, en butte à une procédure d'exclusion au sein de la CGT. Celle-ci, aussi bizarre que cela puisse paraître, trouve son origine dans la question yougoslave. Comment les choses se sont-elles passées ?

PIERRE LAMBERT : En toutes circonstances, nous, militants de la IVe Internationale, nous combattons avec toute la classe ouvrière pour l'aider à préserver les conquêtes, garanties, institutions qui la constituent comme classe sociale. C'est ce que nous appelons notre politique de front unique. Bien évidemment, on ne fait pas le front unique avec soi-même. On fait le front unique avec des travailleurs et des militants organisés qui peuvent avoir d'autres appartenances politiques ; avec des militants membres du Parti communiste, avec des responsables « réformistes », etc., dès lors que la base du front unique est la défense des intérêts des travailleurs.

Ce qui est vrai pour les questions quotidiennes de la lutte de classe l'est aussi pour les questions plus générales. Lorsqu'en 1948, la rupture est publique entre Staline et Tito, nous empruntons la même démarche. Tito n'était pas trotskyste, nous n'étions pas d'accord avec sa politique, mais nous estimions devoir défendre les conquêtes, en particulier la propriété d'État arrachée par les peuples yougoslaves à la fin de la guerre. (On voit, aujourd'hui, ce que coûte à la Yougoslavie la politique de privatisation initiée par la bureaucratie de Tito et ses successeurs.) Mais lorsque Staline a dénoncé publiquement Tito comme « hitléro-trotskyste » et appelé à préparer le renversement des bases sociales de ce qui existait en Yougoslavie, nous avons déclaré : ce n'est pas parce que Staline explique cela que nous allons dire « amen ». Nous ne l'avions pas accepté pour nous, nous n'étions pas prêts à l'accepter pour qui que ce soit.

Dans ces circonstances, et sans partager l'orientation politique de Tito, la IV^e^ Internationale a pris la défense, contre Staline, de la Yougoslavie et de toutes ses conquêtes arrachées par le soulèvement armé des peuples yougoslaves (au sein duquel le Parti communiste de Yougoslavie avait joué un rôle décisif) dans la lutte contre l'occupant nazi.

DANIEL GLUCKSTEIN : Le contenu de l'offensive de Staline et de tout l'appareil contre Tito, ce qui était menacé, c'était les conquêtes de la révolution yougoslave ?

Pierre Lambert : Exactement. Il suffit de regarder ce qui s'est passé ensuite avec la Chine. Chacun sait qu'en 1948-1949, en Chine, Staline n'était pas pour que le Parti communiste chinois prenne le pouvoir. Il a cherché à lui imposer un accord avec Tchang Kaï-chek, ce que le Parti communiste chinois a refusé.

C'était ce qu'on appelle la « coexistence pacifique ». Staline pensait qu'il pouvait faire un accord avec l'impérialisme qui lui permettrait de préserver les intérêts de la bureaucratie stalinienne.

Daniel Gluckstein : Il lui fallait donc sacrifier la révolution yougoslave pour préserver les intérêts de la caste bureaucratique en URSS ?

Pierre Lambert : Oui. On a vu les résultats de cette politique. Ils sont là, aujourd'hui. La période où nous vivons aujourd'hui présente au moins l'avantage que ces questions politiques, débattues à l'époque, peuvent être éclairées par les faits et les événements qui ont suivi.

Daniel Gluckstein : Retour en 1948.

Pierre Lambert : La direction de la IVe Internationale prend contact avec les dirigeants yougoslaves. Et les dirigeants yougoslaves prennent contact avec moi car, comme responsable syndical, j'avais rencontré à la fin de la guerre le secrétaire du conseil central des syndicats yougoslaves. Celui-ci me demande d'organiser une délégation syndicale au 1er mai 1950 en Yougoslavie. Je constitue cette délégation (j'étais alors à la CGT)...

Daniel Gluckstein : Une délégation avec seulement des militants de la CGT ?

Pierre Lambert : De la CGT (avec un ex-membre du bureau confédéral de la CGT) et de la FEN. Nous étions donc deux trotskystes, avec un camarade qui avait été déporté pendant la guerre, le camarade Filiatre. Notre objectif était, je le répète, le front unique de défense de la révolution yougoslave. Nous avons même été plus loin. Nous avons fait avec les camarades yougoslaves un journal commun qui s'appelait *L'Unité*.

Ce front unique va, cependant, tourner court assez rapidement puisqu'à la fin de l'année 1950-début 1951, éclate la guerre de Corée. On sait que le représentant de Tito à l'ONU s'abstient dans le vote décidant de l'intervention militaire en Corée. Bien entendu, nous n'étions pas pour la bureaucratie soviétique, mais nous ne pouvions en aucun cas nous ranger du côté de l'impérialisme américain. Or, cette abstention de la délégation yougoslave à l'ONU était un pas vers Washington. Nous ne l'avons pas acceptée. C'était pour nous une question de principe.

Dès lors, le front unique constitué avec les dirigeants yougoslaves va se briser sur cette dérive qui s'exprime au moment de la guerre de Corée.

Daniel Gluckstein : Est-ce que cela signifie que ce front unique n'avait pas été réalisé sur des bases de principes ?

Pierre Lambert : Certainement pas. Le front unique se constitue toujours sur des points précis. Les dirigeants yougoslaves ne nous ont pas demandé de devenir titistes. Nous ne leur avons pas demandé de devenir trotskystes. Nous étions d'accord pour défendre ensemble les conquêtes de la révolution yougoslave, et nous l'avons fait. À un moment déterminé, ils ont choisi une autre voie. C'était notre droit de dire : nous n'acceptons pas. Je me souviens qu'après le vote de la délégation yougoslave à l'ONU, un représentant de la Yougoslavie a demandé à me voir pour me dire que le syndicat yougoslave appréciait notre collaboration, mais que la position qu'ils avaient prise à l'ONU était définitive. Je lui ai répondu, en substance : n'ayant pas accepté de devenir un agent de Staline, je ne vois pas pourquoi je devrais accepter l'offre de Tito. Tout en expliquant que je restais sur la position de défense des conquêtes de la révolution yougoslave, comme je restais pour la défense des conquêtes d'Octobre. Notre collaboration prit fin !

DANIEL GLUCKSTEIN : Ce front unique de défense de la révolution yougoslave va donc durer un temps limité. Mais il va connaître des prolongements en ce qui concerne ton engagement syndical ?

PIERRE LAMBERT : Oui. Contrairement à la légende, je n'ai adhéré à Force ouvrière qu'en 1961 ou 1962. Pendant près de dix ans, je suis resté non syndiqué. Pour des raisons de nécessité politique, j'ai concentré mon militantisme pour garantir – avec d'autres, bien entendu – l'organisation trotskyste. Nous reviendrons, je pense, sur cette question.

Comment mon exclusion s'est-elle passée ? Comme je l'ai dit, membre de la CGT, j'entretenais de très bons rapports avec les camarades de Force ouvrière, dont certains étaient mes amis et le sont restés (à cette époque-là, les dirigeants staliniens calomniaient les militants FO et les traitaient d'agents de la CIA. Je ne pouvais évidemment pas être d'accord avec eux).

De retour de Yougoslavie, je rencontre la camarade responsable de Force ouvrière de mon entreprise, pour laquelle j'ai beaucoup d'estime. Elle me demande : est-ce que tu voudrais présenter un compte rendu de ta délégation dans le cadre du comité d'entreprise ? Pourquoi pas ? J'arrive, et là, il y avait quelqu'un qui, après, a eu un grand avenir. Il s'appelait Krasucki. Il était, à l'époque, secrétaire de l'UD CGT de la Seine, si mes souvenirs sont exacts. Il y avait aussi une voiture de police à la porte de l'entreprise. Je n'y attache pas d'importance. Je monte à la salle de réunion et Krasucki me demande : as-tu téléphoné à la police ? Je ne comprenais pas. Je savais ce que pouvaient être les manœuvres staliniennes mais quand même celle-là, on ne me l'avait jamais faite ! Tu peux imaginer ce que je lui ai répondu. Le lendemain, je diffuse un tract où je demande « à qui profite le crime » ? À moi, qui n'ai pu présenter mon exposé, la salle de réunion ayant été fermée par la direction par crainte d'incidents ? Ou bien à l'agent stalinien Krasucki ? Le résultat est qu'il a fallu à Krasucki et aux autres abandonner cette accusation.

Plus tard, j'ai écrit un article disant mon désaccord avec Jouhaux (dirigeant réformiste de FO) et avec Frachon (dirigeant de la CGT et du PCF). Qu'est-ce que j'avais osé faire là ! Un crime de lèse-majesté ! « Comment, le grand camarade Frachon, mis sur le même plan que Jouhaux, réformiste », etc. Les dirigeants ont convoqué une assemblée générale où ils ont fait descendre un membre du comité central du PCF. J'ai eu droit à bien des accusations. La discussion a eu lieu. Je me suis battu. Ils ont dû s'y reprendre à plusieurs reprises pour obtenir mon exclusion. Finalement, j'ai été exclu en 1952. Il a fallu, d'ailleurs, au dirigeant du PCF, secrétaire général de la fédération des employés CGT, faire appel à des mandats prétendument signés par des syndiqués pour obtenir une « majorité » pour mon exclusion.

DANIEL GLUCKSTEIN : Quel était le motif syndical qui justifiait l'exclusion de la CGT ?

PIERRE LAMBERT : Aucun, sinon le fait que j'étais trotskyste. C'est pourquoi, ensuite, chaque année, je demandais à être réintégré. Et à chaque fois, il y avait des manœuvres pour s'y opposer. Je n'en veux d'ailleurs pas aux responsables CGT de base, adhérents du PCF. Pour la plupart – pas tous, évidemment – ils estimaient défendre le « parti ». D'ailleurs, nombre d'entre eux furent éliminés dans les années qui suivirent.

DANIEL GLUCKSTEIN : Militant ouvrier, militant syndical, membre de la CGT jusqu'en 1952, tu demandes à être réintégré pendant plusieurs années. Finalement, c'est au début des années 60 que tu rejoins Force ouvrière ?

PIERRE LAMBERT : C'est vrai. Mais la vie est curieuse. À la même époque, je prends contact avec les camarades du syndicat des monteurs-levageurs CGT, qui sont des militants de lutte de classe, membres de la fédération du bâtiment CGT. Ils me demandent de les aider et, dans une AG, me proposent de devenir un des secrétaires du syndicat des monteurs-levageurs CGT. J'accepte. J'ai donc été, à la fois, pendant longtemps (près de dix ans, après ce métier a disparu), secrétaire du syndicat des monteurs-levageurs CGT et secrétaire de la chambre syndicale des employés et cadres Force ouvrière de la région parisienne. Un bureau au troisième étage de la Bourse du travail et un bureau au cinquième étage [1] !

DANIEL GLUCKSTEIN : On a parlé du front unique à propos de la Yougoslavie. À partir des années 60, tu appartiens à ce qui s'appelle une « minorité lutte de classe » dans la CGT-Force ouvrière, qui exprime des désaccords avec la majorité réformiste. Dans cette « minorité lutte de classe », il n'y a évidemment pas que des militants trotskystes, mais aussi des militants anarcho-syndicalistes et différentes autres composantes. En 1969, les choses se modifient. Lors du congrès confédéral de la CGT-Force ouvrière, les militants de la

1. Lire en annexe, pp. 245-251 des extraits de la brochure rédigée en 1960 par Pierre Lambert à la demande du syndicat des monteurs-levageurs : *« Accident ou crimes ? Le syndicat des charpentiers en fer monteurs-levageurs accuse... »*

« minorité lutte de classe » se retrouvent finalement dans un front unique sur une résolution commune avec la majorité réformiste. Qu'est-ce qui explique cette modification ?

PIERRE LAMBERT : Il faut préciser les termes qu'on utilise. On peut dire d'un syndicat qu'il constitue un front unique permanent. En ce sens, un accord, au sein du syndicat, entre camarades qui ont, par ailleurs, des opinions politiques ou philosophiques différentes, peut s'apparenter à un front unique permanent dont tu parles. Mais il y a, évidemment, des différences profondes avec le front unique sur des objectifs précis et particuliers. Ce n'est pas quelque chose de nouveau ni de particulier. Que se passe-t-il en 1969 ?

Un an auparavant, la grève générale de mai et juin 1968 avait vu se dresser 10 millions de travailleurs face au régime issu du coup d'État de 1958. En avril 1969, de Gaulle provoque un référendum dans le but de compléter les institutions antidémocratiques, mises en place en 1958, par l'institution de l'ordre corporatiste (association capital-travail). Rappelons que dans *Le Coup d'État permanent*, F. Mitterrand a dénoncé ces institutions antidémocratiques avant de les utiliser pour imposer la politique de rigueur exigée par l'Union européenne. Rappelons que Jospin les a également dénoncées avant d'accomplir sa mutation.

Ce référendum met en cause un fondement essentiel de la démocratie : il propose de mettre en place des institutions dans lesquelles les organisations syndicales devraient s'intégrer à l'État. C'est une nouvelle mouture du corporatisme, qui avait connu ses beaux jours à l'époque de Vichy, de Salazar, de Franco.

Hasard des circonstances, le congrès confédéral national de la CGT-Force ouvrière se tient quelques semaines avant le 27 avril, date fixée pour le référendum. Je suis mandaté par mon organisation syndicale comme délégué à ce congrès, avec d'autres camarades. Notre mandat était que soit obtenue une condamnation du référendum par lequel de Gaulle voulait institutionnaliser l'association capital-travail. Il était d'exposer la nécessité que, face au danger corporatiste, le syndicat fasse bloc. Pour permettre au lecteur de mieux comprendre comment les choses se sont passées, le plus simple est de citer ici des extraits de l'intervention que j'ai prononcée au X^e^ congrès confédéral de la CGT-FO, telle qu'elle est rapportée dans le compte rendu sténographique intégral du congrès, édité à l'époque par le bureau confédéral de la CGT-Force ouvrière.

*« Camarades, lorsque ce matin, j'ai entendu le rapport du camarade Bergeron, j'avoue que j'attendais avec impatience la dernière partie.*

*Je crois que tout le congrès peut se féliciter de la prise de position nette, précise, du bureau confédéral, par la voix du camarade Bergeron disant, de fait, non au corporatisme, non au référendum ! (Applaudissements.)*

*Camarades, nous sommes aujourd'hui la première organisation syndicale qui tient son congrès à un mois à peu près du référendum, et je crois que la prise de position que nous allons prendre va être décisive : nous allons être, une nouvelle fois, l'organisation syndicale, la centrale syndicale qui doit ouvrir la seule perspective possible pour la classe ouvrière : non au corporatisme, non au référendum, non à l'intégration des syndicats à l'État ! (Applaudissements.)*

*Camarades, il est clair que beaucoup de problèmes se sont trouvés posés depuis trois ans. Il serait malséant de ma part d'expliquer que la chambre syndicale des employés cadres FO de la Sécurité sociale que je représente, a été toujours d'accord avec l'orientation confédérale. Nous avons eu des divergences, et nous estimons encore maintenant que sur toute une série de questions, nous avions eu raison contre le bureau confédéral... (...)*

*Nous pensons que nous n'avons rien à faire dans toute une série d'organismes. Nous distinguons d'ailleurs ces organismes où nous n'avons rien à faire des organismes où nous devons être présents, les organismes de la participation et les organismes de la présence, ceux où le mouvement syndical défend librement, et sans être lié d'aucune façon, les intérêts de la classe ouvrière. Mais, camarades, ces problèmes, aussi importants soient-ils, ces problèmes certainement continueront encore à nous opposer comme j'estime que ce qui continuera à nous opposer, c'est la manière dont la grève générale de mai-juin 1968 s'est terminée.*

*Je pense, pour ma part, que tout était possible, que nous pouvions obtenir, dans cette grève générale, toute une série de garanties pour lesquelles nous sommes obligés aujourd'hui de combattre, et il faudra encore combattre et durement combattre le gouvernement et l'État, mais je pense que toutes ces divergences, aussi importantes soient-elles, qui devaient être débattues, qui sont débattues, aujourd'hui elles passent au second plan devant le problème de l'accord fondamental sur l'avenir, sur la place, du moment, dans lequel nous sommes, pour l'avenir et la place du mouvement syndical.*

*Ce qui est en jeu c'est la possibilité pour la classe ouvrière, pour la jeunesse, de trouver une organisation qui sera capable d'exprimer les intérêts de la classe ouvrière et de la jeunesse ; ce qui est en jeu aujourd'hui c'est le fait qu'il y ait 100 000 jeunes qui n'ont pu trouver de place dans les CET, et il faut que ces jeunes aient une organisation et gardent une organisation qui sera capable d'imposer en fait la possibilité pour ces jeunes de trouver un emploi, ce qui est en jeu c'est un syndicat indépendant de l'État, un syndicat indépendant des partis politiques, mais un syndicat indépendant de l'État, voilà ce que signifie aujourd'hui le référendum. Le corporatisme que veut imposer le référendum signifie que nous, organisation syndicale, nous enverrions des représentants pour faire la loi, c'est-à-dire une loi qui est celle du capital, une loi qui est celle d'un gouvernement qui n'est pas le nôtre, qui ne peut pas être le nôtre. Nous serions obligés, sous l'autorité du préfet chef de la police, de faire la loi et de la faire respecter. Nous serions ravalés au syndicat officiel de Franco, nous serions ravalés aux prétendus syndicats de la Charte du Travail, nous serions ravalés à devenir des auxiliaires de la police et de l'État.*

*Voilà l'enjeu du 27 avril et aujourd'hui c'est une fierté que d'avoir entendu le représentant de la Confédération dire : je condamne le corporatisme, je condamne le Sénat corporatiste, je condamne l'Assemblée régionale corporative. Je condamne... et nous avons condamné avec lui, mais il faut condamner publiquement en invitant, parce que ce n'est pas une simple affaire électorale, nous sommes directement concernés. Parce que c'est l'avenir des syndicats, c'est notre syndicat qui est en jeu, c'est lui qu'on veut modifier, c'est lui qu'on veut détruire et je crois que ce congrès confédéral devra dire : nous appelons à dire non au référendum et en tout état de cause, quelles que soient les circonstances. (Applaudissements.)*

*Quelles que soient les circonstances, demain, nous n'accepterons pas comme nous n'avons pas accepté en 1940, nous n'accepterons pas d'être les auxiliaires corporatifs de la destruction des syndicats et, camarades, cette prise de position faite aujourd'hui a une signification qui dépasse considérablement les frontières de notre Confédération. C'est tout le pays, c'est toute la classe ouvrière, toutes les autres centrales qui seront obligées de s'aligner sur la Confédération générale du travail-Force ouvrière, et voilà la signification du débat et du vote qui prime tout, et qui fait que quelles que soient nos divergences sur tel ou tel problème, aussi important soit-il, ces divergences doivent passer pour le moment au second plan qui est celui de la survie du mouvement syndical libre indépendant de tout État, de tout gouvernement et de tout parti. (Applaudissements). »*

À la suite de ce débat, il y a eu, comme toujours dans les congrès syndicaux, une commission des résolutions dans laquelle, en commun, nous avons élaboré une résolution. Nous avons cherché un compromis pour exprimer une position commune de l'organisation syndicale sur cette question vitale, à savoir : ou bien préserver son indépendance, ou bien s'intégrer aux institutions de l'État. Dans ces conditions, le congrès confédéral CGT-Force ouvrière a adopté une résolution appelant à dire deux fois non au référendum : non à la participation à tout organisme de type corporatiste, et non au référendum. Cette résolution a été présentée unanimement devant le congrès. J'ai, à ce moment-là, été invité à prendre la parole pour expliquer dans quel esprit ceux, qui comme moi, participaient à la « minorité lutte de classe » votaient avec la majorité confédérale (réformiste) pour cette résolution.

*« Camarades. Il eût été facile au comité de rédaction, il eût été facile à la commission de chercher les divergences en fonction des points de vue des uns et des autres, mais comme l'a expliqué excellemment le camarade Favier, nous sommes placés dans une conjoncture exceptionnelle. Il s'agit de la vie ou de la mort de l'organisation syndicale, de l'outil de défense des travailleurs ; il s'agit de la place du syndicat, il s'agit de son rôle, de sa mission, de sa finalité.*

*Le référendum veut mettre en cause l'ensemble de ces problèmes. Le référendum veut démolir, intégrer, transformer, l'outil indépendant rassemblant dans l'organisation les travailleurs et les salariés de toutes tendances, de toutes confessions, dans l'indépendance à l'égard de l'État, du patronat et des gouvernements. Le référendum veut instituer l'ordre corporatiste, l'ordre qui existe aujourd'hui chez Franco, l'ordre de Salazar. Nous n'en voulons pas et c'est normal. Nous sommes ici rassemblés quelles que soient nos divergences, quels que soient nos points de vue particuliers sur tel ou tel problème aussi important soit-il – et il est bien évident que nous avons des divergences sur des problèmes importants – mais nous voulons garder le syndicat, l'organisation élémentaire, l'outil des travailleurs, l'outil, le seul outil qui est à la disposition des travailleurs, qui permet aux travailleurs de faire leur unité et c'est cela qui est en cause aujourd'hui.*

*Dans ces conditions, il est bien évident qu'il était nécessaire de trouver un accord, nous l'avons les uns et les autres souhaité, nous l'avons recherché. Et les deux points qui consacrent cet accord sont :*

*1 - Que nous n'acceptons pas en quelque circonstance que ce soit de participer dans un organisme de type corporatiste ;*

*2 - C'est le NON au référendum pour les motivations qui sont les nôtres.*

*Dans ces conditions, camarades, je pense, personnellement, et au nom d'un certain nombre de camarades qui étaient dans cette commission, et en particulier au comité de rédaction, que nous, qui sommes des militants syndicalistes, estimons que nos points de vue, nos intérêts de "tendance" ne sauraient s'opposer en quelque circonstance que ce soit aux intérêts du mouvement dans son ensemble, c'est-à-dire aux intérêts de l'organisation syndicale indépendante.*

*Dans ces conditions, certes, il pourrait y avoir des formulations meilleures, mais le problème essentiel, c'est que le syndicat, notre syndicat, notre Confédération dise non, n'accepte pas le corporatisme et je pense qu'il est nécessaire qu'il y ait la plus large unanimité sur le texte proposé par le camarade Bonnaure. (Applaudissements). »*

Je le répète, si le cadre de ce livre est essentiellement d'exposer notre « itinéraire », je dois à la vérité d'insister sur le fait que cette condamnation de l'association

> capital-travail, qui aboutit à faire reculer la menace corporatiste, fut l'œuvre de militants ouvriers de toutes tendances.
>
> Si, avec le recul des années, on reprend la chronologie, on verra que c'est cet appel de la CGT-Force ouvrière à voter non au référendum de De Gaulle qui a entraîné des prises de position similaires, notamment de la confédération CGT. Et, c'est ce qui fait, au bout du compte, que le référendum proposé par de Gaulle a été rejeté. Au vote du 27 avril 1969, le « Sénat corporatiste » ne s'est pas mis en place.
>
> Quand, beaucoup plus tard, un certain Séguin, alors ministre du gouvernement Balladur, tirera le bilan de cette époque, il dira : la grève générale de 1968 et l'échec du référendum de 1969 nous ont fait perdre vingt-cinq ans dans notre politique d'intégration des organisations syndicales et de destruction de la Sécurité sociale. Je pense qu'il a raison et que ce que nous avons fait à cette époque, dans le respect de l'indépendance entre partis et syndicats, dans le respect des prérogatives des organisations syndicales, a contribué à ce résultat utile pour la classe ouvrière.

Comme on le voit, l'attitude des militants de la IVe Internationale vis-à-vis des organisations syndicales n'est ni affaire de circonstances, ni expression d'une prétendue politique « entriste » laquelle, répétons-le, n'aurait aucun sens en la matière. Il s'agit de questions de principes. La démocratie politique repose sur la reconnaissance de l'existence des classes sociales, qui prend, en particulier, la forme de la reconnaissance de l'indépendance des organisations syndicales. Toute menace sur l'indépendance des organisations syndicales est une menace contre la démocratie.

La question n'est pas nouvelle dans le mouvement ouvrier. Aux grands moments de crise, on a toujours vu dans le mouvement syndical, s'opposer ceux qui estimaient inévitable de s'intégrer, et ceux qui, en toute circonstance, faisaient de l'indépendance des organisations syndicales une nécessité au-dessus de toutes les autres.

Le débat qui vient d'être évoqué à propos du référendum de 1969 recoupait, sous une autre forme, le problème auquel le mouvement ouvrier avait déjà été confronté en 1940. Quand des dirigeants de la confédération CGT décidèrent de participer à la mise en place de la Charte du travail de Pétain, suivant en cela Belin, secrétaire confédéral de la CGT, devenu ministre de Vichy, il y eut alors une poignée de militants de toutes tendances pour s'opposer à cette dérive, parmi lesquels le réformiste Léon Jouhaux qui refusa cette intégration au corporatisme.

### Le combat pour l'indépendance aujourd'hui : mouvement ouvrier sur des bases de classes ou ONG ?

PIERRE LAMBERT : Comme on vient de le voir, la question de l'indépendance des organisations syndicales par rapport à l'État, au gouvernement, aux patrons, aux institutions internationales, n'est ni une question nouvelle ni l'apanage des seuls militants de la IVe Internationale. On pourrait évoquer les figures de Monatte, syndicaliste révolutionnaire, ou de Jouhaux, militant réformiste, ou de Robert Bothereau, secrétaire général de la CGT-Force ouvrière durant de longues années. Qu'en est-il aujourd'hui ?

DANIEL GLUCKSTEIN : C'est un fait qu'aujourd'hui même, dans la résistance à l'intégration des organisations syndicales se retrouvent également des militants de toutes tendances et de toutes origines. Car, bien que sous une forme différente, la menace d'intégration des organisations syndicales est, aujourd'hui, omniprésente et universelle. Depuis une dizaine d'années en particulier, la marche à la prétendue « mondialisation » s'accompagne de la mise au point de mécanismes par lesquels les organisations syndicales sont, à tous les niveaux, sommées de s'intégrer dans la définition et la mise en œuvre des politiques des gouvernements et les multinationales.

PIERRE LAMBERT : Est-ce que tu fais référence, ici, à la « démocratie participative » lancée à Porto Alegre, au Brésil ?

DANIEL GLUCKSTEIN : Je reviendrai plus loin sur la « démocratie participative », ainsi que sur Attac [1], deux initiatives reliées entre elles et qui, effectivement, visent à remettre en cause l'indépendance du mouvement ouvrier. Mais ces initiatives, visant à l'intégration des organisations, s'inscrivent dans une politique plus générale.

Ainsi, l'Organisation mondiale du commerce prétend-elle intégrer les organisations syndicales dans la mise au point de traités commerciaux, réduisant les droits ouvriers à une hypothétique « clause sociale ». L'Organisation internationale du travail, qui a été fondée pour définir les conventions qui expriment les droits ouvriers à l'échelle internationale, se voit sommée de s'intégrer comme une composante de l'Organisation mondiale du commerce. L'Union européenne, à travers sa branche syndicale, la Confédération européenne des syndicats, pratique de même. Dans tous les pays on exige des organisations syndicales, au nom de la « société civile », qu'elles deviennent des colégislateurs, qu'elles participent à l'élaboration de la loi (anti-ouvrière !).

Pour notre part – et nous sommes loin d'être les seuls – nous ne voyons aucune raison qui devrait amener les travailleurs à renoncer à la conception traditionnelle du

1. Lire chapitre 7, pp. 165-195.

mouvement ouvrier : les organisations syndicales ont été édifiées par les travailleurs pour la seule défense de leurs intérêts matériels et moraux. Elles n'ont pas pour vocation de participer à la gestion de l'État ni à l'exercice gouvernemental, ni à l'élaboration de la loi. Les syndicats ne peuvent devenir « colégislateurs » comme certains les y invitent.

PIERRE LAMBERT : Cela recoupe ce qui a été évoqué plus haut, à savoir le bilan que nous avons tiré d'une politique de subordination des syndicats à un parti. Même mise en place avec les meilleures intentions révolutionnaires du monde, elle s'est révélée avoir des conséquences désastreuses. Car à travers la subordination à un parti, la subordination des syndicats à l'État a débouché sur le bilan tragique du stalinisme. Il y aurait matière à discuter de cette question qui, d'ailleurs, a fait l'objet de divergences entre Lénine et Trotsky, dans le débat sur la place des syndicats lors du congrès du Parti bolchevique de 1921.

DANIEL GLUCKSTEIN : Débat essentiel, en effet, et qui – bien que les protagonistes n'aient pu en avoir conscience – portait en lui les problèmes majeurs auxquels le mouvement ouvrier allait être confronté tout au long du XXe siècle. Débat d'une brûlante actualité : il est frappant de constater, qu'aujourd'hui, sous toutes les formes, le Fonds monétaire international, la Banque mondiale, les gouvernements en place – à commencer par le gouvernement « pluriel » en France – font tout pour transformer le rôle et la place des organisations syndicales, et les subordonner à nouveau. Dans cette tentative, il faut souligner le rôle particulier joué par lesdites « organisations non gouvernementales ».

Depuis une bonne décennie, les ONG poussent comme des champignons un jour de pluie à l'échelle de toute la planète. Il y a, dans le monde entier, des centaines de milliers, peut-être des millions d'ONG. Elles sont financées par la Banque mondiale, l'ONU, d'autres institutions internationales, par l'Union européenne, par des institutions caritatives, des multinationales… voire par les gouvernements eux-mêmes. Elles occupent une fonction bien précise : contribuer à la dissolution du mouvement ouvrier.

Rangées côte à côte dans la catégorie des organisations non gouvernementales, il y a donc des associations caritatives, des associations à vocation commerciale, des organisations qui sont en fait des entreprises, par exemple la « Banque des pauvres » au Bangladesh, qui fait de substantiels profits par l'exploitation de la misère humaine. On trouvera aussi des organisations dont la fonction officielle est de se substituer aux services publics liquidés dans des pays entiers, d'accompagner le travail des enfants et beaucoup d'autres choses. On trouvera aussi certaines organisations syndicales qui acceptent d'entrer dans la catégorie ONG.

PIERRE LAMBERT : Cette offensive recoupe l'émergence de la prétendue « société civile », déclinée sur tous les tons ?

DANIEL GLUCKSTEIN : Tout à fait. Depuis une petite dizaine d'années, sous l'égide de l'ONU, du FMI, de la Banque mondiale, avec le soutien actif de tous les gouvernements (et, il faut le dire aussi, avec des relais de plus en plus puissants au sein du mouvement ouvrier), se développe insidieusement la théorie selon laquelle la « société civile » devrait se substituer à la démocratie. La société civile : le mot est lâché. Il est dans toutes les bouches, dans tous les discours, sans que personne n'en donne un contenu très précis.

Il y a quelques années, l'ONU, dans un document officiel, en avait donné cette définition : la société civile, c'est *« la sphère dans laquelle les mouvements sociaux s'organisent autour d'objectifs de groupes et d'intérêts thématiques*[1] ». Qu'est-ce qu'un « intérêt thématique » ? Qu'est-ce qu'un mouvement social qui s'organise autour d'un « intérêt thématique » ? Le terme s'applique, par exemple, à des philatélistes, lesquels constituent un mouvement social qui s'organise autour de l'intérêt thématique commun pour les timbres et leur collection. Il s'applique, de même, à une association de chasseurs de papillons. Au milieu de ces millions d'organisations thématiques, on peut aussi trouver – pourquoi pas ? – des syndicats. N'est-ce pas là le but ?

Ainsi, on dira d'un syndicat que c'est un « mouvement social » qui s'organise autour d'un intérêt thématique qui est, pour reprendre le verbiage de l'ONU, la défense de la condition ouvrière. Moyennant quoi, le syndicat ouvrier se retrouvera dans les conférences d'ONG à côté des sociétés protectrices des ours polaires ou des phoques (ce n'est pas une invention, c'est exactement ce qui se passe dans les conférences des ONG). L'ONU précise :

*« Ces groupements comprennent des groupes particuliers comme les femmes, les jeunes, et les populations autochtones. »*

Mais pas la classe ouvrière ? L'ONU précise :

*« D'autres acteurs jouent également un rôle de plus en plus influent (...) : les autorités locales, les médias, les représentants des milieux d'affaires et de l'industrie, les associations professionnelles, les organisations religieuses et culturelles et les milieux intellectuels et scientifiques. »*

Le but recherché est, précisément, sous couvert « d'associations professionnelles », d'intégrer les organisations ouvrières avec les « représentants des milieux d'affaires et de l'industrie ». Le concept de « société

1. Rapport du secrétaire général de l'ONU du 14 juillet 1997 intitulé « Un programme pour la réforme ».

civile » et sa mise en œuvre permettent de diluer graduellement les organisations syndicales et les organisations politiques de la classe ouvrière, les organisations patronales, dans une masse informe « d'associations thématiques », de « populations autochtones » et de groupes particuliers… qui, par ailleurs, accepteront de se subordonner aux intérêts des capitalistes, des multinationales propriétaires des moyens de production. Ainsi, insidieusement, un régime de type « corporatiste » planétaire se substitue à la démocratie.

PIERRE LAMBERT : Apparemment, nos critiques ont le sentiment de vivre en démocratie ?

DANIEL GLUCKSTEIN : Pour combien de temps ? La démocratie suppose la reconnaissance d'intérêts distincts et contradictoires au sein de la société. Pas de démocratie sans organisations syndicales indépendantes, sans reconnaissance des droits et garanties arrachés par la lutte de classe. Ce n'est pas un hasard si, dans tous les régimes totalitaires, la lutte de la classe ouvrière passe toujours par le combat pour le droit de constituer des syndicats indépendants de l'État. C'est le combat pour la démocratie. La démocratie politique, même « bourgeoise », suppose la possibilité pour les travailleurs de disposer de leur propre représentation politique. Elle suppose l'exercice des libertés publiques.

À partir du moment où l'on substitue à ces fondements de la démocratie, les « acteurs de la société civile », qui seront à tous les niveaux, intégrés aux conférences internationales sur le commerce, à l'ONU, à l'OMC, à la Banque mondiale, au FMI, au gouvernement, à l'Union européenne, alors se met en place un régime de type corporatiste, où les syndicats ne sont plus invités à représenter les intérêts particuliers des salariés, où les partis politiques ne sont plus invités à représenter des programmes politiques, contradictoires dans leur essence du fait des intérêts sociaux contradictoires qu'ils défendent. Alors, se met en place ce que l'on peut appeler un corporatisme nouveau dans la forme, mais pas moins néfaste et désagrégateur quant au fond, que le corporatisme fasciste. Et, pour aboutir à cela, il faut favoriser, susciter, financer, la prolifération des fameuses organisations non gouvernementales.

PIERRE LAMBERT : Les ONG financées par les institutions internationales ? Peut-on le prouver ?

DANIEL GLUCKSTEIN : Chaque sommet mondial du Fonds monétaire international, de la Banque mondiale ou de l'Organisation mondiale du commerce, est précédé par une session dite « non officielle », rassemblement hétéroclite de milliers et de milliers de représentants des ONG. Il y a à cela une raison. Comme il y a une raison à ce que ces sommets des ONG soient officiellement organisés et pris et charge par les multinationales et les gouvernements. C'était le cas à Seattle, par exemple, en 1999, où le sommet des ONG était organisé officiellement et financé largement par les multinationales qui organisaient le sommet officiel des chefs d'État et de gouvernement.

*« L'Organisation mondiale du commerce a décidé d'organiser, juste avant l'ouverture des pourparlers commerciaux officiels prévus à Seattle, le mois prochain, un sommet spécial afin d'apaiser ceux qui protestent contre la mondialisation. Dans le cadre d'une campagne destinée à rendre l'OMC "plus crédible", le conseil de l'OMC accueillera le sommet parallèle, qui doit rassembler 1 500 membres des ONG, qui ont prévu des protestations massives tout au long de la semaine de fin de novembre.* "Nous avons considéré qu'il était préférable d'avoir un dialogue réel plutôt que de se lancer des slogans à la tête quand on est amené à se croiser dans les halls d'hôtels", *a expliqué Sergio Marchi,*

*nouvel ambassadeur du Canada auprès de l'OMC, précisant :* "Si nous avons seulement deux solitudes, la seule chose qui en sortira sera du bruit [1]." » À Seattle, les choses n'ont pas marché comme l'ambassadeur l'avait prévu. Ce qui n'a pas empêché l'OMC de continuer ultérieurement à appliquer la même méthode.

C'était le cas à Durban, en septembre 2001, où le prétendu « contre-sommet » des ONG faisait partie du programme officiel de la conférence de l'ONU contre le racisme et la discrimination (d'ailleurs, ce « contre-sommet » était ouvert, présidé et conclu par Kofi Annan et les hauts-commissaires de l'ONU).

La fonction de ces organisations non gouvernementales est d'être, en quelque sorte, la caution sociale, la composante sociale de la politique de la « mondialisation ». Du point de vue des multinationales et des institutions internationales, c'est là un investissement rentable qu'elles assument parfaitement.

PIERRE LAMBERT : Mais peux-tu revenir sur le rôle économique et social joué par ces ONG dans les pays dits « en développement » ?

DANIEL GLUCKSTEIN : Elles jouent un rôle, en effet. Mais est-il si positif ? À la veille du sommet social de Copenhague en 1995, l'ONU dans un document officiel de son département de la formation, intitulé *« Les ONG, partenaires du développement social »*, indiquait qu'une *« part croissante de l'aide publique est acheminée vers les pays en développement par le canal des ONG, puisqu'elle représentait en 1988 35 % des revenus des ONG, contre 1,5 % en 1970 »*. Et l'ONU précise :

*« Dans les pays en voie de développement, le nombre d'ONG participant aux activités de développement a*

1. *Financial Post* (5 octobre 1999), l'un des principaux quotidiens financiers du Canada.

*connu un accroissement spectaculaire ces dix dernières années. Ainsi, la Banque mondiale estime que les ONG enregistrées en Inde traitent un quart de toute l'aide extérieure, soit 520 millions de dollars par an.* »

Encore ceci était-il écrit en 1995 ; les choses, depuis, n'ont fait qu'empirer. Quel est donc le rôle des ONG dans les pays dits « en développement » ? Quelle utilisation les ONG font-elles de l'aide publique qui passe à travers elles ? Un exemple concret en est donné par nos camarades du Bangladesh qui parlent de la *« culture des ONG »* comme un *« fléau qui détruit notre pays ».* En effet :

*« Selon les instructions de la Banque mondiale, du FMI et des "donateurs", les ONG se taillent la part du lion dans la gestion des prêts. Ces ONG n'ont de comptes à rendre à personne : ni à l'État, ni au peuple, alors que c'est à l'État et au peuple de rembourser la dette. Certaines de ces ONG sont des agents directs des grandes multinationales. Elles utilisent des slogans chocs, tels que "éradication de la pauvreté", "construire la prise de conscience", "émancipation de la femme", etc. Mais en pratique, la pauvreté augmente, le nombre de paysans sans terre augmente (78 % des paysans aujourd'hui, selon les statistiques du gouvernement, contre 32 % en 1972). La répression et l'oppression des femmes ont été multipliées (parfois même à cause des ONG elles-mêmes). Les ONG sont maintenant des grosses entreprises d'affaires dans le pays. La plus grosse compagnie de télécommunication appartient à une ONG, la plus grosse entreprise de produits laitiers appartient à une ONG, la plus grosse banque est une ONG, la plus grosse compagnie de logement est une ONG, le plus haut bâtiment de Dacca (la capitale du Bangladesh) est une ONG* [1]*...* »

---

1. Article de Taffazzul Hussein (Bangladesh) publié par *Informations ouvrières*, n° 223, 20 mars 1996.

Les ONG ont une double fonction : instrument de dissolution de la démocratie, en ceci qu'elles prétendent se substituer aux organisations politiques et syndicales de la classe ouvrière et diluer celles qui existent dans une « société civile » sans frontière de classe ; elles sont en même temps un instrument direct de la politique de pillage de l'impérialisme et de mise en œuvre des plans d'ajustement structurel. Dans de nombreux pays, les ONG revendiquent d'ailleurs ce rôle de substitution aux services publics, pour aider à les démanteler. Cela a été explicitement formulé lors du sommet des ONG de Durban (septembre 2001). Dans le chapitre du document adopté par le forum des ONG et consacré aux politiques et programmes à mettre en œuvre, une section importante est consacrée au service public que les ONG critiquent en ces termes :

*« Historiquement, les services publics sont utilisés pour garantir le pouvoir de l'élite au pouvoir »*, dénonçant *« le manque de qualification et de capacité des responsables des services publics »* et concluant à la nécessité pour les *« États à s'engager à transformer leurs services publics respectifs ».*

On retrouve là très exactement les campagnes orchestrées dans tous les pays, campagnes médiatiques dénonçant les carences réelles ou supposées de tel ou tel service public, de la fonction publique, en France, pour mettre en œuvre des politiques dites « de transformation » ou de « restructuration ». Objectif réel : la privatisation-destruction de tous les services publics.

Les ONG se portent candidates pour aider les États et les gouvernements à mettre en œuvre cette politique de destruction des services publics. Elles se proposent de mener *« des audits indépendants pour établir l'écart entre le service public et la réalisation du mandat qui est le leur »*. Cela dans quel but ? Les ONG expliquent :

*« Pour de nombreuses raisons, les États sont limités dans leur capacité à fournir un accès adéquat à ces programmes de mise en œuvre des services publics. »*

Quelles sont ces « raisons » ? Pourquoi *« les États manquent de moyens pour mettre en œuvre les services publics »* ? Parce que la dette les écrase, parce que les plans d'ajustement structurel les écrasent, parce que la politique de spéculation, de destruction des forces productives des multinationales guidée par Washington les écrase… De tout cela, pas un mot dans le programme des ONG. Les ONG ne s'en expliquent pas. Elles ne le peuvent étant donné les intérêts qu'elles doivent servir en étant assujetties financièrement à la Banque mondiale. En revanche, elles ont une « solution » : puisque les États manquent de moyens, les ONG sont candidates pour se substituer aux services publics :

*« Il faut explorer le rôle des ONG comme agents d'application et fournisseurs de services pour les programmes gouvernementaux, particulièrement dans les pays en voie de développement. »*

Les ONG se posent ainsi comme instruments de la privatisation-destruction.

*« Les ONG devraient prendre en considération leur rôle comme fournisseurs de service d'éducation dans les régions qui sont négligées par les États. »*

On ne saurait mieux dire : entériner et accompagner la disparition des services publics de l'instruction publique et être le principal organisateur de sa privatisation-destruction. Elles jouent déjà ce rôle : dans un pays comme le Bangladesh, l'instruction est entre les mains des ONG.

Ces organisations « non gouvernementales », comme leur nom ne l'indique pas, sont de bout en bout installées et financées par des institutions officielles ; qu'il s'agisse généralement des institutions internationales du capital financier, ou des gouvernements eux-mêmes. Nous l'avons déjà signalé à partir d'éléments de faits. Un communiqué de la Banque mondiale (février 1997) nous apprend, par exemple, que la Banque mondiale et un réseau de 250 *« organisations non gouvernementales »* et d'autres *« organisations de la société civile »*, *« ont accepté de collaborer avec les gouvernements pour évaluer l'impact des plans d'ajustement et des réformes dans un certain nombre de pays »*. À cet effet, a été mis en place un *« comité de pilotage ONG-société civile »*, appelé à organiser des *« consultations à l'initiative de la Banque mondiale »*. D'ailleurs, depuis 1996, l'Organisation mondiale du commerce invite systématiquement les ONG à ses conférences ministérielles dans le but de *« resserrer les liens avec la société civile »*, et met en place *« un programme de rapports réguliers à destination des ONG »*.

L'Union européenne accorde une énorme importance au rôle des ONG. Elle a constitué des organes officiels pour suivre le travail avec les ONG, les associer à la plupart de ses projets et les financer. Ainsi, un rapport de la Commission européenne sur la promotion du rôle des associations et des fondations en Europe rend publique *« la création en 1997 d'une nouvelle ligne budgétaire B3-4101, pour promouvoir la coopération avec les ONG et autres manifestations du secteur associatif »*.

Dans un dossier consacré aux ONG publié par l'Union européenne en 1995, on apprend que la part de fonds publics dans le financement des ONG *« atteint les 40 % au Royaume-Uni, et peut monter jusqu'à 80 %, comme c'est le cas en Italie, en Suède, en Norvège »*. Et ce rapport précise :

*« Les ONG ont bien du mal à résister à l'afflux de fonds publics. Cela ne fait qu'accentuer des rapports de plus en plus étroits avec des organisations étatiques. »*

PIERRE LAMBERT : Les multinationales participent, elles aussi, directement au financement des ONG...

DANIEL GLUCKSTEIN : Tout à fait. Je lis, par exemple dans le *Financial Times* du 16 octobre 2001, un article intitulé :

*« Unilever donne des millions de dollars à des organisations anti-mondialisation par l'intermédiaire de la société Ben & Jerry's. »* L'auteur de l'article, James Harding, y explique ceci : *« Unilever, l'une des plus grandes multinationales au monde, a donné des millions de dollars à des groupes anti-mondialisation et à des opposants aux grandes entreprises, par l'intermédiaire de sa filiale Ben & Jerry's. Des organisations militantes comme Global Exchange et la Ruckus Society, qui ont entraîné et organisé les manifestants qui ont encerclé l'OMC à Seattle en 1999, ont reçu des fonds d'Unilever. La compagnie, qui commercialise toute une série d'articles, du thé Lipton aux savons de marque Dove dans 150 pays, a remis 5 millions de dollars à des initiatives de ce type par l'intermédiaire de Ben & Jerry's, société qui fabrique des glaces et qui est connue pour sa conscience sociale. Unilever a donné cet argent à la fondation Ben & Jerry's lorsqu'elle a acheté cette entreprise l'an dernier. C'est cette fondation charitable qui a distribué les fonds. Les dons d'Unilever ont été révélés par une enquête menée par le* Financial Times *sur le financement des groupes anticapitalistes. Même si les fonds donnés aux militants anti-mondialisation sont peu de chose comparés aux budgets de relations publiques et de publicité des multinationales et des institutions consacrées à la libéralisation du commerce, l'enquête du* Financial Times *montre que depuis un an, un réseau d'hommes d'affaires, d'individus et d'institutions fortunés a donné des fonds à des groupes protestataires. Lorsque Unilever faisait la cour l'an dernier à Ben Cohen et à Jerry Greenfield, la multinationale anglo-hollandaise a été incitée par les inventeurs des glaces Chery Garcia et Phish Food à donner un peu plus que 326 millions de dollars pour assurer l'acquisition de l'entreprise. Unilever a alors accepté de contribuer à hauteur de 5 millions de dollars à la fondation Ben & Jerry's, plus 5 autres millions à des fonds d'investis-*

*sement pour des start up éthiques et, enfin, 1,1 million de dollars par an en subventions à des groupes militant pour le changement social. La fondation Ben & Jerry's a donné 100 000 dollars à la Ruckus Society, qui entraîne des militants à accrocher des banderoles et à manifester dans les rues. John Sellers, directeur de la Ruckus Society, a déclaré au début du mois dernier :* "C'est génial, cet argent d'Unilever. Il n'y a pas de meilleur moyen d'utiliser les largesses d'une multinationale que de les donner au mouvement qui s'oppose à cette même multinationale." *Les dirigeants d'Unilever étaient conscients du fait que, en donnant cet argent à la fondation Ben & Jerry's, ils finançaient probablement la cause des anti-mondialisations. Mais les dirigeants d'Unilever ont déclaré que cet argent ne pouvait être donné sous condition. »*

Et on pourrait évoquer Vivendi. Et la fondation Ford. Et Soros, qui est, à la fois, le roi des spéculateurs, et un grand argentier des ONG (lire aussi chapitre 7).

PIERRE LAMBERT : Tout de même, parmi les dizaines de milliers d'ONG, il en est, sans aucun doute, qui ne relèvent pas de cette politique systématique de corruption et de destruction.

DANIEL GLUCKSTEIN : C'est certain. Il est certain, également, qu'il en est animées d'individus désintéressés, qui ne cherchent qu'à venir en aide aux souffrances des populations. On nous dira enfin que beaucoup de ceux qui sont attirés par l'activité des ONG, le font pour des raisons parfaitement louables et respectables. Cela ne fait aucun doute. Il n'en reste pas moins que cette prolifération des ONG vise d'abord et avant tout, à ce qu'il faut appeler une « ONGisation » de la société, une « ONGisation » des organisations ouvrières.

Cette pression joue un rôle désagrégateur ; combien d'organisations ouvrières syndicales nationales ou internationales, combien de partis ou d'organisations qui se qualifient de « gauche » ou de droite ont accepté et acceptent d'être désormais rangés dans la catégorie des ONG, et participent ainsi à toutes les conférences internationales, aux côtés et au même niveau que les représentants des religions, des associations caritatives d'aide au tiers-monde, des organisations de défense des phoques, des ours, des baleines ? Combien s'orientent sur le financement par l'État ? Il y a dans cette autodilution du mouvement ouvrier quelque chose d'extrêmement pernicieux : c'est le renoncement à défendre la démocratie, c'est-à-dire des intérêts spécifiques, les intérêts des opprimés et des exploités.

Pour notre part, nous estimons que le mouvement ouvrier, en toutes circonstances, doit rester indépendant, refuser de se dissoudre ou de se transformer en ONG, préserver sa vocation – qu'il s'agisse des organisations syndicales ou des organisations politiques – à ne représenter et n'exprimer que les seuls intérêts de la classe ouvrière, des opprimés et des exploités.

PIERRE LAMBERT : Ceci nous ramène à un épisode de notre propre histoire : avons-nous eu tort de refuser l'offre du Fonds monétaire international ?

DANIEL GLUCKSTEIN : Cette question, nous y avons été, en effet, confrontés très concrètement, voilà quelques années. Le 7 février 1994, une délégation internationale, composée à l'initiative de l'Entente internationale des travailleurs et des peuples, s'est rendue au siège du Fonds monétaire international et de la Banque mondiale à Washington. Nous agissions sur mandat de la Conférence mondiale ouvrière ouverte qui s'était réunie le 20 juin précédent à Paris. La décision avait été prise par les représentants d'organisations ouvrières et paysannes de plus de 70 pays d'organiser cette délégation.

Le 7 février 1994 au matin, nous nous présentons donc au siège du Fonds monétaire international à Washington. Notre délégation comprend 25 responsables politiques et syndicaux, et députés, venus des États-Unis, bien sûr, mais aussi du Brésil, de Suisse, de France, d'Algérie, du Bangladesh, d'Afrique du Sud, du Mexique, de Grèce, d'Espagne, d'Haïti. Ces camarades m'ont désigné pour conduire la délégation. J'ai la surprise de constater que, contrairement à nos inquiétudes, le Fonds monétaire international nous ouvre de bonne grâce ses portes. L'ensemble de notre délégation est introduit au siège du Fonds monétaire international où nous sommes reçus, plus de deux heures durant, par le chef adjoint aux relations publiques et le conseiller spécial aux relations extérieures.

Le débat est vif, sans concession. Le ton monte souvent. Chaque camarade présent expose la situation – souvent dramatique – dans son pays et met en accusation la responsabilité de la politique du Fonds monétaire international. Qu'il s'agisse de l'effondrement du niveau de vie au Mexique, des guerres en Yougoslavie, de la dette qui écrase le peuple noir d'Afrique du Sud en conséquence de la politique de l'apartheid et de ses accords avec le Fonds monétaire international, etc. Les uns après les autres, les camarades prennent la parole, accusent, démontrent faits à l'appui, et les dirigeants du Fonds monétaire international tentent de répondre point par point, défendant la politique de leur institution.

Au terme de ces échanges qui, bien évidemment, ne permettent pas de conclure (on peut lire le compte rendu de cette délégation dans *Informations ouvrières*, n° 1661, semaine du 16 au 22 février 1994), notre délégation se réunit et adopte un appel aux travailleurs du monde entier affirmant clairement :

*« Nous récusons ceux qui prétendent qu'on ne peut rien faire d'autre que d'accepter la loi du Fonds monétaire international. Accepter la loi du Fonds monétaire*

*international, ce serait accepter que se poursuive la décomposition de l'humanité. Nous n'acceptons pas (...). Une autre voie existe (...) Travailleurs, peuples opprimés, vous ne voulez plus de guerres et de violences destructrices. L'issue réside dans l'unité, l'unité de tous les courants, de tous les groupes, de toutes les organisations, quelles que soient vos tendances politiques et syndicales, qui sont en train de rassembler leurs forces dans l'action commune pour arracher l'humanité aux conséquences dévastatrices des plans du Fonds monétaire international. »*

Cet appel exige, notamment, l'arrêt des plans de privatisation, la défense des services publics, l'annulation de la dette, l'annulation des plans d'ajustement structurel, la défense de l'ensemble des conquêtes sociales ouvrières, l'arrêt de la mise en jachère des terres, la défense de l'indépendance des organisations ouvrières vis-à-vis des États et des gouvernements. Il se conclut par le mot d'ordre : *« Unité contre le Fonds monétaire international ! »*

Entre la fin de la délégation au Fonds monétaire international et le moment où ses membres se réunissent pour rédiger la résolution finale et l'appel qui vient d'être cité, un petit échange a lieu qui mérite d'être rapporté ici. Au moment où nous sortons du siège du Fonds monétaire international, l'un des deux responsables qui nous ont reçus me prend un peu à l'écart et me tient le langage suivant :

*« Nous tenons à vous remercier de cette délégation. Certes, nos points de vue divergent et nous ne sommes pas parvenus à nous mettre d'accord. Mais je tiens à vous faire savoir que ce type d'échanges est très utile pour le Fonds monétaire international. Nous avons besoin de connaître l'état d'esprit des peuples, des salariés, de leurs organisations, de mieux comprendre leurs réactions de manière à pouvoir élaborer notre politique. Aussi, je me permets de vous faire cette proposition :*

*pourquoi votre organisation, l'Entente internationale des travailleurs et des peuples, ne disposerait-elle pas ici, à Washington, d'un bureau permanent et de représentants permanents auprès du Fonds monétaire international ? Ceci nous permettrait d'intégrer dans notre politique vos remarques, vos observations. Bien sûr, vous resteriez totalement indépendants et libres de vos critiques. Nous vous fournirions les moyens nécessaires pour remplir ce rôle, qui, encore une fois, nous est utile, à nous, pour organiser notre politique. »*

Il faut dire la vérité : sur le coup, lorsque le représentant du Fonds monétaire international a formulé cette proposition, elle m'a paru totalement incongrue, mais je n'en ai pas saisi toute la portée. Je lui ai seulement dit que nous allions la discuter dans la délégation. Mais quand ensuite, je l'ai rapportée aux camarades, nous nous sommes dit : finalement, le Fonds monétaire international a décidé d'essayer de nous coopter, de nous transformer en un petit rouage, parmi beaucoup d'autres, des institutions du Fonds monétaire international. Bref, l'Entente se voyait offrir une position d'ONG.

Bien évidemment, il ne venait à l'esprit d'aucun camarade présent à la délégation d'accepter. Tous avaient, depuis de nombreuses années, et parfois des décennies, payé le prix fort pour préserver l'indépendance des organisations auxquelles ils appartiennent. Ils n'avaient nullement l'intention, ce matin glacial de février 1994, de vendre l'indépendance de leurs organisations pour le plat de lentilles d'un siège d'ONG à Washington.

Cet épisode est resté gravé dans ma mémoire. À l'époque, en 1994, le phénomène des ONG n'était qu'au début de son développement. C'est un peu après qu'il a connu son plein essor, notamment avec le sommet social de l'ONU, à Copenhague, en mars 1995. Je me suis toujours posé la question : pour une organisation comme la nôtre à qui cette proposition a été faite et qui l'a refusée, combien d'autres, combien de centaines, de milliers d'autres et davantage à qui cette même proposition a été faite, et qui, elles, l'ont acceptée ? Il suffit de regarder les interminables listes – hétéroclites en apparence mais homogènes quant à leur financement et leur fonction sociale – des ONG qui participent à toutes les conférences internationales financées, directement ou indirectement, par le Fonds monétaire international, l'Organisation mondiale du commerce, la Banque mondiale, les multinationales et les gouvernements pour avoir une petite idée de la réponse à cette question.

En ce qui nous concerne, nous avons refusé. Avons-nous eu tort ? Chaque jour qui passe nous conforte dans la conviction que c'est la seule voie à suivre.

CHAPITRE 3

# Destin de la Révolution d'Octobre 1917
# Quelques enseignements

Daniel Gluckstein : À ce point de notre entretien, il nous faut nous arrêter sur une question – la question de l'URSS – qui a conditionné tout à la fois le destin de l'humanité et notre propre histoire comme IVe Internationale.

Pierre Lambert : Tu as certainement raison. Tout en sachant que nous ne pourrons certainement pas épuiser ici cette vaste question – qui est celle de la Révolution d'Octobre, de son destin, et du destin de la révolution mondiale – je propose que tu commences à en exposer les contours.

Daniel Gluckstein : Sous le drapeau d'Octobre 1917 se sont rangés, des décennies durant, des millions et des millions de prolétaires du monde entier. Ce drapeau incarnait pour eux l'idéal d'un monde nouveau devenu possible. En Russie, en effet, les soviets avaient, pour la première fois dans l'histoire, arraché la propriété des moyens de production des mains de la classe capitaliste. Prenant le contrôle de l'économie, ils avaient entrepris de réordonner tout le développement social non plus au service d'une minorité de privilégiés, d'accapareurs et de capitalistes profiteurs, mais, au contraire, au service de l'immense majorité, ceux qui ne possèdent rien d'autre que leur force de travail.

Durant des décennies, Octobre 1917 a représenté cet idéal. Usurpant ce drapeau, la bureaucratie stalinienne s'en est servie pour subordonner les mouvements ouvriers de chaque pays aux besoins de sa politique conservatrice, contraire aux intérêts de la classe ouvrière et de la révolution ouvrière.

Dix ans se sont écoulés depuis que l'URSS s'est effondrée. Le drapeau d'Octobre s'est-il définitivement effondré avec elle ? Quel bilan peut-on tirer d'Octobre 1917, du stalinisme et de l'URSS ? Ce n'est pas l'objet de cet ouvrage que de tirer ce bilan d'ensemble qui justifierait un livre à lui seul. Il faudrait, pour cela, revenir sur la magnifique *Histoire de la révolution russe* écrit par Léon Trotsky, puis sur la pénétrante analyse que le même Trotsky fit de la dégénérescence du stalinisme (qu'on relise sa *Révolution trahie* de 1936, on y verra analysé, avec la méthode du marxisme, ce phénomène sans précédent qu'est la dégénérescence bureaucratique d'un État ouvrier né d'une révolution ouvrière). Il faudrait, plus près de nous, également lire et relire le remarquable ouvrage de notre camarade Jean-Jacques Marie sur Staline[1]. Il faudrait reprendre des milliers, des centaines de milliers de documents, d'archives, d'expériences, de témoignages.

Encore une fois, ce n'est pas le lieu ici de procéder à cette analyse d'ensemble. Il est, cependant, impossible d'expliquer ce qu'est le trotskysme et ce pour quoi il y eut des scissions dans la IVe Internationale, sans répondre à la question : Octobre 1917, qui a substitué la propriété d'État à la propriété privée, constitue-t-il une perspective toujours actuelle, un programme politique dont les grandes lignes restent adaptées à notre époque ? Ou bien

1. Jean-Jacques Marie, *Staline*, Fayard, 2001.

est-ce un échec définitivement emporté dans le même mouvement que l'effondrement de l'URSS ? Ces questions se posent à tous ceux qui aspirent, aujourd'hui, à trouver une solution à la crise de la civilisation humaine.

La Révolution d'Octobre 1917 est née du rejet profond par les masses ouvrières et paysannes russes de la guerre et du régime de la propriété privée des moyens de production qui avait engendré la guerre de 1914-1918. Le Parti bolchevique a été chargé par les masses du mandat d'exprimer ce rejet.

Faut-il le rappeler ? Pour tous les marxistes avant 1917, la Révolution russe en préparation n'avait de sens que comme acte premier d'une révolution mondiale en marche. Cette perspective de la révolution mondiale n'était ni un rêve ni une utopie. Elle découlait du caractère mondial de l'économie capitaliste et de la guerre en cours. Elle découlait du fait que les contradictions du régime capitaliste, mettant à l'ordre du jour l'expropriation du capitalisme, ne pouvaient être résolues sur la seule arène nationale, mais sur l'arène internationale.

Pourtant, c'est un fait : à l'ordre du jour en 1917-1918, la révolution mondiale ne l'a pas emporté. L'URSS n'aurait pu déboucher sur le socialisme que dans une liaison rapide avec la classe ouvrière des pays les plus développés économiquement. On ne peut, disait Lénine reprenant Marx, *« socialiser la misère »*. L'isolement de l'URSS facilita la croissance très rapide d'un appareil bureaucratique, hérité en partie du tsarisme et enrichi de nouveaux éléments qui se sont constitués dès la guerre civile qui a ruiné le pays.

C'est un fait : la bureaucratie stalinienne a mené l'URSS à l'effondrement. En 1990, l'appareil avançait comme mot d'ordre *« privatisation sous le contrôle du peuple »*, ouvrant ainsi toutes grandes les portes aux couches mafieuses qui se développaient en son sein. En 1991, préparée par la perestroïka de Gorbatchev et la bureaucratie, le régime mafieux d'Eltsine organise la débâcle économique de l'URSS. En 1991, un Parti communiste russe de 19 millions de membres, appuyé sur des Jeunesses communistes presque aussi nombreuses et un appareil d'État puissant, avec une armée puissante, un appareil policier omniprésent, loin d'empêcher la désintégration de l'URSS, ont tout fait pour la précipiter. Il faut en tirer une conclusion : d'organe de défense de l'État ouvrier à l'origine, ces institutions étaient devenues des éléments de dislocation de cet État, au nom du régime fondé à l'échelle internationale sur la propriété privée des moyens de production. Il suffit de voir comment, juste après, avec une rapidité extraordinaire, les dirigeants à tous les niveaux se sont emparés des dépouilles de la propriété d'État, en en détruisant les bases sociales pour pouvoir se transformer eux-mêmes en milliardaires mafieux.

PIERRE LAMBERT : Et aujourd'hui ?

DANIEL GLUCKSTEIN : Aujourd'hui, après dix ans de réformes économiques dites « libérales », près de 30 millions d'hommes en Russie – en particulier dans certaines régions du pays, le Nord, une bonne partie de la Sibérie – sont réduits à l'économie de troc. Ils vivent par l'échange de produits entre eux ou sur la base de l'économie naturelle. Ils mangent ce qu'ils récoltent, ce qu'ils pêchent, ce qu'ils chassent. Après avoir ruiné la population laborieuse, les gouvernements successifs russes, composés pour l'essentiel d'anciens nomenklaturistes (qui ne juraient auparavant que par le « marxisme-léninisme »), ont entamé la privatisation de la propriété d'État. Ils se partagent les dépouilles d'entreprises, estimées à un pourcentage dérisoire de leur valeur réelle et rachetées pour une bouchée de pain. Les bureaucrates dits « communistes » d'hier sont devenus en un instant les liquidateurs de la propriété d'État, de la planification économique et du monopole étatique du commerce extérieur.

Mais, contradictoirement, ceux-là mêmes qui créent cette situation émettent les craintes les plus vives sur les conséquences de la réforme économique. Dans une interview à l'hebdomadaire *Literatournaia Gazeta* des 6-12 juin 2001, Mikhail Deliaguine, directeur de l'institut des problèmes de la globalisation s'inquiète de l'augmentation des charges :

*« Les gens ne pourront tout simplement pas payer. Commenceront alors des coupures massives qui frapperont tout le monde et ceux qui paieront et ceux qui ne paieront pas. Et lorsqu'en hiver, on commencera à supprimer la lumière et le chauffage dans une ville, alors des troubles de masse seront inévitables (...). Moi, je suis personnellement prêt à accepter la réforme, mais pour le pays dans sa totalité cela peut se terminer non pas même par une crise ou par une catastrophe économique, mais tout simplement par une révolution* [1]. »

PIERRE LAMBERT : Mais, alors, une question se pose : avons-nous eu raison d'avoir salué la chute du Mur de Berlin, et la reconquête par la classe ouvrière et le peuple allemands de leur unité ?

DANIEL GLUCKSTEIN : En 1989, lorsque les travailleurs renversent le mur de Berlin, la réalisation de l'unité de l'Allemagne n'était prévue par personne, y compris les plus hauts personnages sévissant au sommet des États. Ce que réclament les manifestants alors, c'est la démocratie,

1. Remarquons que c'est la même crainte de la Révolution qui animait ceux qui, douze ans plus tôt, s'étaient engagés sur la voie de la perestroïka. En 1989, Alexandre Yakovlev, l'un des plus proches collaborateurs de Gorbatchev, répondait en ces termes à Honecker, le dirigeant de la RDA, qui lui demandait pourquoi la direction du PCUS avait entrepris des politiques dangereuses : *« Il ne s'agit pas d'une question de choix ou d'opinions politiques mais de nécessité objective incontournable. Sans la perestroïka, nous aurons ultérieurement à faire face à une révolution qui pourrait être aussi violente que la Révolution d'Octobre. »*

l'unité, la fin du monopole du parti unique, la disparition de sa police politique, la Stasi, la fin des bénéfices de la bureaucratie nomenklaturale et de ses privilèges. L'aspiration à l'unité de l'Allemagne, c'était l'aspiration à voir les conquêtes arrachées en RDA – c'est-à-dire la propriété collective des moyens de production, le plein emploi, le droit au travail pour tous, l'instruction pour tous, la protection sociale, la législation en faveur des femmes travailleuses –, s'unir et fusionner avec ce que le mouvement ouvrier allemand avait conquis en RFA : la liberté d'opinion, le droit à manifester, le droit de grève, la liberté de s'organiser, l'existence d'un syndicalisme indépendant. En un mot, l'aspiration était : le pouvoir pour le peuple de décider de lui-même, par lui-même, pour lui-même.

Les aspirations contenues dans le soulèvement de 1989 ont-elles été réalisées ? D'une part, il y a eu réunification de l'Allemagne. Elle a été imposée par les manifestants et le soulèvement populaire. Il y a eu réalisation de l'unité des organisations ouvrières allemandes. Mais, d'autre part, cela s'est fait sur la base de la privatisation-destruction de l'essentiel de l'économie de l'ex-RDA, ce que les manifestants, en 1989, ne demandaient certainement pas ! Cette privatisation a été imposée par le Fonds monétaire international, la Banque mondiale, l'Union européenne. La nomenklatura stalinienne à l'est de l'Allemagne a largement collaboré à cette privatisation-destruction, supprimant près des deux tiers des emplois existants et plongeant des dizaines, des centaines de milliers de travailleurs de l'ex-RDA dans la précarité ou le chômage. On peut donc dire que cette victoire imposée par les masses en 1989 a été confisquée, dévoyée, détournée de ses fins. Immédiatement, toutes les forces capitalistes mondiales se sont mobilisées pour la faire réintégrer dans le cadre de l'économie de marché. Et cela s'est passé sous d'autres formes dans l'ex-URSS et dans tous les pays confrontés à ces problèmes.

Tous les partis issus de la nomenklatura et, plus généralement, tous les partis staliniens se sont transformés avec une rapidité exemplaire en instruments directs de la politique capitaliste. Dans l'ex-URSS, en Hongrie, en Roumanie, en Pologne, tous ces partis, qui, généralement d'ailleurs, se sont rebaptisés « sociaux-démocrates », « socialistes », ou autres, sont les plus ardents organisateurs de la privatisation, c'est-à-dire, en l'occurrence, de l'instauration d'un capitalisme de type mafieux fondé, d'abord et avant tout, sur le pillage de l'économie. Dans les pays capitalistes, les partis communistes issus du même appareil stalinien se sont transformés en artisans les plus ardents de la privatisation et de la destruction des conquêtes sociales. Il suffit de regarder en France la privatisation-démantèlement de la SNCF, organisée par le ministre « communiste » Gayssot.

PIERRE LAMBERT : Je voudrais ici soulever une question sur laquelle nous reviendrons certainement. À savoir : l'effondrement de l'URSS a-t-il vérifié les analyses de Léon Trotsky ? Il me serait facile de montrer, faits et documents à l'appui, ce qu'il est advenu des courants – y compris à l'intérieur de notre mouvement – qui ont refusé les critères marxistes. Par exemple, Castoriadis qui, après son départ de la IVe Internationale en 1947-1948, a connu une grande célébrité politique, avait inventé, après bien d'autres, la théorie du « capitalisme d'État » pour caractériser l'URSS. Son évolution a été jusqu'à l'amener à devenir un apôtre de l'impérialisme et de la propriété privée, un apôtre préconisant la Troisième Guerre mondiale de l'Occident contre l'URSS. Mais cela ne nous émancipe pas de tirer notre propre bilan : ces événements ont-ils confirmé nos propres analyses, celles que nous avons été amenés à élaborer après la mort de Léon Trotsky et jusqu'à la chute de l'URSS ?

DANIEL GLUCKSTEIN : Durant des décennies, les militants de la IVe Internationale ont combattu sous le mot d'ordre *« défense de l'URSS »*. Ce mot d'ordre ne se confondait aucunement avec la défense politique de la bureaucratie stalinienne. Bien au contraire. Par ce mot d'ordre, la IVe Internationale distinguait entre les conquêtes sociales issues d'Octobre 1917 et la bureaucratie du Kremlin, qui, loin de les défendre (ce qu'elle prétendait), en préparait, en réalité, l'effondrement.

Pour les militants de la IVe Internationale, qui ont combattu aux côtés des ouvriers et paysans soviétiques contre l'invasion hitlérienne, il s'agissait d'agir vis-à-vis des bases sociales de l'URSS comme ils agissent vis-à-vis des syndicats ou de l'ensemble des conquêtes ouvrières. Trotsky, dans un des derniers textes écrit peu de temps avant d'être assassiné par un agent de Staline, formulait notre politique en ces termes :

*« Les révolutionnaires sont obligés de défendre toute conquête de la classe ouvrière, si déformée soit-elle par la pression des forces ennemies. Celui qui ne sait pas défendre les vieilles conquêtes n'en fera jamais de nouvelles* [3]. »

C'est donc, au nom de la « défense des vieilles conquêtes » que les militants de la IVe Internationale ont toujours refusé de confondre les bases sociales de l'URSS avec la bureaucratie qui en préparait l'effondrement. Les développements des dix dernières années dans l'ex-URSS, à l'est de l'Europe, en Allemagne de l'Est, ont-ils suivi le cours de ce que Trotsky appelait *« la révolution politique »* par laquelle la classe ouvrière, renversant la bureaucratie, devait rétablir entre ses mains le contrôle de la propriété sociale ? C'est un fait indiscutable : les choses ne se sont pas passées ainsi. Encore que… Encore que, les développements historiques à l'est

1. *Défense du marxisme, bilan de l'expérience finlandaise*, le 25 avril 1940.

de l'Europe, dans les décennies qui ont précédé l'effondrement de l'URSS, montrent que la révolution ouvrière, cherchant à prendre entre ses mains le contrôle de l'économie socialisée contre la bureaucratie, a, à plusieurs reprises, frappé à la porte de l'histoire.

Qu'on se rappelle le soulèvement des ouvriers de Berlin en 1953 réprimé par la bureaucratie du Kremlin. Qu'on se rappelle les conseils ouvriers de Budapest en 1956, les soulèvements ouvriers de Pologne en 1956, puis à nouveau en 1968, ou encore en 1971 le comité central de grève de Sczezin. Qu'on se rappelle les grèves ouvrières clandestines, réprimées, dans les années 80, dans différents pays de l'est de l'Europe. À différentes étapes, la classe ouvrière a cherché à réaliser son propre mouvement sur des mots d'ordre du type *« Stalinisme non, socialisme oui ! »*, ou *« Le socialisme, ce sont les travailleurs ! »*, ou *« Ces usines sont notre propriété ! »*. En 1989 – c'est là aussi un fait indiscutable – ce sont les travailleurs de la RDA (l'Allemagne de l'Est), qui renversent le Mur de Berlin qui séparait, jusque-là, la capitale historique, coupant ainsi l'Allemagne et son peuple en deux parties du fait des accords de Yalta [1].

1. Ouvrons une parenthèse : jusqu'en 1989, peu de courants politiques en dehors de la IVe Internationale se prononçaient pour l'unité de l'Allemagne. Tous les grands de ce monde, mais aussi tous les partis politiques de « gauche » comme de droite, considéraient la division de l'Allemagne comme quelque chose d'irrévocable. La IVe Internationale a toujours refusé l'idée selon laquelle le peuple allemand serait collectivement responsable des crimes du nazisme. Chacun sait que les travailleurs allemands et leurs organisations ont payé, et au prix fort, la répression du régime nazi. Il n'y a donc pas de responsabilité collective du peuple allemand et il n'y avait donc aucune raison que la classe ouvrière allemande et la nation allemande soient divisées. Une telle décision ne répondait, en réalité, qu'aux seuls besoins de l'ordre contre-révolutionnaire mondial que l'impérialisme, d'une part, et la bureaucratie contre-révolutionnaire du Kremlin, d'autre part, avaient décidé conjointement d'imposer (comme ils ont imposé au même moment la partition de la Palestine ou des « Indes britanniques »).

N'était-ce pas le mouvement pratique de la révolution politique ? Cela l'était, assurément. Cependant, il est tout aussi indiscutable qu'à partir de 1989 pour l'Allemagne, 1991 pour l'URSS et les pays de l'est, l'effondrement des régimes bureaucratiques n'a pas ouvert la voie au rétablissement de la propriété sociale sous le contrôle de la classe ouvrière elle-même.

Cela clôt-il le débat ? Certainement pas. D'une certaine manière, c'est là que les choses commencent...

Pierre Lambert : Conformément à notre méthode qui consiste à passer les analyses au crible des événements, je crois opportun de citer des extraits des « notes sur la situation de l'URSS » élaborées en 1987, donc avant l'effondrement de l'URSS, et discutées alors dans les sections de la IVe Internationale. Voici en quels termes nous caractérisions la situation :

*« L'impasse du système que la bureaucratie elle-même doit admettre est provoquée d'une part par ses méthodes de gestion – dont elle tire ses privilèges – contradictoires à la nature des conquêtes d'Octobre, et d'autre part par la pression de l'impérialisme qui refuse de lever et même d'atténuer le blocus, y compris depuis l'arrivée de Gorbatchev au pouvoir.*

*(...) Les mouvements en cours en Union soviétique sont contradictoires, ils n'ont pas encore atteint une forme organisée : les masses réfléchissent, attendent. Il y a des illusions.*

*Mais les bases de la "réforme" en URSS n'existent pas. Cependant, un courant, principalement chez les intellectuels, croit honnêtement à la "réforme". Que représentent les "47 clubs" qui existent en URSS ? Sans doute, certains d'entre eux sont liés à la bureaucratie gouvernante, certes des éléments manipulés par la police politique se trouvent en leur sein, mais c'est secondaire. Le mouvement qui produit pour une partie ces "47 clubs" est un mouvement qui confusément recherche une issue organisée aux questions vitales en cause. En témoigne la discussion qui se mène en URSS concernant la réhabilitation des vieux bolcheviks assassinés par Staline. (...) Gorbatchev dénonce les "crimes du culte de la personnalité", et justifie la politique que Staline a conduite depuis la mort de Lénine, pour consolider la bureaucratie comme caste parasitaire et privilégiée. Gorbatchev indique par là que quelles que soient les divergences au sein de la bureaucratie, il y a unité de volonté contre la volonté des masses soviétiques de se réapproprier les conquêtes d'Octobre.*

*Le "dossier" de la réhabilitation n'est pas un dossier littéraire, juridique ou relevant des "traits personnels" et psychologiques de Staline. Ce dossier est celui de la marche de la révolution politique qui expropriera la bureaucratie en reconstituant les soviets, la République des Conseils de 1917. Sous cet angle, Boukharine n'a pas été assassiné par Staline en raison de ses positions "droitières". Il a été fusillé comme vieux bolchevik. De même Zinoviev, ou Kamenev, ont été exterminés bien qu'ayant capitulé en 1927, les vieux bolcheviks par dizaines et dizaines de milliers ont été exterminés parce que c'était nécessaire à Staline pour consolider les intérêts parasitaires de la bureaucratie. C'est ainsi que le "dossier" de la réhabilitation est celui même de la recherche passionnée d'intellectuels et des masses soviétiques des racines historiques qui ont constitué les conquêtes d'Octobre, la recherche des raisons pour lesquelles Staline, comme incarnation de la bureaucratie, a détruit le vieux parti bolchevique de Lénine-Trotsky-Boukharine-Zinoviev-Kamenev, le parti qui a conduit à la victoire la première révolution expropriatrice.*

*Sous cet aspect, il y a un lien évident entre la destruction en cours des archives des monstrueux procès de Moscou et la recherche des explications à la question que des dizaines de millions de Soviétiques se posent : "Pourquoi cela est-il arrivé ? Pourquoi l'extermination des vieux bolcheviks ?" Et ces questions en soulèvent d'autres : "Quelles relations entre le stalinisme et la collectivisation forcée et les famines qui ont suivi dans lesquelles ont péri des millions de Soviétiques ?" Et bien d'autres : concernant l'attaque de Hitler en juin 1941, l'extermination de l'état-major soviétique en 1937, pourquoi la déportation des prisonniers de guerre, etc.*

*(...) L'appui social pour la politique gorbatchévienne de réformes est extrêmement mince. Gorbatchev et son équipe sont contraints d'avouer eux-mêmes que la bureaucratie comme telle ne suit pas, pas plus évidemment que la classe ouvrière. C'est ainsi que l'appui social que trouve Gorbatchev est essentiellement fourni "à l'extérieur", dans l'impérialisme. »*

Ce serait contraire à notre méthode, répétons-le, de ne pas indiquer que nous avons sous-estimé la capacité de la bureaucratie à surmonter ses divergences pour s'aligner sur la reconstitution de la propriété privée, sur la restauration capitaliste. Mais sur le fond, je rappellerai ce qui est écrit dans la préface à l'édition péruvienne du programme de la IVe Internationale (avril 1989) :

*« À nouveau, pour la énième fois, le marxisme serait périmé, la lutte pour l'abolition de la propriété privée des grands moyens de production relèverait du domaine de l'utopie. Une nouvelle preuve en serait donnée par la perestroïka de Gorbatchev dont l'objectif avoué est la réhabilitation du profit ouvrant la voie au rétablissement de la propriété privée. Le réalisme consisterait à souscrire aux commandements de cette académicienne soviétique, conseillère écoutée de Gorbatchev, Mme T. Zaslauskaïa, qui établit avec netteté et précision le programme intérieur de la perestroïka. Elle écrit :*

"Les salaires exigent non plus des réformes partielles, mais une refonte totale. Celle-ci doit être menée conjointement à la réforme des prix et des services payants (...). Tous les prix s'écartant du coût réel ne sont pas pour autant socialement justifiés. Prenons par exemple le cas de la viande et des produits laitiers dont l'État maintient les prix de détail à un niveau bien inférieur à leur prix de revient. La différence, qui est de 40 à 50 milliards de roubles, est couverte par le budget (...). Il serait donc normal pour mettre tous les groupes sociaux à égalité, de vendre la viande et les produits laitiers à leur coût social.

La pratique actuelle qui veut que certains biens (logements, éducation, santé...) soient distribués gratuitement ou à des prix très modiques, présente de gros inconvénients : elle réduit artificiellement le choix des biens que la population peut acquérir en payant et n'incite pas à travailler davantage (...). En outre, la gratuité de certains biens ou services rares (logement, santé) ne peut que favoriser le gaspillage et la pénurie organisés (...). Toutes ces conditions plaident en faveur d'un élargissement des services payants, notamment par l'augmentation des loyers."

*Ces lignes, qui ont le mérite de la clarté, démontrent parfaitement que la perestroïka engage une restructuration de l'économie soviétique qui, de l'aveu même de Gorbatchev, vise à être compatible avec sa demande de rejoindre à terme le Fonds monétaire international. Les résultats de cette politique peuvent d'ores et déjà être mesurés par ce qui se déroule en Chine, en Pologne, en Hongrie, en Yougoslavie, où les processus de rétablissement de la propriété privée suivant les injonctions du Fonds monétaire international enfoncent les pays dans une même catastrophe accélérée.*

*Toute la politique intérieure des dirigeants actuels du Kremlin, qui est orientée sur cet objectif, constitue le fil conducteur de la politique extérieure de la bureaucratie. La main dans la main avec l'impérialisme, la diplomatie soviétique œuvre au règlement de ce qu'il est convenu d'appeler "les conflits régionaux". La politique extérieure de Gorbatchev est ouvertement contre-révolutionnaire. En Afrique du Sud, la diplomatie du Kremlin appuie l'impérialisme qui, pour préserver ses positions et pour stabiliser la domination des "blancs", s'efforce de réformer sans heurts le régime de l'apartheid, oppresseur du peuple noir. Au Proche-Orient, Moscou combine sa pression à celle de Washington, pour amener l'OLP à abandonner la revendication d'un État palestinien unique, la République palestinienne laïque, où le peuple palestinien et les travailleurs juifs décideraient de leur commun destin dans le respect des droits des deux composantes. Contre la révolution nicaraguayenne, la pression s'exerce encore plus directement. Le Kremlin participe activement au féroce blocus économique et militaire organisé par Washington par les mesures qu'il a prises de restrictions de crédits et des envois d'armes. »*

Notre méthode n'émancipe pas de l'analyse rigoureuse en relation avec les événements. Ces citations confirment la véracité de la méthode du marxisme « qui n'est pas un dogme mais un guide pour l'action », d'autant plus nettement quand on relit ces lignes aujourd'hui, quatorze-quinze années après qu'elles furent écrites. Mais peux-tu fournir des éléments complémentaires plus récents, permettant d'éclairer l'examen de la Révolution d'octobre et de ses destinées ?

DANIEL GLUCKSTEIN : Quiconque examine les faits avec objectivité, constate qu'encore aujourd'hui, dans les pays de l'est de l'Europe, les segments de la propriété sociale qui subsistent constituent les points d'appui sur lesquels la lutte de classe cherche à s'accrocher. Citons, parmi d'autres, ce texte adopté par les mineurs en grève de Vorgachorskaia (Vorkouta), en Russie, en avril 1997, exigeant la renationalisation de leurs mines :

## L'appel des mineurs de Vorgachorskaia

*« Nous les gens du Nord, en soutenant Eltsine et sa privatisation, nous nous sommes sérieusement brûlé les doigts !*

*Nous l'avons compris lorsque s'est arrêtée la construction de machines-outils, secteur dont les réformateurs ont pillé les ressources, et que, dès lors, la Russie n'a plus eu besoin de notre charbon, et donc de nos mines et des mineurs eux-mêmes. Il y aura bientôt deux mois que notre mine, Vorgachorskaia, la plus importante mine d'Europe, est en grève, et le gouvernement s'en fiche ! Il n'a pas besoin de notre charbon, comme il n'a pas besoin de notre industrie nationale.*

*La majorité des mines du bassin de la Petchora sont condamnées à être fermées. C'est la volonté de la Banque mondiale, qui tente d'enterrer notre industrie de transformation et de libérer l'Occident de concurrents potentiels. C'est sur son insistance que le montant des aides de l'État a été limité à 6400 milliards de roubles, ce qui représente moins de la moitié des moyens nécessaires aux mineurs.*

*Les mineurs ne voient pas la lumière au bout du tunnel. Surtout ici, dans le Grand Nord, où nous sommes en fait comme enfermés dans un camp de concentration, même démuni de fil de fer barbelé. Comme nous n'avons pas d'argent, nous ne pouvons pas partir d'ici et il n'est pas question de vivre de subsides.*

*Vorgachorskaia est une des mines qui fait des bénéfices, mais, depuis le mois d'août dernier, elle n'a pas reçu le règlement de ses ventes de charbon et ses 3600 travailleurs n'ont pas touché leur salaire, dont le montant non versé dépasse la somme de 45 milliards de roubles.*

*Notre patience est épuisée et nous avons décidé de ne pas rester plus longtemps à genoux.*

*Les mineurs ont compris ce que signifie la privatisation, qui nous prive de la propriété et en même temps du droit à notre salaire légal. Nous ne serons libérés du besoin et de la faim que lorsque les voleurs seront derrière les barreaux et que les ouvriers seront les maîtres dans leurs entreprises.*

*C'est pourquoi le collectif des ouvriers de Vorgachorskaia, en réclamant la démission du président et du gouvernement, veut obtenir que la mine devienne propriété de l'État et de ceux qui y travaillent.*

*Le 2 mars, l'assemblée générale a adopté une résolution exprimant son refus d'accepter les résultats de la privatisation de Vorgachorskaia, a dissous le comité directeur de la société par actions de la mine et élu un comité d'entreprise, dont le directeur est membre avec voix consultative. Les ouvriers ont donc remporté la victoire, mais ce n'est que le premier pas.*

*La Banque mondiale a récemment décidé de bloquer un prêt de 500 millions de dollars destiné aux mines, parce que les rythmes de la privatisation ne lui conviennent pas. Mais nous, c'est la privatisation elle-même qui ne nous convient pas, et le dernier mot doit nous appartenir à nous, les Russes, et pas à des banquiers étrangers. Vorkouta vient déjà de le dire ! »* (La coordination de la mine Vorgachorskaia, avril 1997.)

Les problèmes se posent de manière voisine en Allemagne. Dans une conférence tenue le 15 septembre 2001 à Paris, un responsable des syndicats de cheminots de l'est de l'Allemagne, membre du Parti social-démocrate, déclarait :

*« Il y a dix ans, en 1991, nous, les cheminots, nous avons dû nous battre et réaliser une grève générale pour imposer l'unité des conventions collectives et des grilles salariales entre l'est et l'ouest, pour imposer aussi l'unification des organisations syndicales. Et nous avons imposé cela par la grève générale. Aujourd'hui, dix ans plus tard, nous sommes confrontés à une politique de privatisation sans précédent. Je suis obligé de dire que cette politique de privatisation est organisée par un gouvernement dirigé par mon parti, le Parti social-démocrate. Mais pouvons-nous accepter cela ? Pouvons-nous accepter la destruction de ces bases de civilisation que sont les chemins de fer et les emplois*

*publics dont 80 000 ont déjà été supprimés ? Nous n'avons d'autre choix, contre la privatisation, que de préparer à nouveau une grève politique illimitée pour l'empêcher. »*

À l'est de l'Allemagne toujours : Cornelia Matzke fut, avant 1989, parmi beaucoup d'autres, l'une des combattantes, à Leipzig, contre la bureaucratie stalinienne, pour en finir avec la division de l'Allemagne. Elle fut sur cette base élue député. En mars 2001, elle écrit :

### « L'avenir de l'Allemagne ne doit pas être cela »

*« Je suis saisie, les gens de l'est du pays et sûrement de toute l'Allemagne, sont saisis de la plus grande inquiétude. (...) En 1989, nous avons salué la chute du Mur, la fin de quarante ans de division de notre pays. Cela nous avait remplis des plus grands espoirs en la réalisation d'une Allemagne sociale et démocratique. Et cela pour assister aujourd'hui à une politique qui nous mène à la ruine ?*

*Le niveau de vie de la population et les budgets publics des Länder et des communes s'appauvrissent dramatiquement ; on ferme de plus en plus d'institutions sociales comme les garderies d'enfants, les écoles et les hôpitaux, on licencie le personnel, on augmente les tarifs.*

*Ce n'est pas cela que nous avons voulu, que tous ont voulu.*

*Peut-on accepter qu'en Allemagne de l'est, 80 % des emplois industriels aient disparu ? Et ce n'est pas fini. Peut-on accepter que dans une ville comme Leipzig, 67 000 des 70 000 emplois dans la métallurgie aient été détruits et que le chômage soit officiellement de 18,9 % ? Peut-on accepter qu'à Berlin, sur 400 000 emplois industriels, 300 000 aient été liquidés ? Que depuis 1990, dans les services publics, 100 000 emplois aient été supprimés et que le chômage stagne à 17 % ?*

*Nous avons tous entendu dire que plusieurs régions de l'est souffrent d'un chômage de 30 %, qu'il y a des zones pratiquement sans conventions collectives où les travailleurs sont envoyés chez eux avec des salaires de misère. (...)*

*En tant qu'ancienne député du Landtag de Saxe et en tant que médecin, je lance un cri d'alarme. Après que l'industrie a été détruite et que les nouveaux services tellement invoqués n'ont pu voir le jour, une ville comme Leipzig vit des emplois existants dans les infrastructures sociales publiques. En dehors du service public, il n'y a pratiquement plus d'emplois. Mais nous voyons que constamment on réduit encore les postes de travail dans la santé, dans l'éducation, dans les garderies d'enfants, dans les transports publics, dans les entreprises municipales et l'administration publique. Ce qui veut dire qu'on ôte à la population la base de son existence. En tant que médecin, je connais les graves conséquences qu'entraîne pour les gens l'anéantissement de leurs conditions sociales de vie. Je veux pouvoir vivre de mon travail de médecin, tous veulent pouvoir vivre de leur travail, ce qui est refusé à un nombre toujours plus grand de gens.*

*Et nous devrions maintenant accepter de considérer comme un succès des décideurs politiques la baisse du nombre des personnes employées dans le public, la fermeture des hôpitaux, la vente des entreprises municipales, la fermeture de bibliothèques ? C'est intolérable.*

*Berlin est menacé dans son existence. Il y a quelques mois, Wolfgang Thierse avait mis en garde :* "L'est est au bord de la faillite." *Est-il possible que cette politique doive être poursuivie ? Une politique qui nous mène à la ruine et menace l'unité de l'Allemagne ? Une politique qui détruit les acquis sociaux obtenus à l'ouest par la lutte des organisations politiques et syndicales des travailleurs, du SPD et des syndicats et qui, comme propriété sociale, ont été apportés de l'est à l'Allemagne unifiée et développée en commun ? L'avenir de l'Allemagne, ce ne doit pas être cela.* »

La question doit être posée : le processus révolutionnaire qui a abattu le Mur en 1989 est-il éteint ? Le mouvement par lequel les travailleurs, dans tous les pays de l'est de l'Europe, s'accrochent à ce qui subsiste des conquêtes sociales d'Octobre 1917, est-il achevé ? La réponse n'est certainement pas univoque. Voilà comment elle se présente pour nous : certes, les rythmes, les délais, les formes, ne sont pas ceux de cette révolution politique contre la bureaucratie que Trotsky avait pronostiqués ; mais les mécanismes sont bien ceux qu'il avait analysés.

CHAPITRE 4

# *« Je demande qu'on me juge sur ce que j'ai fait depuis que je suis Premier ministre »* (Lionel Jospin)

Le 5 décembre 2001, annonçant un « scoop » – sa « possible » candidature à l'élection présidentielle – Lionel Jospin lâchait cet aveu :

> « Depuis quatre ans et demi, les chefs d'entreprise n'ont pas trop à se plaindre de ce gouvernement de gauche. »

On ne saurait mieux dire...

Alors que les médias retentissaient encore de la campagne sur le « passé trotskyste » du Premier ministre, sa déclaration signifiait : mon passé est derrière moi, la page est tournée, les patrons peuvent me faire confiance. Le MEDEF ne s'est pas trompé, son président le baron Seillière, ayant, selon le journal *Le Figaro*, apostrophé en ces termes un dirigeant du RPR :

> « Surtout ne prenez pas le pouvoir en 2002. »

Retour aux travailleurs d'Alstom dont il a été question au début de ce livre. Lorsque le plan de suppression d'emplois de la direction est rendu public, ils se tournent vers le Premier ministre. Le 15 mars 2000, les conseillers de Lionel Jospin reçoivent les représentants des organisations syndicales d'Alstom à qui ils déclarent :

> « Le plan de la direction d'Alstom est inacceptable, il faut qu'elle le revoie. Mais vous vous trompez si vous pensez que le gouvernement a un moyen juridique de l'empêcher. »

Le gouvernement n'aurait pas le pouvoir juridique d'interdire les plans de licenciements dont la seule justification est d'engraisser les actionnaires ? Pourtant, huit jours plus tôt, à l'Assemblée nationale, le secrétaire d'État à l'Industrie, Christian Pierret, avait déclaré qu'ABB-Alstom-Power *« ne peut pas s'exonérer de ses responsabilités »*. Soulignant avec raison :

> « Les marchés publics ont toujours été déterminants dans la vie de cette entreprise et les pouvoirs publics ont soutenu avec constance l'expansion internationale du groupe. »

Pierret s'était engagé :

> « Le gouvernement est donc actif aux côtés des salariés et de leurs organisations pour les aider à analyser la situation économique réelle du groupe et de ses secteurs d'activité. »

Engagement concret du même Pierret :

> « L'État ne ménagera pas sa peine pour aller dans le bon sens en faveur de l'emploi et du dialogue social. »

Une nouvelle démarche des salariés d'Alstom auprès du Premier ministre, le 23 mai, se conclura de la même façon.

Premier acte donc : le gouvernement promet (« les promesses verbales », comme on dit, c'est la méthode « gauche plurielle » du gouvernement. Gayssot fera les mêmes, seize mois plus tard, aux travailleurs d'AOM ; Guigou fera les mêmes dix-neuf mois plus tard aux salariés de Moulinex).

Deuxième acte : le gouvernement Jospin se soumet aux exigences de Seillière et satisfait aux exigences des capitalistes.

Qu'on en juge.

En juin 2000, les travailleurs d'Alstom des établissements de Seine-Saint-Denis décident de se rendre auprès des ministres issus de leur département. À Jean-Claude Gayssot (PCF), Marie-George Buffet (PCF), Claude Bartolone (PS), ils écrivent :

> « Si vous, Monsieur le ministre, aviez relayé notre exigence, (...) alors nous sommes persuadés que le cabinet du Premier ministre n'aurait pas pu éluder le sujet comme il l'a fait.
>
> Nous sommes persuadés que la direction d'Alstom n'aurait pas pu continuer impunément à avancer dans ses funestes plans. Comme il n'est jamais trop tard pour bien faire, sachez Monsieur le Ministre, que nous souhaiterions vivement que vous interveniez auprès du Premier ministre afin que soient interdits ces licenciements dans une entreprise, qui, nous ne cesserons de le répéter, a prospéré en grande partie sur les marchés d'État, notamment les commandes des entreprises publiques, la SNCF, l'EDF, la RATP. »

Que répondent les ministres ainsi interpellés ? Au ministère des Transports, la conseillère technique de Jean-Claude Gayssot déclare :

> « Dans ce ministère, on traite beaucoup de choses, on est débordé. (...) Nous sommes dans un gouvernement de gauche plurielle, il y a des choses qui passent et d'autres non. »

Concernant l'interdiction des licenciements, elle précise :

> « Bien sûr, tous les salariés menacés de licenciement souhaitent que les licenciements soient interdits. Cela me paraît difficile car un projet de loi interdisant les licenciements a été refusé par le gouvernement. »

Puis elle renvoie ses interlocuteurs à la « loi de modernisation sociale » en cours de discussion. Mais cette loi *« n'est pas un projet qui interdit les licenciements »* objecte la délégation, qui réaffirme son exigence : une loi qui interdise les licenciements, tout de suite, à Alstom. *« Les délais ne le permettent pas »*, répond la représentante du ministre, qui précise :

> « Avec la prise de présidence de l'Union européenne en juillet, nous avons beaucoup de travail à faire en peu de temps. »

Que voulez-vous ? « L'Europe » commande... Exit les travailleurs d'Alstom.

Au ministère de la Jeunesse et des Sports, le chef de cabinet de Marie-George Buffet répond :

> « Nous interpellerons bien évidemment le Premier ministre en insistant pour qu'il vous reçoive. Concernant l'interdiction des licenciements, la position de Mme Buffet se rapproche de celle de son propre groupe. Nous sommes dans un gouvernement de gauche plurielle et il y a des approches différentes sur les problèmes. »

Autrement dit : vous comprenez, nous sommes contre les licenciements, mais nous, ministres communistes, il nous faut couvrir Jospin. Résultat : exit les travailleurs d'Alstom (à l'heure où nous écrivons – janvier 2002 – 218 travailleurs ont vu leur emploi supprimé sans qu'aucune solution – préretraite, reclassement interne – n'ait été trouvée). La délégation insiste :

> « Nous prenons bonne note de votre proposition. L'attente du personnel est que les élus se prononcent pour l'interdiction des licenciements. Ils auraient le soutien de tous dans le pays. Nous demandons à Mme Buffet qu'elle intervienne dans ce sens. »

À quoi le représentant de Mme Buffet déclare :

> « Ce n'est pas Mme Buffet qui déposera une telle loi interdisant les licenciements, mais elle y est favorable et elle le dira. Elle devra respecter les champs de compétence de chacun. »

Si on comprend bien : les responsables qui « pourraient » ne veulent pas, ceux qui « voudraient » ne peuvent pas, et pendant que tout ce petit monde se renvoie la balle, le chômage s'étend, la précarité se généralise, les stages en alternance fournissent les jeunes gratuitement aux patrons...

On pourrait citer d'autres délégations et d'autres comptes rendus. Élus, députés, ministres se déclarent tous hostiles au plan d'Alstom. Tous sont indignés. S'ils pouvaient, ils feraient beaucoup de choses. Mais voilà : ils ne peuvent pas. Et comme ils ne peuvent pas, on ne saurait leur tenir rigueur de ce que le plan s'applique. Et pourtant : qu'est-ce qui interdit à un député de notre pays de déposer une loi, un amendement interdisant les licenciements à Alstom ? Strictement rien. Qu'est-ce qui interdit au gouvernement de proposer le vote de cette loi ? Strictement rien ! Veut-on nous objecter que l'Europe de Maastricht interdit le vote d'une telle loi ? Juridiquement, cela resterait à prouver. Mais, si l'Europe de Maastricht est à ce point destructrice des emplois, de la vie sociale et de la souveraineté de l'Assemblée nationale, n'est-il pas justifié d'y opposer le droit de vivre des travailleurs d'Alstom, de tous les travailleurs, de la jeunesse ? Le résultat ? Beaucoup de discours, des paroles lénifiantes. Et, au bout du compte, plusieurs centaines de travailleurs d'Alstom dont l'emploi a été supprimé et qui, à l'heure où ces lignes sont écrites, n'ont reçu aucune proposition sérieuse de reclassement.

Qu'importe, puisque l'objectif est atteint : la courbe des profits d'Alstom redémarre en flèche. Dès le mois de novembre 2000, le P-DG, Pierre Bilger, s'en vante ouvertement sur Europe 1 :

> « En l'espace de deux ans, depuis l'introduction en Bourse, la dimension de notre groupe a été multipliée par deux, maintenant nous avons 21 milliards d'euros de chiffre d'affaires et c'est sur cette base considérablement élargie que s'appliquera la marge opérationnelle de 6 % que nous nous sommes fixée pour objectif en 2002-2003. » Le journaliste : « Ce qui représente donc beaucoup plus de profits, effectivement. »

Réponse :

> « Effectivement, ce qui représentera beaucoup plus de profits. »

(Le 5 décembre 2001, Jospin s'en vantait : si « les entreprises n'ont pas trop à se plaindre de ce gouvernement de gauche », c'est parce que « les entreprises font du profit ». Le P-DG d'Alstom, en effet, n'a pas à se plaindre. Quant aux travailleurs...)

Dans cette même intervention sur Europe 1 de novembre 2000, Bilger promet :

> « Je crois qu'au fur et à mesure que le marché intégrera cette réalité dans ses anticipations, je suis convaincu qu'il reconnaîtra Alstom à sa juste valeur. J'ajoute que les actions de réduction de coûts que nous menons vont également aller dans ce sens. »

Réduction de coûts : autant pour les centaines de travailleurs licenciés ! La baisse du coût du travail, le gouvernement s'y emploie, et le P-DG d'Alstom a le cœur sur la main.

> « Ce n'est pas de gaieté de cœur que nous sommes parfois amenés à mettre en œuvre des plans d'adaptation, mais ils sont nécessaires dans certaines circonstances pour assurer l'avenir du groupe et c'est cela qui nous inspire. »

Quatre mois plus tard, la Société générale adresse à ses investisseurs financiers un bulletin intitulé : « *Pari gagnant sur Alstom Power* », lequel bulletin promet « *une valorisation moyenne des actions de 43 %* », ajoutant même qu'une « *valorisation entre 50 % et 60 % pourra se justifier* » et précise :

> « Notre scénario de croissance des résultats dépendra largement du bon déroulement des restructurations au sein d'Alstom Power. »

Restructurations, le mot est lancé : il fut un temps où le « camarade » Lionel Jospin, ayant apparemment assimilé ce qu'était la lutte de classe, n'avait pas de mots assez durs pour fustiger le système fondé sur la propriété privée des moyens de production, système qui déguise sous l'hypocrite vocable de « restructurations » les licenciements et sacrifie la vie des ouvriers sur l'autel du profit. Mais voilà... les temps ont changé, non pas pour ceux qui sont exploités (et le sont de plus en plus), mais pour celui qui, devenu Premier ministre, précise que, sous sa conduite, « le gouvernement a été capable d'opérer de grandes restructurations industrielles » !

Le scénario d'Alstom n'est pas isolé. Il ne cesse de se répéter. Rappelons-nous Renault-Vilvorde. Février 1997 : Renault annonce la fermeture de l'usine de Vilvorde (3 100 salariés en Belgique). Le 4 mars, Lionel Jospin (qui n'est pas encore Premier ministre) demande au gouvernement français, dirigé alors par Juppé, « *qu'il intervienne pour que la fermeture de l'usine belge de Renault-Vilvorde comme le plan social en France soient reconsidérés* ». Douze jours plus tard, le même Jospin défile à Bruxelles parmi les milliers d'ouvriers de Vilvorde qui exigent l'annulation de la fermeture. Le 5 mai, interrogé par des syndicalistes de Renault-Vilvorde, le futur Premier ministre répond que s'il gagne les élections législatives « *il est prêt à revenir sur la décision de fermeture de l'usine* ».

Le 29 mai, toujours en campagne électorale, Jospin déclare « *qu'en tant qu'actionnaires de Renault, les représentants de l'État au conseil d'administration exigeraient que d'autres mesures soient envisagées, étudiées, préparées* », au cas, bien sûr, où Jospin gagnerait les élections. [Remarque : dans la bouche de Lionel Jospin candidat, l'État pouvait « exiger » beaucoup de choses de la direction de Renault. Il aurait pu aussi pour Alstom, il pourrait également pour Bull dont il est l'actionnaire majoritaire et pour beaucoup d'autres. Il ne « pourra » plus rien pour toutes les entreprises engagées dans des plans de restructuration et autres plans sociaux, dès lors que Jospin sera Premier ministre...]

1er juin : la gauche plurielle conduite par Lionel Jospin gagne les élections. 10 juin : Jospin nomme une commission chargée d'étudier « *toutes les solutions alternatives à la fermeture de Vilvorde* ». 28 juin : la commission rend ses conclusions : Renault confirme la fermeture de l'usine. 3 100 salariés perdent leur emploi, 7 000 en tout avec les sous-traitants. À la Bourse, le cours de l'action Renault bondit de 13 % en une seule séance.

La responsabilité essentielle dans cette situation se concentre dans le refus de la gauche plurielle de rompre le lien de subordination qui la relie à l'Europe de Maastricht. Les dizaines de milliers de travailleurs qui perdent leurs emplois s'ajoutent aux centaines de milliers qui sont précarisés, aux millions de « travailleurs pauvres »... Mais la « gauche plurielle » n'a-t-elle pas été investie en juin 1997 pour mener une politique différente de celle du gouvernement Juppé ? Elle a, cependant, fait le choix de se coucher devant les directives et règlements de Bruxelles, qui garantissent le droit inaliénable de ceux qui possèdent les moyens de production à détruire la vie sociale de millions d'individus pour préserver leur taux de profit. Le refus de la « gauche plurielle » de rompre ce lien la conduit à prendre la coresponsabilité de la destruction de la catégorie sociale qui, pourtant, historiquement, constitue la base sur laquelle les partis de la « gauche » se sont formés. Tel est le prix à payer du ralliement à l'économie de marché. [Telle est, aussi, l'explication de la vague d'abstention sans précédent qui frappe le corps électoral, tout particulièrement l'électorat ouvrier et populaire.]

Répétons-le : une ligne de classe oppose ceux qui possèdent les moyens de production et ceux qui, pour toute richesse, possèdent leur force de travail. Par rapport à cette ligne de démarcation sociale, dirigeants « socialistes », « communistes », « verts », « chevènementistes », et autres composantes de la « gauche plurielle » ont définitivement choisi de se ranger du côté du régime de la propriété privée des moyens de production. Dès lors (et quelle que soit la sincérité ou non de leurs déclarations, promesses, et engagements, le problème n'est pas là), leur pratique politique les conduit invariablement à accompagner les décisions de la classe capitaliste, à les faciliter, voire à co-organiser la destruction de l'emploi et des garanties collectives. Le gouvernement prend la responsabilité de faire passer les licenciements à Renault, à Alstom, à Bull, tous ces licenciements qu'il aurait pu empêcher. Il organise avec la loi Aubry la déréglementation généralisée, la flexibilité et l'annualisation des horaires de travail. Il poursuit et accentue le plan Juppé de remise en cause de la Sécurité sociale et s'en prend au régime des retraites.

L'alternative se réduit à deux voies rigoureusement contradictoires :

– ou bien dans le camp du régime de la propriété privée des moyens de production, et alors on prend la responsabilité des processus de destruction de la classe ouvrière et de la jeunesse ;

– ou bien dans le camp de la classe ouvrière, et alors l'indépendance de classe exige de dire : rupture avec la classe capitaliste, interdiction pure et simple des licenciements. Et, si de telles mesures remettent en cause les institutions de Maastricht et de la Ve République, s'il est impossible de défendre les intérêts et les besoins vitaux des travailleurs et de la jeunesse dans le cadre de ces institutions, cela ne prouve qu'une chose : ces institutions sont contraires à la démocratie puisqu'elles interdisent que s'applique la loi de la majorité. La démocratie exige, par conséquent, que ces institutions soient remises en cause et que d'autres institutions les remplacent, établissant la démocratie. On y reviendra plus loin.

Tout le monde sait – du moins ceux qui font partie de l'équipe du gouvernement ou de ses affiliés (de droite et de gauche) – que Lionel Jospin, Premier ministre, est sincère lorsqu'il déclare avoir abandonné ses opinions d'antan. *« C'est ma jeunesse, je demande qu'on me juge sur ce que j'ai fait depuis que je suis Premier ministre. »*

Rappelons qu'avant de devenir Premier ministre il avait été ministre de l'Éducation nationale, poste auquel il avait approfondi la destruction de « l'école de Jules Ferry » commencée par ses prédécesseurs. Quant à ses réalisations comme Premier ministre depuis 1997, elles font de lui un Premier ministre, « probable » (*sic*) candidat présidentiel, bien propre à inspirer confiance aux « entrepreneurs » capitalistes, ceux-là mêmes contre lesquels, comme militant, il s'était naguère organisé dans les rangs de celles et ceux qui luttent pour un monde meilleur, un monde débarrassé de l'exploitation et de l'oppression.

Ainsi, lorsque aujourd'hui, il déclare que l'essentiel est ce qu'il a fait depuis qu'il est Premier ministre, il a raison. Jamais, avant Lionel Jospin, un Premier ministre n'avait privatisé comme il a privatisé, détruit comme il a détruit. Il ne s'en cache pas. La prestation télévisée du 5 décembre 2001, déjà citée, a valeur de programme. Après y avoir réaffirmé son soutien inconditionnel, et sous toutes les formes, à l'intervention militaire américaine en Afghanistan, Lionel Jospin a donc placé le bilan de sa propre activité sous le signe de cette phrase déjà citée :

> « Les chefs d'entreprise n'ont pas trop à se plaindre de ce gouvernement de gauche. »

C'est vrai qu'ils n'ont pas à se plaindre. Si l'on regarde le bilan des privatisations, il y a eu, sous le gouvernement Jospin, pour 260 milliards de francs de privatisations, soit presque deux fois plus que les privatisations qui ont eu lieu durant une période équivalente sous les gouvernements de droite précédents, Balladur et Juppé (149 milliards de francs). Et il faudrait citer, dans ces privatisations, Renault, le Crédit lyonnais, la Snecma, les Autoroutes du sud de la France, mais également AGF, Usinor-Sacilor, France Telecom, la SFP, l'UAP, Péchiney, la Seita, Total, la CNP, Air France, Aérospatiale, Matra, la banque Hervet, Thomson-CSF (devenue Thales), Thomson-Multimédia, Eramet, le groupe GAN et sa filiale le CIC, la Société marseillaise de Crédit. Il faudrait indiquer le rôle du gouvernement transposant les directives européennes d'ouverture à la concurrence dans les secteurs postal, de la téléphonie, du transport ferroviaire et de l'énergie, ou préparant la privatisation partielle ou totale de La Poste, de la SNCF, d'EDF et GDF.

C'est vrai, les chefs d'entreprise n'ont pas à se plaindre de ce gouvernement : avec la loi Aubry 1 puis la loi Aubry 2, ce sont, au total de 1997 à 2002, 493 milliards de francs d'exonérations sociales accordées aux patrons par le gouvernement. Une augmentation de 46 % entre 1998 et 2002 ! Durant la même période, le gouvernement est amené à endetter de plus en plus l'État, en particulier du fait des exonérations d'impôts et de cotisations accordées au patronat. Cette dette, le gouvernement la finance en empruntant auprès des marchés financiers. C'est ainsi que, pour la seule année 2001, 240 milliards auront été retirés du budget de l'État pour payer les intérêts de la dette. Une somme qu'on peut comparer, par exemple, au total des pensions versées par l'État aux fonctionnaires en retraite durant la même période : 210 milliards de francs. Sur l'ensemble de la législature, selon le rapport du Sénat, près de 1 200 milliards de francs ont été consacrés au paiement de la charge de la dette, et là, en l'occurrence ce sont les patrons des banques qui n'ont pas à se plaindre de ce gouvernement.

Il est d'ailleurs significatif que, durant cette période, les profits des entreprises n'aient cessé de progresser. C'est ainsi que si l'on considère les 50 entreprises françaises « les plus profitables » (dans une étude faite par le mensuel *Enjeux-Les Échos*, novembre 2001), on relèvera qu'elles ont réalisé 256 milliards de profits. Non, décidément, les patrons n'ont pas à se plaindre de ce gouvernement. Et Jospin le revendique haut et fort. Il est fier, dit-il, de ce que *« les entreprises font du profit »*. Il attire l'attention des patrons sur le fait qu'ils n'ont pas à *« se plaindre d'un gouvernement qui a maîtrisé les comptes publics »*. Qu'est-ce que cela veut dire « maîtriser les comptes publics » ? Cela veut dire, tout simplement, avoir étranglé les services publics, les professeurs non nommés dans l'Éducation nationale, les aides-soignants, les infirmiers non nommés dans les hôpitaux, les bureaux de poste fermés, les lignes SNCF supprimées.

Les entreprises n'ont pas « à se plaindre » d'un gouvernement capable de faire de grandes restructurations industrielles, se vante également Jospin. À propos des licenciements, il ose déclarer, citant *« Moulinex »* que *« nous avons commencé à apporter des réponses pour leur redonner du travail »*. Il faut le faire ! Toujours concernant les licenciements, il résume la philosophie du gouvernement en ces termes :

> « On dit aux chefs d'entreprise "vous avez d'abord une obligation de regarder avec les syndicats si d'autres solutions que les licenciements ne sont pas possibles". »

On sait de quoi il s'agit. C'est la « loi de modernisation sociale ». La seule réponse du gouvernement sur les licenciements, c'est de pousser les patrons à associer les syndicats à la mise en œuvre des licenciements. On a vu ce que cela a donné à AOM. C'est ce que Jospin appelle *« trouver le juste milieu entre l'angoisse des salariés face aux plans de licenciements et les besoins des entreprises d'affronter la compétition* ». Le « juste milieu », tu parles ! Tout le discours de Jospin est tourné vers les chefs d'entreprise : *« Vous, chefs d'entreprise, investissez ! »* On se rappelle l'antienne du XIXe siècle : *« Enrichissez-vous ! »*

Jospin revendique sa responsabilité dans la précarisation généralisée de la société, notamment de la jeunesse. Certes, admet-il, le chômage ne cesse de croître officiellement depuis six mois, mais il prétend que sur l'ensemble de la législature, le chômage aurait diminué grâce, en particulier – il le dit explicitement – aux emplois jeunes créés.

Concernant les relations sociales, la place des organisations syndicales, Jospin affirme vouloir *« s'inspirer »* de pays *« où les relations sociales sont quand même un peu moins raides que le nôtre ».* Même le vocabulaire est celui des patrons. Qui se plaint, en France, de ce que les relations sociales sont « raides » ? Qui considère qu'il y a trop de réglementation, trop de code du travail, trop de conventions collectives, trop de statuts, trop de droits ouvriers ? Qui se lamente, jour après jour, sur les prérogatives exorbitantes des syndicats ? Ce sont les patrons. On le voit, Jospin, oublieux de son passé et de sa jeunesse reprend à son tour ce refrain.

Concernant la Sécurité sociale, et en particulier la question des retraites, il s'excuse en ces termes de ne pas avoir pris en charge la destruction des régimes de retraite par répartition :

> « Si je ne l'ai pas mis au cœur [de mon action, NDR], c'est que ce dossier avait été plombé par le gouvernement précédent, pour être clair par le gouvernement Juppé, qui avait mis des centaines de milliers de personnes dans la rue en s'attaquant inconsidérément aux

> régimes de retraites dits “spéciaux”. J’ai donc retrouvé un salariat et une fonction publique totalement bloqués. »

Autrement dit – et d’ailleurs cela a été explicitement formulé par d’autres ministres à différents moments – l’offensive du gouvernement Juppé, prétendant liquider les retraites des travailleurs, n’est pas remise en cause par Jospin quant au fond, mais quant à la manière « inconsidérée » dont Juppé s’y était pris. D’ailleurs, Jospin annonce l’avenir :

> « On ne pouvait donc pas reprendre ce dossier sans passer par une phase de discussion, d’explications et je dirais de pédagogie. »

Il y a donc un accord Jospin-Juppé pour détruire les retraites des régimes spéciaux pour les transférer, à la demande des fonds de pension américains, vers la spéculation. Mais pour cela, il faut du doigté, de la « pédagogie », pour reprendre ses termes. Et d’ailleurs, Jospin, qui se félicite d’avoir *« tout de même créé le fonds de réserves des retraites »*, c’est-à-dire ouvert la porte aux fonds de pension spéculatifs, promet qu’une prochaine majorité de gauche prendra en charge l’offensive contre les retraites.

CHAPITRE 5

# Sur l'entrisme

DANIEL GLUCKSTEIN : Avant d'aborder la question de l'entrisme, sur laquelle je voudrais t'interroger, j'aimerais que tu nous expliques ton parcours. À quand fais-tu remonter ton engagement politique dans le mouvement ouvrier ?

PIERRE LAMBERT : Le 6 février 1934. J'avais 13 ans et demi, mon frère était un ancien combattant qui a manifesté jusqu'à la Concorde. Il y avait un grand flou. Je lui ai dit qu'il avait manifesté avec des fascistes. C'est la première expression politique qui a été la mienne.

DANIEL GLUCKSTEIN : Pour un jeune banlieusard de 13-14 ans, que signifiait « manifester avec les fascistes » ?

PIERRE LAMBERT : Il faut dire, qu'à l'époque, je ne me faisais qu'une idée confuse de ce qu'était le fascisme. Il me concernait doublement : d'une part, je venais d'une famille ouvrière ; d'autre part, du fait de mon état de juif, on pouvait prendre ma mère. Ma première réflexion politique, si je puis dire, c'est le 30 janvier 1933, quand Hitler a pris le pouvoir. J'en avais entendu parler autour de moi. Ce n'était pas directement, je le répète, une expression politique : j'avais 12 ans et demi. Mais « ils pouvaient prendre ma mère ». Et puis, dans cette période, dans les banlieues ouvrières, le mouvement ouvrier (la SFIO, le PC) avait une forte présence. J'entendais parler de Hitler, de Mussolini, des Croix-de-Feu (une organisation réactionnaire qui n'était pas fasciste mais qui, si les circonstances politiques avaient été réunies, aurait évolué dans ce sens). Bien entendu, la politique pratique, et même la politique tout court, était en dehors de mes préoccupations.

DANIEL GLUCKSTEIN : Ton engagement politique intervient plus tard ?

PIERRE LAMBERT : Il s'opère avec mon ami d'enfance, qui était avec moi le 9 février. Il y avait une grève, nous sommes allés jusqu'à la place Gambetta, nous avons vu les gardes républicains charger et nous avons couru très, très vite. Puis le 12 février, la grève générale. Deux cortèges qui se sont rejoints, le cortège du PC et le cortège du PS (SFIO). Je ne savais pas du tout ce qu'était la politique dite de « la troisième période », du PC dénonçant la SFIO comme « social-fasciste [1] », mais j'ai été impressionné par la manifestation d'unité.

DANIEL GLUCKSTEIN : Tu as déjà dans d'autres articles, souligné l'importance à tes yeux de cette date du 12 février 1934. Pourquoi ?

PIERRE LAMBERT : Cette importance n'est pas seulement historique : elle a posé concrètement le problème

---

1. Politique qui entraînait des bagarres entre militants communistes et militants socialistes. Il faut avoir vu se rencontrer sur le Cours de Vincennes les cortèges du Parti socialiste (SFIO) et de la CGT (réformiste), et celui du PC et de la CGTU (Confédération générale du travail unitaire, « communiste »). J'avais 13 ans et demi, je ne comprenais évidemment pas les tenants et aboutissants de ce qui se déroulait sous mes yeux mais c'est là que le déclic s'est fait.

du front unique. Il y avait deux organisations de la classe ouvrière, qui étaient le Parti socialiste-SFIO et le PC aligné sur la politique de Staline de « troisième période ». Et il y avait aussi la CGT et la CGTU. À l'intérieur de ces organisations, une recherche de la base pour l'unité. Bien entendu, ce que j'exprime à présent n'était pas la position qui était la mienne sur le moment. Je ne pouvais pas, à 14 ans et demi, savoir que Blum a été l'un de ceux qui a milité activement, avec Jouhaux, pour l'unité qui s'est réalisée.

Les trotskystes joueront un rôle pour imposer le front unique. Par exemple dans le 15e arrondissement, où des accords communs se sont réalisés entre Pierre Frank, qui représentait l'organisation pour la IVe Internationale qui se constituait, et Jean-Pierre Timbaud du PC (sept ans plus tard, Jean-Pierre Timbaud et deux trotskystes, Guéguen et Bourrhis seront fusillés, en même temps, à Châteaubriant en 1941. Jean-Pierre Timbaud est tombé en lançant à la Gestapo *« Vive le Parti communiste allemand ! »*). C'était le combat pour le front unique ouvrier. Aujourd'hui encore, ces problèmes restent posés sous d'autres formes. Le 6 février 34, c'était la tentative de remettre en cause l'indépendance du mouvement ouvrier, d'imposer une forme de corporatisme mussolinien, etc. Aujourd'hui, avec les propositions qui sont faites par le MEDEF, nous voyons les mêmes projets remettre en cause l'indépendance du mouvement ouvrier, l'indépendance des syndicats en remettant en cause toute la place du Code du travail. Ce problème se trouve posé avec comme différence majeure : le Parti socialiste actuel – qui n'a, bien évidemment, rien à voir avec la SFIO d'alors – et le Parti communiste (qui n'a plus rien de communiste) sont, avec Jospin, Aubry, Gayssot..., directement engagés dans le même processus.

DANIEL GLUCKSTEIN : Retour en arrière : tu évoques ce formidable mouvement vers le front unique le 12 février

1934 qui marque ta mémoire, et le rôle (bien que tu ne sois pas d'accord aujourd'hui avec lui) de Léon Blum et de la SFIO. Pourtant, ton premier engagement politique va être du côté des Jeunesses communistes. À quoi cela correspond-il ?

PIERRE LAMBERT : Il y a toujours des choses, des impulsions qui ne sont pas contrôlées quand on est jeune : incontestablement, il me manquait une culture politique et une formation politique. Des jeunes, un peu plus vieux que moi, étaient aux Jeunesses communistes et m'ont proposé de couvrir les rues d'inscriptions au minium contre le passage à deux ans du service militaire : À bas la guerre ! À bas les deux ans ! C'est là que l'engagement politique a commencé. On s'est fait piquer par la police. J'ai été amené au car avec les autres qui étaient un peu plus vieux que moi. Se passe alors ce qui se passe dans un poste de police, pas seulement avec moi mais avec les autres... Ma mère est venue me chercher et, à partir de là, sans le lui dire, bien entendu, j'ai décidé d'entrer aux Jeunesses communistes.

DANIEL GLUCKSTEIN : Fin 1934, tu as donc moins de 15 ans, tu rejoins les Jeunesses communistes. Tu vas rapidement te retrouver dans les rangs d'une organisation trotskyste. Comment cela arrive-t-il ?

PIERRE LAMBERT : Indépendamment de ma volonté ! On était encore dans la période où la Révolution d'Octobre constituait la référence. Les articles de *L'Humanité* disaient : pas de défense nationale en régime capitaliste, lutte de classe jusqu'au bout, défense de l'URSS, le pays de la révolution... C'étaient, déjà, des références formelles (à ce moment-là je ne pensais pas que c'était formel) à la lutte de classe. C'était formulé comme ça dans les Jeunesses communistes. Et puis, il y a eu 1935, le président du Conseil français de l'époque, Pierre Laval, est allé voir Staline et il y a eu le pacte Laval-Staline dans lequel Staline a déclaré « comprendre » la nécessité de la défense nationale en France, alors que nous étions formés sur la ligne de ne pas accepter la « défense nationale » dans les pays capitalistes. Au sein des JC, j'ai posé simplement des questions à ce sujet. Et je me suis retrouvé dehors, accusé d'être « trotskyste ». J'avais vaguement entendu parler de Trotsky, mais je ne savais pas qui il était, ni ce que le « trotskysme » recouvrait.

DANIEL GLUCKSTEIN : Tu veux dire qu'en 1935, le seul fait de poser des questions sur la politique internationale de Staline suffisait à se faire exclure comme trotskyste ?

PIERRE LAMBERT : Absolument. Je ne peux pas généraliser pour tous ceux qui ont été exclus, mais pour ma part, cela a été mon cas. Et aussi pour d'autres camarades.

DANIEL GLUCKSTEIN : Te voilà donc exclu des Jeunesses communistes. Tu as une quinzaine d'années, qu'est-ce que tu fais ?

PIERRE LAMBERT : Rien. Je décide d'achever mes études. J'étais en cours complémentaire. Je me dis que la politique ne m'intéresse plus. Cependant, comme j'ai été dénoncé publiquement comme « trotskyste », un trotskyste membre du Groupe bolchevik-léniniste vient chez moi. Je refuse de discuter avec lui mais il me laisse *Ma Vie* de Trotsky. Ça m'a intéressé. J'ai commencé à acheter les journaux trotskystes, à les lire. Puis, il y avait le problème de l'entrée dans la SFIO que venaient de décider les trotskystes en France, sur les conseils de Trotsky lui-même. Comme je venais des Jeunesses communistes, je ne marchais pas, je disais que ce n'était pas possible, qu'est-ce que c'est que ce truc-là... J'ai quand même lu les articles, et cela m'a convaincu. Alors, qu'est-ce que j'ai fait ? Je suis allé à la fédération des Jeunesses socialistes de la Seine, qui était rue Feydeau et dont le secrétaire était Fred Zeller, pour qui, bien qu'en désaccord avec lui sur bien des points, j'ai conservé du respect. Et j'ai adhéré, à Montreuil, à la SFIO au sein de laquelle j'appartenais au Groupe bolchevik-léniniste (GBL).

DANIEL GLUCKSTEIN : C'était en 1935 ?

PIERRE LAMBERT : En 1935. Après, fin 1935, si je me souviens bien, les trotskystes ont été exclus de la SFIO. Blum a eu cette phrase : « Entre Staline et vous, j'ai choisi. » Quand ils ont été exclus, moi je n'ai pas bien compris pourquoi, il y a eu une scission dans le GBL. Je n'ai pas bien compris ce qui se passait et je suis resté, parce qu'alors le PS (SFIO) était un parti qui avait une large base ouvrière, et que j'étais lié avec ces militants ouvriers. Je suis alors entré à la Gauche révolutionnaire qui s'est constituée dans la SFIO avec Pivert[1]. Je suis resté à la SFIO tout en me considérant publiquement comme un trotskyste. Il y avait au sein de la GR des vieux camarades militants qui étaient pour moi des « vieux », certains ne se considéraient pas trotskystes mais boukhariniens. Il y avait un « vieux » qui avait fait partie, durant la guerre, du Comité pour la reprise des relations internationales, puis du Comité pour la IIIe Internationale. Il était un fondateur du PC. Nous nous réunissions avec 4-5 camarades le dimanche après-midi, on discutait ensemble. Ma formation a commencé à partir de là. Mais je n'étais pas affilié à une organisation trotskyste. Je m'y suis affilié en 1937.

DANIEL GLUCKSTEIN : Je t'ai déjà entendu dire que, pour toi, l'un des événements marquants du siècle, peut-

1. Comme pour Zeller, tout en étant en désaccord avec Pivert, j'ai conservé de l'estime pour lui.

être l'événement marquant de ton expérience politique, ça a été juin 1936 ?

Pierre Lambert : C'est sûr. Juin 1936 – je l'explique évidemment aujourd'hui avec l'expérience qui a été la mienne – c'est l'irruption du prolétariat français qui avait été écrasé sous la Commune de Paris (les grosses entreprises de la métallurgie ne se sont installées que juste avant la guerre de 1914 en banlieue parisienne, ou même à Paris, tant la bourgeoisie française avait une terreur des ouvriers parisiens). Trotsky a alors écrit *« la révolution française a commencé »* : j'étais absolument d'accord avec ça. 1936, ça a été le surgissement de millions et de millions. Beaucoup plus tard, en 1945, discutant avec des responsables syndicaux, qui n'étaient pas trotskystes d'ailleurs, nous cherchions tous à savoir qui « a commencé » 36 : c'est Latécoère (une usine d'aviation, à Toulouse) ? Une autre usine ? Non, on ne pouvait le dire précisément. En fait, le point de départ, ça a été après le 6 février 1934 qui, bien qu'ayant été suivi d'une période très difficile, a constitué une période de montée ouvrière. Il ne faut pas oublier que le gouvernement de l'époque s'était permis de diminuer de 10 % les salaires des fonctionnaires (ce gouvernement présidé par Laval, celui avec qui Staline, comme on l'a vu, avait signé le pacte). Je me souviens de la grève à l'Arsenal de Brest : un jeune était monté avec le drapeau rouge et était tombé sous les balles des gardes mobiles. En fait personne ne peut dire exactement qui a commencé 36. Parce que c'était un mouvement spontané, où la classe ouvrière, dans tout le pays, prenait conscience d'elle-même.

Et cela, c'est ma jeunesse, celle de milliers et de milliers qui ont rejoint le PCF. Juin 36, je me souviens, c'était un très bel été, il y avait des mots d'ordre qui – après coup, je l'ai compris – étaient vraiment calculés pour dévier le mouvement révolutionnaire de la classe, mais qui correspondaient à une réalité : « Vive la joie, vive l'amour ! » Pour des jeunes, cela correspondait à la réalité : le monde allait changer. En 1936, toute ma génération – malheureusement, la plupart ont été liquidés politiquement – toute ma génération entrait dans la période où, d'accord ou en désaccord politiquement, nous souscrivions à la formule de Marceau Pivert, qui, comme je l'ai dit précédemment, était dirigeant de la Gauche révolutionnaire du PS (SFIO) : « Tout est possible. » Nous étions tous d'accord avec ça, même ceux de la jeune génération, ceux qui allaient constituer les « délégués » ouvriers, qui en majorité allaient s'affilier au PC. Pour toute la jeune génération, « tout était possible ». Cela, alors même que Thorez au nom du PC déclarait : *« Il faut savoir terminer une grève. »* Cela, alors que le gouvernement Blum allait décider la « non-intervention » dans la révolution des ouvriers et paysans espagnols contre Franco.

J'ai en mémoire également la manifestation au Mur des fédérés, manifestation imposante, pleine de vie et d'espoir. Comme nous étions à l'est de Paris nous sommes passés devant le Mur des fédérés vers 8 ou 9 heures le soir.

DANIEL GLUCKSTEIN : Tellement les manifestants étaient nombreux ?

PIERRE LAMBERT : C'est ça.

DANIEL GLUCKSTEIN : C'est en 1937 que tu te retrouves membre d'une organisation trotskyste. En quelles circonstances ?

PIERRE LAMBERT : Dans la fédération socialiste de la Seine, il y avait une organisation d'autodéfense qui s'appelait TPPS (Toujours prêts pour servir) qui était organisée par « dizaines » et par « centaines », dirigée par la Gauche révolutionnaire. C'était quelque chose de très organisé, de très sérieux. Évidemment, les jeunes étaient dedans. L'est de Paris et de la proche banlieue parisienne était dirigé par un ancien capitaine d'aviation de la guerre de 14-18 qui était militant de la Gauche révolutionnaire. À partir de fin 1936, La Rocque, le chef de l'organisation réactionnaire des Croix-de-Feu nationaux, recommence (puisque évidemment à partir de juin 1936, toutes ces organisations réactionnaires se terraient) à convoquer des réunions dans des cinémas. Les TPPS allaient les déloger. Et puis, il y a eu le massacre de Clichy où des jeunes, hommes et femmes TPPS, sont tombés sous les balles de la police. Cela a immédiatement provoqué une réaction : n'oublions pas que c'était le gouvernement Blum, et que le ministre de l'intérieur s'appelait Marx Dormoy, assassiné plus tard par les nazis pendant la guerre. Il y a eu immédiatement réunion du Conseil national du Parti socialiste. Ça a été extrêmement brutal. Je n'étais évidemment pas membre du Conseil national. La Gauche révolutionnaire s'est réunie rue Cadet (dans le local de la franc-maçonnerie !), le soir, et il y a eu discussion : est-ce qu'on reste ou est-ce qu'on part ? J'étais pour partir. Marceau Pivert pensait que ce n'était pas le moment de partir. On a fait une suspension de séance, vers 3 ou 4 heures du matin, et on est revenu à 6 heures. Et là, ceux qui avaient été pour partir, avec Daniel Guérin (un militant qui est resté fidèle au mouvement), ont accepté de rester. C'est peut-être l'acte qui m'a fait prendre conscience politiquement. Personnellement, avec les jeunes et la majorité des membres des TPPS, j'étais pour partir de la SFIO et fonder un autre parti.

À ce moment-là, le groupe Molinier-Frank a pris contact avec moi. Je suis entré au groupe Molinier-Frank, restant néanmoins avec la Gauche révolutionnaire à Montreuil où on était majoritaires (la SFIO était alors vraiment un parti ouvrier, en tout cas elle avait une base ouvrière, en particulier à Montreuil). En 1938, c'est

Léon Blum, au moment choisi par lui, qui a chassé Pivert et les autres qui avaient refusé de partir en 1937. Ce sera la création du PSOP. On était à peu près 800 dans la SFIO à Montreuil en 1937. On est sortis en 1938 à 80 à peu près. C'est à partir de cette époque que la SFIO a perdu sa base ouvrière.

La deuxième chose qui a été importante pour ma prise de conscience politique, c'est mai 1937, et ce qui s'est passé à Barcelone. Nous étions, dans le petit groupe qu'on constituait avec ce vieux militant dont j'ai parlé plus haut, des jeunes militants. Tout le monde discutait : est-ce que c'était juste ou pas juste ? Avaient-ils raison ou tort, les insurgés révolutionnaires de Barcelone, de prendre les armes pour défendre les acquis de la révolution ouvrière et paysanne de juillet 1936 ? Ce fut la première manifestation directement politique indépendante de ma vie, elle remonte à ce moment-là. J'étais pour l'insurrection, je pensais qu'ils avaient eu raison, pour sauver la révolution espagnole, de se dresser contre les staliniens. Tous les autres camarades du groupe étaient en désaccord avec moi. J'avoue que, quelques jours après, quand j'ai lu que Trotsky justifiait l'insurrection de Barcelone, j'étais très fier de moi !

DANIEL GLUCKSTEIN : Ta formation comme jeune militant trotskyste fut cristallisée par deux événements historiques presque concomitants : on fait tirer, à Clichy, sur les militants qui combattent le fascisme, tandis qu'à Barcelone l'appareil, en particulier l'appareil stalinien, cherche à empêcher l'organisation des travailleurs avec leurs syndicats, avec les groupes anarchistes, avec le POUM.

PIERRE LAMBERT : Il y a un troisième élément : le procès Zinoviev-Kamenev. Je me souviens vraiment que c'est là l'événement qui m'a le plus bouleversé. Au mois d'août 1936, un très, très bel été comme je l'ai dit, le 20 août j'étais allé acheter les journaux, *L'Humanité*, *Le*

*Populaire*,... et je suis allé les lire dans un square. Et là, j'ai lu dans *L'Humanité* toutes ces calomnies infâmes déversées contre Zinoviev et Kamenev. Cela a été pour moi un coup extrêmement brutal.

Au total, il y a eu cinq événements qui ont déterminé mon engagement : « février 1934, juin 1936, les procès de Moscou, le massacre de Clichy et mai 1937 à Barcelone. »

DANIEL GLUCKSTEIN : Ces références au passé permettent de situer le contenu concret de la tactique de l'entrisme. C'est un fait : la IVe Internationale a pratiqué la politique de l'entrisme. Mais j'aimerais que l'on revienne à la question qui t'a été posée lors de tes quelques interviews : Jospin a-t-il été une « taupe » envoyée dans le Parti socialiste ? Par exemple, le 5 novembre 2001, à l'émission de LCI, Pierre-Luc Séguillon te demande : « Dans votre esprit, vous dites : Lionel Jospin ce n'était pas une taupe au Quai d'Orsay ? », tu réponds : « Absolument pas. Je ne pense pas qu'il ait été une taupe. »

PIERRE LAMBERT : Exact. Lionel Jospin, après discussion entre nous, a adhéré au PS en 1972. Je crois nécessaire de donner quelques éléments sur la tactique de l'entrisme pour expliquer en quoi elle consiste. Depuis la constitution du mouvement ouvrier, les courants et tendances ont toujours cohabité. Que des scissions aient conduit des organisations politiques et syndicales à rompre cette aspiration profonde à l'unité, nous y reviendrons. Mais il suffit de se référer à la constitution de la Ire Internationale pour vérifier ce fait historique, comme d'ailleurs à la SFIO d'avant la guerre de 1914. Cela pour ne prendre que la France [1]. La constitution de

1. Dans d'autres pays, Angleterre, Allemagne, etc., les développements historiques ont donné d'autres formes à cette aspiration universelle à l'unité.

la SFIO en 1905 a-t-elle entraîné la disparition des tendances ? Certainement pas. Jaurésistes et guesdistes, membres d'un même parti, conservaient leur physionomie propre.

Pour argumenter plus clairement, je signalerai qu'un des amis de Marx, après la défaite de la Commune de Paris, écrivait : « Il faut être convaincu que les ouvriers emprunteront des partis différents pour se rassembler sous un même drapeau. »

On me dira qu'il est difficile de comparer la SFIO d'avant 1914 au PS d'aujourd'hui, ou même à la SFIO d'entre les deux guerres. Cependant, j'ai indiqué précédemment qu'en 1933, la SFIO s'est séparée de la tendance néo-socialiste corporatiste de Déat. C'est la SFIO de Blum qui, en 1934, ainsi que je l'ai montré précédemment, a pris l'initiative de réaliser l'unité contre la tentative du coup d'État du 6 février. C'est cette orientation politique qui, selon Trotsky, justifiait la tactique de l'entrisme. Qu'en était-il du PS d'Épinay pour justifier la tactique de l'entrisme ?

Notre position commune – y compris celle de Jospin à l'époque – peut se résumer comme suit. La IVe Internationale et sa section française ont toujours combattu la politique qu'incarne François Mitterrand. En 1965, lorsque le Parti communiste et la SFIO avaient décidé de soutenir à l'élection présidentielle celui qui, à l'époque, n'appartenait pas au Parti socialiste, nous avions refusé de soutenir sa candidature.

En 1971, au cours d'un meeting commémoratif de la Commune de Paris auquel participent différentes composantes du mouvement ouvrier, et dans lequel Mitterrand prend la parole, nous participons au mouvement par lequel une large partie de l'audience l'accueille aux cris de « *Versaillais ! Versaillais !* », en référence au rôle de répression anti-ouvrière qu'il a joué dans la guerre d'Algérie. Aucune sympathie donc, aucune illusion de notre part, à quelque époque que ce soit, sur François

Mitterrand. Le problème posé dans les années 70, c'est celui d'un Parti socialiste qui entreprend sa reconstruction, en avançant comme mot d'ordre : « Rupture avec le capitalisme. » Pour qui se souvient de cette époque, plus le Parti socialiste affiche cette orientation de « rupture avec le capitalisme », plus il attire à lui la sympathie, les votes et une certaine forme de mobilisation des ouvriers et des employés, de tous ceux qui veulent en finir avec vingt ans de V^e^ République, régime incarné, après de Gaulle, dans le personnage de Pompidou, puis de Giscard d'Estaing.

Pour nous, en plein accord avec la conception matérialiste de l'histoire, l'histoire des individus ne se fait pas indépendamment de la lutte des classes, plus précisément de la lutte de la classe ouvrière pour sa libération qui se confond avec l'avenir de l'humanité. En conséquence, l'histoire des individus ne se faisant pas par analogie ou vraisemblance, nous estimons, non seulement devoir appuyer le cours vers la rupture avec le capitalisme, mais aussi conforter pratiquement ce cours. C'est précisément, dans ces conditions, et en toute indépendance, que nous avons mené campagne pour l'unité pour chasser Giscard et appelé à voter Mitterrand au premier tour, en 1981. C'est dans ces mêmes conditions que nous avons estimé correct, après discussion, en 1971-1972, d'engager Jospin à pratiquer la tactique de l'entrisme.

Il y aurait bien des développements à ajouter sur l'entrisme mais ce qui est dit permet de comprendre qu'à partir du moment où Lionel Jospin s'inscrit ouvertement dans la politique de sauvetage du capitalisme et décide d'appliquer la politique de rigueur contre les travailleurs, il est passé « de l'autre côté de la barricade » comme on disait encore dans ma jeunesse.

## Extraits d'une interview de Pierre Lambert à LCI [1]

PIERRE-LUC SÉGUILLON : Est-ce que cette révélation, ce dévoilement du passé trotskyste de Lionel Jospin ça vous gêne, ou au contraire d'une certaine manière, ça vous honore ?

PIERRE LAMBERT : Je pense que ça ne me gêne pas, ça ne m'honore pas. Je pense que Jospin a fait son chemin. En général tout être humain fait son chemin : il a choisi, il a abandonné ce qu'il estimait correct à un moment donné. Puis, il est devenu autre chose. C'est son problème. Jospin explique lui-même qu'il veut qu'on le juge sur ce qu'il a fait depuis qu'il est Premier ministre. Je pense que c'est très juste. Il faut le juger là-dessus : privatisation, baisse du pouvoir d'achat, ensemble de mesures qui sont prises contre les travailleurs, tous les acquis, la Sécurité sociale, et bien d'autres choses encore.

PIERRE-LUC SÉGUILLON : Vous avez le sentiment qu'il a trahi l'idéal que vous partagiez ?

PIERRE LAMBERT : Il ne le partage plus.

PIERRE-LUC SÉGUILLON : À votre avis, à quelle époque, de votre point de vue, Lionel Jospin cesse-t-il d'être un militant trotskyste ?

PIERRE LAMBERT : Je pense que Jospin a dit une chose juste : ça a dû être petit à petit. Il est passé sur d'autres horizons. Il a lutté pendant un temps dans la IV^e^ Internationale comme militant qui cherche à lutter pour la

1. Interview du 5 novembre 2001, publiée dans la *Lettre de La Vérité*, n° 201 du 6 novembre 2001.

révolution, pour le socialisme. Il a cherché à lutter pour la défense des intérêts de la classe ouvrière et puis petit à petit il a tout abandonné. Prenons un exemple précis pour démontrer comment cela se fait. En 1995, il y a eu des grandes grèves contre les ordonnances Juppé. Jospin était déjà un grand dirigeant du Parti socialiste. Il était contre les ordonnances Juppé. Devenu Premier ministre, il les applique. Il démolit toute la Sécurité sociale et les retraites. C'est comme ça que ça se passe. On a une position, on change de position, on va vers d'autres intérêts...

PIERRE-LUC SÉGUILLON : Il va y avoir des élections présidentielles, Jacques Chirac sans doute sera candidat, Jospin sans doute sera candidat et puis il y aura d'autres candidats. Vous êtes un trotskyste, les rapports de force sont importants. Sur quel levier estimez-vous devoir jouer aujourd'hui et finalement qui appuyer ?

PIERRE LAMBERT : Je vais vous répondre. Mais préalablement je vous dirais : j'estime pour ma part que le sort que subit l'humanité actuellement avec le système de la propriété privée des moyens de production aboutit à la catastrophe, à la barbarie. Regardez en Afrique : il y a plus de décès que de gens qui naissent. En Russie, la situation... des centaines de milliers d'êtres humains sont dans la famine... Vous savez, j'ai lu les journaux américains et je suis très étonné. Bien entendu ce qui s'est passé le 11 septembre est une ignominie. Personne ne peut accepter. Mais Ben Laden : j'apprends que de 1979 à 1989 il était agent de la CIA et payé par elle ; au début de l'année j'apprends que Colin Powell lui a donné 42 millions de dollars, aux terroristes.

PIERRE-LUC SÉGUILLON : Tout ça ne me dit pas....

PIERRE LAMBERT : Attendez, laissez, laissez, j'y arrive ! Donc c'est un terrorisme à géométrie variable. Selon que l'on est avec les Américains, et que les Américains ont intérêt à dire c'est le terrorisme, alors on est terroriste. Je parle pour les chefs d'État. Quand on est avec les Américains et qu'on a la même politique on n'est plus des terroristes, par exemple Kadhafi qui, aujourd'hui, est dans le camp américain. Et le résultat de tout ça, c'est le bombardement terroriste sur un peuple affamé, sur les Afghans. Alors je vous dis, je vais répondre à votre question. Le critère qui a été, est et sera le mien sera le critère de défendre les travailleurs, les jeunes, la jeunesse. Ne pas accepter qu'aujourd'hui l'illettrisme augmente, passant d'une année sur l'autre de 11,3 % à 13,6 %. Ne pas accepter les déclarations aussi mensongères qui fourmillent partout.

PIERRE-LUC SÉGUILLON : Alors vous allez soutenir qui ? À moins que vous ayez un candidat, ce que je ne pense pas.

PIERRE LAMBERT : La question est plus complexe. Nous avons décidé d'aller chercher des signatures de maires. Et nous avons dit qu'au moment du congrès du Parti des travailleurs qui se tiendra les 17 et 18 novembre de cette année, ce mois-ci, nous aurons les 500 signatures de maires. Nous avons l'habitude d'appliquer ce que nous décidons.

PIERRE-LUC SÉGUILLON : En aucun cas vous ne soutiendrez Jospin ?

PIERRE LAMBERT : Je ne vous répondrai pas comme ça. Je vous donnerai seulement ma position. Je pense que la situation politique est marquée par un abstentionnisme extraordinaire. Le suffrage universel est équivalent à la démocratie. On s'est battus pour le suffrage universel. Aujourd'hui, les élections : 45, 50, 65 % d'abstentions. J'estime que cet abstentionnisme, c'est un rejet d'une politique. Quelle politique ? Celle menée par le gouvernement de la gauche plurielle qui applique en tout point la politique de la droite, voir les ordonnances Juppé dont j'ai parlé. Nous aurons le temps d'en discuter. D'ailleurs nous avons invité des maires qui vont venir à notre congrès, qui ne sont pas au Parti des travailleurs. Nous allons donc en discuter et nous allons déterminer ce que nous allons faire à ce moment-là.

PIERRE-LUC SÉGUILLON : Encore une question, parce qu'on arrive juste à la fin de l'émission. Quand vous voyez agir et gouverner Lionel Jospin, est-ce que vous vous dites aujourd'hui qu'il a gardé une structure intellectuelle qui est celle que vous lui avez dispensée ?

PIERRE LAMBERT : Certainement pas ! Certainement pas ! Cela n'a rien à voir. Il est passé de l'autre côté ! Il a d'autres intérêts et d'autres préoccupations ! Il le dit, lui-même ! Il a d'autres préoccupations. Moi j'ai gardé les mêmes préoccupations, pour lesquelles il était entré dans mon organisation, à tort ou à raison. Mais lui, il en a pris d'autres. Grand bien lui fasse !

## Quelques précisions complémentaires

DANIEL GLUCKSTEIN : Si tu le permets, je voudrais ajouter une observation sur ce que nous entendons sur l'entrisme.

PIERRE LAMBERT : Bien entendu.

DANIEL GLUCKSTEIN : Nous avons évoqué précédemment la nature et les fondements des relations politiques entre l'OCI et le PS de 1971 à 1981. Et après 1981 ? Une indication précieuse sur les relations entre la section française de la IVe Internationale et le Parti socialiste après 1981 est fournie dans l'ouvrage récent d'Alain Bauer. Dans ce livre intitulé *Grand O* [1], il écrit :

« *Je suis ensuite nommé secrétaire national du syndicat* [étudiant, NDR] *chargé des élus, le premier à n'être pas issu des rangs trotskystes. Je suis élu vice-président puis président de la commission de contrôle de l'UNEF-ID (...). J'y rencontre évidemment le "fameux" Pierre Lambert, le dirigeant de l'OCI dans ses locaux bien protégés du X*e *arrondissement. Homme courtois, très cultivé. Nous nous amuserons du débat sur "l'entrisme" traditionnel des organisations issues de la IV*e *Internationale dans les partis politiques de gauche. Les "découvertes" de 2001, l'une d'entre elles concernant Lionel Jospin, appartiennent, au début des années 80, au folklore de plaisanteries où la plupart des militants concernés sont rapidement démasqués. "L'entrisme" nécessite en général un mouvement de fractionnisme puis une scission. Le but du jeu des organisations trotskystes vise en général à casser les partis traditionnels en récupérant les militants les plus motivés. Dans le cas du PS, c'est l'inverse. Les plus motivés des militants de l'OCI viennent structurer le PS contre le PCF, sans fraction ni scission. Enfin si, celle de l'OCI elle-même, quand la plupart des cadres étudiants rejoindront le PS... La première et sans doute unique expérience d'entrisme inversé de la social-démocratie contre la IV*e *Internationale...* »

N'y a-t-il pas une part de vérité dans les affirmations de Bauer ?

PIERRE LAMBERT : L'opinion qu'Alain Bauer a sur l'entrisme est la sienne mais il confirme quelque chose que l'on pouvait subodorer. À savoir que la véritable opération, c'est la tentative du PS de liquider en douceur

**1.** Alain Bauer, *Grand O. Les vérités du grand maître du Grand Orient de France*, Denoël Impacts, 2001.

et avec quelques « gâteries » la section française de la IVe Internationale. Cambadélis n'a-t-il pas joué un rôle dans cette affaire ? La question pourrait sans doute être utilement posée à Jean-Louis Bianco, qui occupait, au début des années 80, le poste clé de secrétaire général de l'Élysée, et s'activait grandement dans ce domaine, sous l'œil vigilant de Mitterrand.

CHAPITRE 6

# Ce que Jospin a abandonné

PIERRE LAMBERT : La plupart de ceux qui sollicitent des interviews sur mon passé me posent, concernant Jospin (et ces questions m'étaient posées avant qu'il n'ait « avoué » son appartenance au trotskysme, et continuent de m'être posées depuis) deux questions : à quel moment Jospin a-t-il rompu avec votre organisation ? Comment cela s'est-il passé ? Questions qui relèvent de la recherche d'un « sensationnel » qui ne m'intéresse d'aucune manière. À mes yeux – comme marxiste – c'est là une approche superficielle, qui consiste à ne pas tenir compte de l'analyse des événements, dans lesquels s'insère – composante parmi d'autres – le comportement des individus, lequel résulte d'un processus d'évolution qui comporte des phases successives. Avant d'aller plus avant, je crois indispensable de montrer ce que Jospin a abandonné pour suivre une évolution qui l'a conduit du trotskysme à l'avant-dernière plus haute responsabilité des institutions réactionnaires de la Ve République.

DANIEL GLUCKSTEIN : Ce que le Premier ministre a abandonné, en abandonnant la lutte de classe, c'est le marxisme, c'est-à-dire l'unité mondiale de la lutte de classe. C'est cela qui l'amène à mener pour le compte de l'OMC, de l'Union européenne et du MEDEF une politique contraire aux intérêts des masses exploitées et opprimées. Qu'est-ce que veut dire « unité mondiale de la lutte de classe » ? Pour l'illustrer, je citerai une émission de télévision diffusée au début de l'année 1996 et intitulée *Pour un dollar par jour.* Il s'agissait d'un reportage réalisé en parallèle, d'une part, auprès d'ouvrières du textile qui venaient d'être licenciées en Vendée, et, d'autre part, au Bangladesh, l'un des pays les plus pauvres de la planète.

Pourquoi au Bangladesh ? Parce que dans ce pays, le même patron avait décidé de réimplanter son usine vendéenne au Bangladesh pour y produire les mêmes vêtements. Reportage en parallèle donc, où s'expriment Rachida, jeune ouvrière bangladaise, et Marie-France, une ouvrière française.

### De la Vendée au Bangladesh

Rachida : *« Apprentie, je gagnais 40 francs par mois. Quand je suis devenue opératrice, je suis arrivée à 100 francs. Aujourd'hui, avec les heures supplémentaires, je gagne 210 francs par mois. Je donne mon salaire à mon père. Je ne garde que 25 francs pour moi. Je suis une femme divorcée. J'ai un fils et si je ne travaillais pas à l'usine, je ne pourrais pas subvenir à ses besoins.*

*À treize heures, on a une coupure d'une heure pour aller manger chez nous. Il peut m'arriver de travailler jusqu'à dix heures par jour, et parfois toute la nuit. Après une nuit de travail, bien sûr, je suis fatiguée. Mais le lendemain, on a le droit d'être en retard. On peut arriver à neuf heures, alors que d'habitude, c'est huit heures. Quand on manque un jour sans prévenir l'usine, ils nous retirent trois jours de salaire. Certaines sont même renvoyées. On ne peut pas prendre notre jour de congé hebdomadaire, parce qu'il y a trop de travail. En fait, mon jour de congé, c'est quand je suis malade. »*

Un P-DG bangladais : « *Je sais que les salaires que nous donnons sont faibles si on les compare avec ceux des autres pays. Mais pour ici, ils sont corrects. Nous ne sommes pas inquiets pour l'avenir, les acheteurs étrangers vont continuer à venir pendant encore longtemps au Bangladesh, car il n'y a pas de pays plus pauvre avec une population aussi nombreuse.* »

Marie-France, ouvrière licenciée de l'usine textile fermée en France et délocalisée au Bangladesh : « *J'ai travaillé vingt ans chez NewMan, j'ai été licenciée. Depuis, je suis au chômage. Le dernier jour de travail, c'était le 6 août. On partait en congés. On sentait bien que quelque chose se préparait. J'ai appris que j'étais licenciée par courrier. C'est le facteur qui m'a apporté ma lettre recommandée. Les patrons nous ont demandé de faire des sacrifices. Ils nous avaient supprimé le treizième mois, la participation aux bénéfices. Et ça n'a servi à rien, parce que l'usine est quand même fermée à l'heure actuelle. Il n'y a pas de perspective d'emploi dans la région, parce que toutes les usines ferment aussi.*

*Le travail, c'est quand même une nécessité, on ne peut pas vivre sans travailler. Dans le monde ouvrier, autour de nous, les gens sentent bien que les choses régressent. L'écart se creuse.* [À propos des ouvrières du Bangladesh] : *Elles ne sont pas responsables, ces filles. Moi je pense qu'elles ne nous prennent pas notre travail : on leur donne notre travail à faire, mais elles ne nous le prennent pas.* »

Un tel reportage parle plus que bien des discours sur la mondialisation. Car, finalement, la mondialisation ce n'est rien d'autre que cela : la possibilité donnée à la classe capitaliste (notamment aux multinationales), de chercher en permanence les meilleures conditions d'exploitation de la force de travail, et de mettre en concurrence les différentes forces de travail, afin de choisir avec discernement là où le profit sera le plus important.

Pierre Lambert : L'exemple que tu cites peut éclairer les questions précédentes soulevées quant à l'évolution de Jospin. Jospin, marxiste, organisé dans la section française de la IVe Internationale, faisait sien l'enseignement de Marx. Pour illustrer en quoi le marxisme n'est pas un dogme mais est susceptible d'apporter une meilleure appréciation des événements et des tâches, en y insérant le comportement des individus, je voudrais citer ce passage d'une lettre de Marx que Jospin faisait sien, naguère... :

*« Tout mouvement dans lequel la classe ouvrière s'oppose aux classes dominantes en tant que classe et cherche à les contraindre est un mouvement politique. »*

Par exemple, la tentative pour conquérir dans telle ou telle usine, ou même tel ou tel atelier, par des grèves, etc., une réduction du temps de travail de la part des capitalistes isolément est un mouvement purement économique. Au contraire, le mouvement tendant à conquérir une loi des 8 heures quotidiennes est un mouvement politique.

Jospin, quand il était trotskyste, s'organisait dans la section française de la IVe Internationale pour participer, à sa place, à la défense des résultats de la lutte de classe, consignés, par exemple, dans les lois garantissant les 8 heures quotidiennes, ou interdisant le travail des enfants au-dessous de 16 ans.

M. Jospin, Premier ministre, impose la déréglementation du temps de travail, l'annualisation et la flexibilité, et liquide la loi garantissant les 40 heures de travail hebdomadaires arrachée par la lutte de classe. M. Jospin, Premier ministre, par sa loi dite des « 35 heures », entend livrer les travailleurs pieds et poings liés, isolément, usine par usine, atelier par atelier, bureau par bureau aux chefs d'entreprise. Jospin, Premier ministre, a fait voter le rétablissement du travail de nuit des femmes, interdit dans notre pays depuis 1892, contraignant des millions de salariées, mères de famille, à un chantage : préserver leur vie de famille ou garder leur emploi. Jospin, Premier ministre, répétons-le, fait voter le travail des enfants à partir de 13 ans et généralise les périodes en entreprise à tous les niveaux de l'Éducation nationale.

Le camarade Jospin était entré dans le Parti socialiste pour conforter l'orientation de rupture avec le capitalisme. M. Jospin réclame aujourd'hui la reconnaissance du MEDEF, quémandant à la télévision : « Les chefs d'entreprise [les capitalistes, NDR] n'ont pas à se plaindre de ce gouvernement de gauche. »

DANIEL GLUCKSTEIN : On peut dire qu'à l'Internationale ouvrière dont il était, naguère, partisan, Jospin a substitué un ralliement total à la mondialisation capitaliste sous direction nord-américaine. Dans son interview télévisée le 5 décembre 2001, il revendique sans vergogne ce ralliement, déclarant :

*« Je pense que les Américains régleront ce qu'ils auront à régler. »*

Mesure-t-on bien la signification d'une telle déclaration, non seulement la signification internationale, mais encore la signification interne aux États-Unis ? En effet, la population américaine n'est pas un bloc social homogène. Elle est, elle aussi, traversée par la lutte de classe. La population des États-Unis comprend en son sein une classe ouvrière qui subit, elle aussi, les conséquences de l'offensive généralisée de la classe capitaliste. Au lendemain du 11 septembre, dans la volonté d'instaurer un climat d'union sacrée, les dirigeants des États-Unis ont tressé des louanges à la classe ouvrière, multipliant les hommages aux milliers de travailleurs qui ont péri, dans des conditions atroces, dans les attentats du World Trade Center inacceptables.

Mais comme le font remarquer des responsables des organisations syndicales américaines, cela n'a nullement empêché ces mêmes dirigeants américains, dans les trois mois qui ont suivi, de procéder à 1 million de suppressions d'emplois. Les affaires sont les affaires. En période de guerre, les affaires continuent. Les attentats du 11 septembre ont été saisis aux États-Unis, mais aussi dans le monde entier, comme une occasion formidable pour la classe capitaliste de réaliser les plans qu'elle avait jusque-là, soit différés, soit eu du mal à appliquer du fait de la résistance de la classe ouvrière.

Dans le monde entier, les capitalistes et les gouvernements à leur service se sont, de toute évidence, fait la même réflexion que cette collaboratrice d'un ministre anglais, une heure après l'attentat du World Trade Center :

*« C'est un très bon jour pour ressortir tout ce qu'on veut faire passer en douce. »*

Aux États-Unis, ils en ont profité non seulement pour procéder à 1 million de suppressions d'emplois (et ce n'est pas fini !), mais aussi pour accélérer le démantèlement de la Sécurité sociale. Ce plan, mis en route par Bush depuis son arrivée au pouvoir, se heurtait jusqu'alors à une opposition massive de la population laborieuse et des syndicats. Le 11 septembre, dès l'attentat, l'administration Bush annonçait que l'union sacrée devait se réaliser, sans délai, pour liquider la Sécurité sociale.

PIERRE LAMBERT : Je remarque que Lionel Jospin est devenu émule zélé de l'administration Bush. Durant quatre ans et demi, par crainte des retombées de novembre-décembre 1995, il a avancé à petits pas sur l'offensive contre les retraites, se contentant de poser un jalon : le fonds de réserve. Dans son discours du 5 décembre, il s'est engagé auprès des capitalistes, promettant qu'après les élections, s'il gagne, il va se mettre au travail. Quel travail ! 2 040 milliards de la Sécurité sociale échappant chaque année aux appétits capitalistes. Jospin s'engage à saisir la période d'après 11 septembre pour les leur livrer. Y arrivera-t-il ? C'est une autre affaire. Les luttes de classes qui montent en puissance en ces derniers jours de 2001 montrent que l'affaire est loin d'être réglée.

DANIEL GLUCKSTEIN : On évoquait à l'instant la notion d'unité mondiale de la lutte de classe. Un autre exemple en est donné dans la manière dont, dans le tumulte et la confusion qui ont suivi les événements du 11 septembre, les dirigeants américains et chinois ont cherché à faire « passer en douce » l'entrée de la Chine dans l'OMC. Profitant des accords signés entre la Chine et les États-Unis dans le cadre de l'Organisation mondiale du commerce, les dirigeants des multinationales accompagnés par les gouvernements accélèrent les délocalisations, s'appuyant en particulier sur la possibilité en Chine, d'exploiter sans limite ni retenue, la main-d'œuvre juvénile et féminine. À l'automne 2001, le Hongkong Christian Industrial Committee, organisation basée à Hongkong et qui surveille les conditions d'exploitation de la force de travail en Chine, a rendu un rapport intitulé *De quelle manière Hasbro, MacDonald, Mattel et Disney fabriquent-ils leurs jouets ?* Ce document montre que toutes les entreprises en question ont recours à des usines du sud de la Chine, qui produisent des jouets en sous-traitance pour ces multinationales américaines. Usines dans lesquelles la quasi-inexistence de systèmes de sécurité rend les accidents du travail très fréquents. D'après le dossier de la HKCIC, ces entreprises imposent des journées moyennes de 14 à 18 heures de travail, avec parfois des horaires continus de 24 heures, pour faire face aux délais des commandes. L'une de ces usines emploie, à elle seule, 25 000 ouvriers, surtout des femmes. La fatigue due à la longueur des journées de travail est la cause numéro un des accidents. Il n'y a pas de gants ou de masques de protection, même quand les ouvriers utilisent des produits chimiques dangereux.

Le rapport précise que les conditions de salaire et de logement n'ont connu aucune amélioration, et que dans les dix dernières années, la situation ne s'est pas davantage améliorée concernant la sécurité, malgré une série d'accidents catastrophiques entraînant des centaines de morts. Le rapport indique que cette surexploitation est liée au système des commandes, lui-même lié au rythme saisonnier des productions de jouets. L'origine de cela : la nécessité pour les multinationales de la distribution de jouets, de limiter les frais de stockage. Pour limiter les frais de stockage, les commandes de jouets vendus avant Noël, sont passées en juillet et la production doit être achevée pour fin septembre. La production est réalisée au fur et à mesure, en fonction des commandes. Modèle est pris sur la production à flux tendu et des temps de travail sans limite. L'accord passé entre la bureaucratie chinoise et le gouvernement américain dans le cadre de l'OMC, facilite ces processus par lesquels les multinationales délocalisent leur production en Chine.

Certes, des grandes conférences internationales sont régulièrement organisées dans lesquelles on évoque la possibilité d'instaurer des « codes de bonne conduite » pour les multinationales. Mais le rapport établi par la HKCIC indique que 90 % des travailleurs interrogés n'en ont jamais entendu parler. En fait, 99 % des ouvriers ne savent même pas qu'ils ont droit à des indemnités en cas d'accident du travail ; il n'y a aucune information. Et tout cela pourquoi ? Tout cela parce qu'en Chine, il n'y a pas de possibilité pour les travailleurs de disposer de syndicats indépendants. Et dès lors qu'ils n'ont pas de syndicat indépendant, ils n'ont pas d'instrument pour se défendre par eux-mêmes. Les prétendues « clauses sociales » des accords de commerce, les soi-disant « codes de bonne conduite » signés par les multinationales et les ONG, qui en sont les promoteurs et les instruments, jouent un tout autre rôle, nous y reviendrons.

PIERRE LAMBERT : Il y a bien unité mondiale de la lutte de classe : le combat pour la constitution d'organisations syndicales indépendantes en Chine, se relie au combat, aux États-Unis, contre le démantèlement de la Sécurité sociale, et la remise en cause des garanties collectives arrachées par les travailleurs ; et en France à la défense de la Sécurité sociale, à la défense des conventions collectives et des statuts, etc. Il se relie aussi objectivement au combat pour une Palestine laïque et démocratique, regroupant à égalité toutes les composantes de la région.

Je prendrai ce dernier exemple pour illustrer l'interaction des problèmes auxquels l'humanité est appelée à répondre. La lutte de classe est une totalité à l'échelle internationale, y compris aux États-Unis, qui verra se dresser les luttes de classes. Cela est vrai pour tous les pays, sur tous les continents : car toutes les couches de la société – hormis une infime minorité de monopoleurs impérialistes – sont engagées économiquement, moralement, intellectuellement sur le chemin de la résistance. Elles n'ont et n'auront d'autres choix. La situation en Argentine n'est-elle pas prémonitoire ? Classe ouvrière et classe capitaliste sont appelées à se déployer sur le terrain de l'unité mondiale de la lutte de classe. Dans la situation ouverte le 11 septembre, qui voit s'aggraver la marche à la guerre et au démantèlement de toutes les conquêtes sociales, saisir cette relation étroite qui unit la lutte de classe à l'échelle mondiale est d'une importance cruciale.

Sinon, comment comprendre les tragiques événements qui, depuis des années et des années se déroulent en Palestine ? Depuis plus d'un demi-siècle, la situation au Moyen-Orient est un facteur majeur de l'instabilité de l'ordre mondial. Quelle en est l'origine ? Lorsqu'en 1948 fut créé l'État d'Israël, l'ensemble de cette région fut partagé en autant de régimes politiques artificiels dessinés selon des critères ethniques ou religieux. Ainsi, dès le lendemain de la Seconde Guerre mondiale, l'impérialisme, main dans la main avec la bureaucratie stalinienne (c'est Gromyko, le représentant de l'URSS à l'ONU, qui, le premier, a proposé la résolution reconnaissant la création de l'État d'Israël), décidait d'utiliser cyniquement l'atroce génocide perpétré contre les populations juives en

Europe (en particulier les 6 millions morts dans les camps de concentration), pour imposer un État fondé sur des critères religieux et « ethniques », fer de lance d'une politique de division des peuples de la région.

En 1947-1948, la IVe Internationale s'est prononcée pour la convocation d'une Assemblée constituante palestinienne, au sein de laquelle toutes les composantes de la région (juive, arabe, chrétienne, druze, musulmane) puissent, à égalité, jeter les bases d'un État fondé sur la laïcité et la démocratie, rejetant toute forme de discrimination, et permettant par conséquent à tous et à toutes de vivre dans la paix, la dignité, le respect.

DANIEL GLUCKSTEIN : Hélas, ce n'est pas dans cette direction que se sont déroulés les événements. Au contraire. Depuis plus de cinquante ans, les forces liguées de l'impérialisme et de la bureaucratie ont cherché par tous les moyens à imposer le maintien d'États fondés sur des critères de discrimination religieuse et ethnique (notamment, l'État d'Israël), niant le droit du peuple palestinien à se constituer en nation. Depuis plus de cinquante ans, les défenseurs de l'ordre imposé au Moyen-Orient ont renforcé l'État fondé sur la discrimination religieuse et l'exclusion, condamnant des millions de Palestiniens – dont la terre avait été expropriée – au sort de parias parqués dans des camps, et leur interdisant tout droit « au retour ». Les défenseurs de cet « ordre mondial » l'ont fait sous toutes les formes, y compris celle des prétendus « accords de paix » mettant en place un prétendu État palestinien, dont il s'avère, chaque jour davantage, qu'il ne peut être rien d'autre qu'un bantoustan dans lequel seraient parquées les populations arabes soumises étroitement aux contraintes imposées par Israël.

À tous ceux qui font profession de défendre les droits de l'homme et la démocratie, mais les oublient dès lors que l'on approche du Moyen-Orient, nous posons la question : qu'est-ce qui peut justifier une telle situation ? Nous l'avons écrit à plusieurs reprises, nous le répétons ici : à nos yeux, les enfants condamnés à la misère, au dénuement, voire aux massacres à Gaza ou à Ramalah, ces enfants qui, aujourd'hui, vivent mille souffrances et terreurs dans les villes palestiniennes et dans les camps ; à nos yeux, ces enfants ont autant d'importance, autant de valeur – pas plus, mais pas moins – que l'enfant éperdu d'effroi qui lève les bras devant la soldatesque nazie dans les rues du ghetto de Varsovie en 1943. La lutte contre l'oppression ne se divise pas. L'exigence de démocratie et de liberté ne peut être distillée dans des proportions variables selon l'origine ethnique ou religieuse, ou selon les circonstances. Le peuple palestinien a droit au retour, comme il a droit à la liberté, à la souveraineté, à l'égalité.

Il ne peut y accéder si les institutions étatiques en place le rejettent en permanence dans un statut de paria. Depuis plus de cinquante ans, nous nous prononçons pour une Palestine laïque et démocratique sur tout le territoire de la Palestine, dans un régime politique fondé par les intéressés eux-mêmes, sur la base du respect des principes d'égalité des droits, de refus de toute exclusion et de toute discrimination pour tous. Il nous est opposé le « réalisme » des accords d'Oslo et autres combinaisons. Peut-on ne pas constater que ce prétendu « réalisme » se réduit à la sanglante impasse dans laquelle aujourd'hui – et chaque jour davantage – s'enfonce toute la région ?

Le peuple palestinien s'est vu imposer cette deuxième Intifada, seule voie pour conquérir les droits pour toutes et tous, y compris pour la composante ouvrière qui supporte les discriminations imposées par l'État israélien. Les statistiques montrent que la majorité de ceux qui sont en prison du fait de cette deuxième Intifada, sont des ouvriers, ouvriers agricoles, ouvriers du bâtiment, ouvriers industriels, la population arabe de l'État d'Israël qui exige d'être reconnue comme une partie de l'ensemble du peuple palestinien. Y a-t-il une autre solution positive que la République palestinienne, laïque, intégrant tout le territoire de la Palestine ? Et qui, en premier lieu, a intérêt à cette solution humaine, sinon les travailleurs exploités, les déshérités, quelle que soit leur religion ou leur « ethnie », comme on dit maintenant ?

PIERRE LAMBERT : On le voit : on peut rester fidèle toute sa vie à la lutte de classe mondiale. Comme on peut y renoncer. Chacun a suivi son chemin. Jospin et d'autres ont suivi le leur. Nous avons suivi le nôtre. Mais je voudrais rectifier ce que Claude Askolovitch écrit dans son livre [1] :

*« Lionel voit la fin de son parcours à l'ENA. Il va entrer aux Affaires étrangères. Il y sera un diplomate modèle, consciencieux, inventif et engagé. Pour l'OCI, il est un investissement, posté au cœur de l'appareil d'État, un agent, dormant ou à activer, un croyant au cœur du système. (...) Attendre son heure. Le militant secret pourra rendre des services, donner une information, aider à faire passer un message. Il doit se tenir prêt. S'il est une bombe, elle est à retardement. »*

C'est là le portrait – quoi qu'en pense l'auteur – de quelqu'un qui va devenir une « taupe ». Ce que Jospin n'a pas été. Jospin s'est affilié à la section française de la IVe Internationale pour œuvrer comme militant à la construction d'une organisation se fixant pour tâche et objectif d'aider le prolétariat à s'émanciper par ses propres moyens. Jospin est entré dans le PS pour appuyer et renforcer la politique de rupture avec le capitalisme. Le militant Jospin faisait sien, comme tous les militants de l'OCI, l'objectif du marxisme défini par Marx : aider « le mouvement de la classe pour réaliser ses intérêts sous une forme générale... ». Ces lignes ont

1. Livre intitulé *Lionel*, et où l'auteur s'efforce de regrouper les informations sous un angle psychologique, fort discutable par ailleurs.

été écrites le 23 novembre 1871, juste après la Commune de Paris. La forme générale la plus élevée pour réaliser les « intérêts de la classe » a été analysée par Marx dans *La Guerre civile en France* où il établit que l'État-Commune (ce que sera la République des conseils de 1917) doit se substituer à l'État bourgeois[1].

DANIEL GLUCKSTEIN : L'OCI des années 60, à laquelle Jospin a adhéré, c'est, répétons-le, la section française de la IVe Internationale fondée sur le programme du marxisme. Quiconque est un petit peu familier du marxisme connaît la position des marxistes sur l'État : un instrument d'oppression entre les mains de la classe dominante, pour opprimer et exploiter la classe ouvrière. On ne « s'investit » pas au cœur de l'appareil d'État, ou alors ce serait un investissement en pure perte. On n'investit pas l'appareil d'État, tout simplement parce que l'appareil d'État ne peut pas se modifier de l'intérieur. L'État ne se laisse pas manipuler.

Les militants de la IVe Internationale combattent pour en finir avec l'oppression de l'État bourgeois, pas pour le prendre entre leurs mains. Ceux qui « investissent » l'État, ce sont les dirigeants du Parti socialiste, du Parti communiste. Le bilan des vingt dernières années est là pour le prouver : tous ceux qui croient « investir » l'État finissent, en réalité, par être investis par lui. Ils se transforment en respectables hommes d'État – quelles qu'aient été leurs promesses, voire leurs illusions, y compris sur eux-mêmes – parce que, croyant investir l'État, ils ont été investis par lui. On est à des années lumières du marxisme... Au fait : s'il suffisait « d'infiltrer une taupe » au sein de l'appareil d'État pour que, le jour venu, se dévoilant pour ce qu'il est, le militant révolutionnaire grimé en homme d'État prenne les rênes du pouvoir et les

1. Voir en annexe le discours commémoratif du 130e anniversaire de la Commune de Paris, pp. 265-272.

mette au service de la révolution... cela se saurait ! On ne détourne pas l'État comme un Boeing 737. Même si on parvient à la cabine de pilotage. L'État ne se laisse manœuvrer que par ceux qui respectent ce pour quoi il s'est constitué : garantir la continuité du système d'exploitation.

Ce point de vue de la IVe Internationale sur l'État et ses institutions fait, constamment, l'objet de discussions dans nos rangs. À l'époque où, selon ce qui apparaît comme un bobard, Lionel Jospin serait entré dans l'appareil d'État comme *« un agent dormant ou à activer »*, il estimait, comme tous les militants de l'OCI, que la tâche centrale des révolutionnaires était de mener « *la lutte contre l'intégration des syndicats dans l'État* », sans laquelle il ne peut y avoir *« de lutte pour la révolution socialiste »*. Nous dénoncions déjà, à l'époque, dans des analyses collectives, *« le rôle atomisateur de l'impérialisme décadent et de l'État à notre époque »*, constatant que :

*« La bourgeoisie a pour elle un objectif politique clair : briser le prolétariat ; un instrument puissant : l'appareil d'État ; des atouts : ses agences dans le mouvement ouvrier. »*

PIERRE LAMBERT : Comme on le voit, aucune illusion sur la possibilité de coloniser l'appareil d'État pour en faire autre chose qu'un instrument de la bourgeoisie pour briser la classe ouvrière. Ce point de vue était partagé par tous, y compris par Jospin. Répétons-le : Jospin n'était pas une taupe, mais il s'est délibérément placé du côté de ceux qui, avec le MEDEF et la droite, entendent « briser le prolétariat ». « Autant en emporte le vent. »

Les lignes qui précèdent permettent de répondre aux nombreux journalistes qui nous posent la question : pourquoi Jospin a-t-il fait cela ? Comment caractériser son évolution ? Lors d'une interview avec les journalistes de *L'Express* (interview dont une partie a été publiée par *L'Express*, mais nous nous référons ici au texte intégral tel que nous l'avons enregistré), un échange a lieu à ce sujet :

« Journaliste : *Comment caractérisez-vous l'évolution politique de Jospin ?*

Pierre Lambert : *Je ne comparerais pas Jospin à Staline* [1], *je ne suis pas un calomniateur. Mais pour répondre à votre question, j'aurais recours à un parallèle. Dans les différentes interviews et questions qu'on posait à Léon Trotsky, on lui demandait : comment se fait-il que vous ayez perdu le pouvoir ? Trotsky avait été commissaire du peuple à la guerre, il avait chassé les armées blanches, et réussi, avec Lénine et le Parti bolchevik, avec l'aide du prolétariat russe, à installer l'Union soviétique. Puis il a perdu le pouvoir. Ça pose problème. Trotsky répondait en substance, j'interprète, ce n'est pas exactement ce qu'il disait : pour moi, le pouvoir n'est pas un objet de consommation. Il sert à des fins sociales.*

Journaliste : *Mais votre réponse par rapport à Jospin ?*

Pierre Lambert : *Je vais vous dire ce que je pense de Jospin. Trotsky dit en substance : le pouvoir sert à des fins sociales. Ces fins sociales, chacun les choisit comme il l'entend. Pour Trotsky, ces fins sociales étaient déterminées par la construction d'une société sans classe et sans État, sur la base de la lutte de classe. Trotsky ajoutait : "Il se trouve que j'aurais pu prendre le pouvoir en 1924, c'est vrai. Si j'avais pris le pouvoir, c'est moi qui aurais été à la place de Staline. Et si on avait prédit les crimes sans nom dont Staline s'est couvert, il aurait protesté, il aurait été sincère. Mais il avait le choix, comme moi."* »

Jospin n'est pas Staline. Il est, répétons-le, devenu un auxiliaire de la classe des capitalistes, imposant aux travailleurs baisse du coût salarial, destruction des

1. Staline a, d'ailleurs, été, jusqu'à la quarantaine, un militant révolutionnaire.

conquêtes sociales arrachées par la lutte de classe. On comprend donc que la question n'est pas le pouvoir pour le pouvoir, mais à quelles fins sociales il sert. Encore une fois, sans comparer le moins du monde Jospin et Staline, force est de constater que pour le Jospin des années 80 et 90, puis pour le Jospin qui dirige le gouvernement de gauche plurielle, le « pouvoir » sert à des fins précises : mettre en œuvre une politique tout entière dictée par les multinationales, par le Fonds monétaire international, par la Banque mondiale, par l'Union européenne, une politique qui, à Moulinex, à Alstom, à Bull, à Péchiney, à AOM, se traduit concrètement dans la dévastation sociale qui frappe la classe ouvrière. Une politique qui, lorsqu'on regarde les hôpitaux, la Sécurité sociale, l'école, remet en cause tous les acquis de la civilisation humaine. Et c'est, pour nous, la seule question qui compte : quelles conséquences pour les masses ?

Nous n'avons, répétons-le, pas plus sur ce plan que sur d'autres, de compte personnel à régler avec qui que ce soit. La question de la rupture de tel ou tel avec le mouvement ouvrier dont il est issu n'est pas un phénomène nouveau.

DANIEL GLUCKSTEIN : Il faut, je crois, le répéter : il n'y a rien de personnel dans les « différends » entre le Premier ministre et l'organisation dont il est issu et qu'il a quittée pour accéder à ce qu'il estime être les plus hautes fonctions de l'État. Pour notre part, nous combattons résolument, implacablement la politique du gouvernement pluriel qu'il dirige, parce que c'est une politique de misère et de régression sociale. Parce que c'est une politique dont les conséquences sont chaque jour plus douloureuses pour les travailleurs et les peuples, non seulement de notre pays, mais du monde entier, confrontés à la croisade américaine de George Bush, dans laquelle Lionel Jospin comme d'ailleurs son « concurrent » Jacques Chirac ont accepté de s'enrôler.

On nous a souvent posé la question : allez-vous

appeler à voter Jospin ? Certainement pas. Mais si demain, des circonstances exceptionnelles amenaient le Parti socialiste ou Lionel Jospin à modifier radicalement leur politique ; si demain, Lionel Jospin proposait – et mettait en œuvre devant le pays – une politique qui consiste à dire « *j'arrête les privatisations, je renationalise ; je fais adopter et appliquer une loi interdisant les licenciements ; je rétablis la Sécurité sociale dans toutes ses prérogatives ; je mets en œuvre une politique de reconstruction des hôpitaux, des écoles et des services publics ; je me porte garant du Code du travail, des conventions collectives et des statuts* » ; si un pas était fait dans cette direction, alors, sans la moindre hésitation, et sans que puisse intervenir de quelque façon que ce soit le moindre ressentiment vis-à-vis du passé, nous soutiendrions une telle politique, nous soutiendrions le parti qui la met en œuvre, tout en gardant notre propre indépendance. Et nous appellerions à voter pour le candidat qui mettrait en œuvre une telle politique. Quand bien même s'agirait-il d'un ancien trotskyste. Quand bien même s'appellerait-il Lionel Jospin [1].

Mais il est vrai que, quoique pas absolument impossible, une telle hypothèse reste hautement improbable.

1. Ce n'est pas le lieu ici de le développer, mais il est bien évident que la décomposition du système capitaliste fondé sur la propriété privée des moyens de production entraîne avec elle la décomposition de toutes les formations politiques ; le Parti socialiste de 2001 n'a rien à voir avec ceux qui l'ont devancé. La tradition du socialisme français, quelque désaccord qu'on puisse avoir avec, la tradition de Blanqui, de Jaurès et de bien d'autres, n'a strictement rien à voir avec ceux qui, ayant accepté de se faire coloniser par le christianisme social dans les années 60-70, ont transformé le Parti socialiste, non plus en parti dont la base est une base ouvrière, mais en porte-parole de la petite-bourgeoisie à la mode, désireuse, par ailleurs, de mettre en œuvre les plans les plus destructeurs de déréglementation imposés par le capitalisme à l'échelle internationale. Il y a d'ailleurs un rapport direct entre cela et l'énorme courant d'abstention, qui, d'élection en élection, marque la situation politique française.

CHAPITRE 7

# Il fallait l'inventer : l'antimondialisation à 0 %

PIERRE LAMBERT : Nous avons montré, dans le chapitre précédent, ce que signifie le combat pour l'Internationale ouvrière, auquel l'actuel Premier ministre a renoncé pour mettre en œuvre la politique de la prétendue « Internationale socialiste ». Celle-ci n'est nullement incompatible avec une certaine rhétorique « antimondialisation ». C'est ainsi que Jospin prend bien soin de participer, par l'intermédiaire de ses ministres, aux fameux forums de Porto Alegre : un ministre pour le forum 2001, au moins quatre – dont l'ex-trotskyste Mélenchon – au deuxième forum, prévu en février 2002. Là, n'en doutons pas, les discours vont fleurir, cinq jours durant, pour dénoncer la « mondialisation ultra-libérale ». Mais, tout cela, pour mener à quoi ?

DANIEL GLUCKSTEIN : Les dramatiques événements survenus en Argentine dans les derniers jours de 2001 montrent à quels désastres aboutissent les « politiques d'ajustement structurel » imposées par le Fonds monétaire international et la Banque mondiale, en particulier l'exigence du remboursement de la dette externe. Ceci n'empêche pas la Banque mondiale, qui exige pour tous les pays et sous toutes les latitudes, le remboursement de la dette, de soutenir, en 2002, le forum social mondial de

Porto Alegre, comme elle l'avait fait en 2001, y incitant sur son site internet dans les termes suivants :

*« Chers collègues, vous trouverez ci-joint le premier bulletin du forum social mondial qui est une nouvelle perspective organisationnelle lancée en juin 2000 à Genève par des organisations majeures de la société civile. Ce forum a été institué comme la version populaire du sommet économique annuel réuni à Davos en Suisse dans le but de mobiliser contre les impacts sociaux perçus comme négatifs des politiques économiques néolibérales et de la mondialisation. »*

Il y a donc eu au début de l'année 2001, d'un côté le sommet de Davos des chefs d'État et de gouvernement, des institutions financières ; de l'autre, le forum social mondial de Porto Alegre. Mais est-il exact d'écrire : « d'un côté » et « de l'autre » ? À la question *« que pensez-vous du forum de Porto Alegre ? »* le directeur du forum économique de Davos répond [1] :

*« Le sommet de Porto Alegre n'est pas, pour nous, un concurrent. Nous partageons certaines des préoccupations des participants. Nous pensons néanmoins qu'il est plus efficace d'y rechercher une réponse ensemble plutôt qu'en circuit fermé... Il faut rétablir de nouvelles formes de partenariat, entre représentants des secteurs publics, privés de la société civile, il faut bâtir des structures permanentes de discussion. »*

Tout le monde soutient le forum social de Porto Alegre : de Kofi Annan, secrétaire général de l'ONU, jusqu'au *« Fonds monétaire international* [qui] *enverra un observateur au forum social de Porto Alegre » (Le Monde Économie,* 23 janvier 2001), et même jusqu'au P-DG de la multinationale capitaliste Vivendi Universal, Jean-Marie Messier, qui déclarait, en janvier 2001 sur France 2 :

1. *Libération*, 26 janvier 2001.

*« Si je suis invité à Porto Alegre, j'y vais certainement. »* Il ajoute (France 2) *« que Porto Alegre est un vrai phénomène (...). C'est un moyen d'instaurer et d'inciter un dialogue entre les entreprises et les représentants de la société civile, les organisations syndicales de type ONG (...). Personnellement, je suis à fond partisan de ce dialogue ».*

PIERRE LAMBERT : Grand acteur des privatisations des services de l'eau et d'autres services publics dans le monde, capitaliste et spéculateur, M. Messier – on le comprend – préfère, si possible, atteindre ses objectifs (tous dirigés contre la population laborieuse) par « le dialogue »... c'est-à-dire l'intégration. Mais le forum social de Porto Alegre est-il le lieu adapté pour cela ? À en croire la presse, Porto Alegre n'est-elle pas la plus grande ville gérée par des « trotskystes » ? Comment comprendre alors cet engouement du Fonds monétaire international, de la Banque mondiale, et des spéculateurs ?

DANIEL GLUCKSTEIN : Une nouvelle fois, il nous faut partir des faits, rien que des faits, et nous y tenir. C'est à Porto Alegre, au sud du Brésil (l'État de Rio Grande do Sul), que, pour la première fois, fut expérimenté un concept appelé à un fulgurant succès mondial : le « budget participatif ». Depuis, le « budget participatif » a été adopté par plus de 140 municipalités brésiliennes, certaines gérées par le Parti des travailleurs du Brésil, d'autres par différents partis de droite ou du centre. Dans d'autres pays, de nombreuses municipalités, par centaines, décident de s'engager dans cette voie... En France, le « budget participatif » est prôné par le PCF et la LCR, la gauche socialiste et Lionel Jospin, et les Verts, et Jean-Guy Talamoni, responsable des « indépendantistes corses », et un nombre croissant de responsables de droite.

Quant à la Banque mondiale, elle *« observe avec un intérêt croissant le modèle de gestion publique mis en œuvre à Porto Alegre. Le budget participatif est un processus pionnier qui peut aider de nombreux pays »*, a déclaré, le 31 octobre 2001, William Reuben, coordinateur du département des ONG et de la société civile à la Banque mondiale, au cours d'une rencontre avec le préfet (maire) de Porto Alegre, Tarso Genro.

Déjà, en 2000, la Banque mondiale avait publié un livre rédigé par deux des responsables de la municipalité de Porto Alegre, livre intitulé : *Budget participatif : l'expérience de Porte Alegre* [1]. Les deux responsables, Tarso Genro et Ubiratan de Souza y expliquent dans quelles conditions ils ont mis en place le budget participatif. Dans les premières années de leur gouvernement local, expliquent-ils, les dirigeants du Parti des travailleurs de Porto Alegre étaient confrontés à une difficulté :

*« Tous* [tous les habitants, NDR] *voulaient tout en même temps. Ils exigeaient que le gouvernement accomplisse les "promesses" électorales et qu'il commence "immédiatement" les travaux destinés à améliorer la qualité de vie de telle ou telle région, historiquement abandonnée par le pouvoir public municipal. »*

Eh oui... Dans cette métropole pauvre d'un pays pauvre, les travailleurs, les opprimés vivent dans des conditions souvent effroyables, entassés dans des favellas (des bidonvilles), souvent sans ressources. Lorsqu'ils portent à la tête de la municipalité de Porto Alegre une équipe du Parti des travailleurs, ils en attendent qu'elle accomplisse les engagements qu'elle a pris. En particulier, ils attendent de cette municipalité nouvelle qu'elle réalise immédiatement les travaux destinés à améliorer la qualité de vie. En un mot : ces travailleurs habitant Porto Alegre trouveraient normal qu'une municipalité ouvrière

1. Aux éditions Perseu Abramo.

respecte le mandat confié par les ouvriers. (À propos, n'était-ce pas là la position de Jospin, lorsqu'il est entré au PS pour y aider au combat pour « la rupture avec le capitalisme » ? N'est-ce pas ce à quoi il a précisément renoncé ?)

À cela, nos promoteurs du budget participatif objectent que *« le gouvernement ne disposait ni des ressources ni des projets »*. Et pourquoi ? Parce que *« l'argent en caisse ne permettait pas de mettre en œuvre immédiatement les travaux parce qu'il fallait auparavant payer les dettes »*.

Pierre Lambert : « Payer les dettes » ? Cette question est au cœur des problèmes qui accablent l'Argentine et, plus généralement les peuples d'Afrique, d'Asie, d'Amérique latine, de l'est de l'Europe depuis trois décennies. Une immense dette a été imposée aux peuples de ces pays, contractée sous la pression du Fonds monétaire international et de la Banque mondiale, des multinationales et des grandes banques. Officiellement, ces emprunts étaient supposés aider au développement de ces pays. En réalité, ils ont servi à financer des projets n'ayant aucun rapport avec les besoins vitaux des peuples concernés... mais permettant un enrichissement colossal d'une poignée de responsables locaux corrompus, des institutions financières prêteuses, des entreprises porteuses de ces « projets » et des grandes puissances capitalistes (États-Unis, France, Allemagne, Grande-Bretagne, etc.). Pour ces dernières, la dette constitue tout à la fois un instrument privilégié du pillage des pays concernés, et une emprise directe par le capitalisme financier et spéculateur sur toutes les ressources des pays, voués à la désolation et à la misère sans fin.

Depuis des décennies, le remboursement de cette dette « aspire » littéralement toutes les richesses de ces pays. La dette en Afrique a été remboursée cinq fois, six fois, sept fois... Et au nom du paiement de la dette, le

Fonds monétaire international, la Banque mondiale ont mis en place ces fameux « plans d'ajustement structurel » qui imposent, pour pouvoir rembourser la dette, de tailler à la hache dans des dépenses publiques déjà notoirement insuffisantes. D'où la liquidation en masse des services publics, des dispensaires, des hôpitaux, des écoles, la privatisation-destruction des infrastructures indispensables à la population. D'où l'Argentine.

DANIEL GLUCKSTEIN : Payer la dette ou ne pas la payer ? J'ai été partie prenante, en 1989, des travaux d'un Tribunal international pour juger des responsables de la dette. Ce tribunal, réuni à Lima (Pérou), s'est conclu par un verdict clair : les peuples ne sont pas responsables de la dette, ils n'ont pas à la payer, la seule politique conforme aux exigences des peuples et de la démocratie serait l'annulation pure et simple de la dette, son non-remboursement [1].

Au Brésil, comme ailleurs, la dette est imposée depuis des décennies comme un moyen de pillage, de destruction et de privatisation. Depuis la chute de la dictature au Brésil, les mobilisations populaires ont toujours lié le mot d'ordre : *« Non au paiement de la dette ! »* avec celui de : *« Non aux gouvernements qui font payer la dette ! »*

Mais le Brésil est un État fédéral. Chaque État (et à l'intérieur de chaque État, chaque municipalité) dispose d'une assez grande autonomie. Depuis plusieurs années, la loi impose que pour payer les intérêts de cette dette externe qui écrase le Brésil, gouvernements d'État et municipalités ont l'obligation de baser leur propre budget sur le remboursement préalable de leur propre

1. Lire à ce sujet *Le Fonds monétaire international une entreprise de pillage des peuples*, éditions Sélio, 1990, ainsi que le Cahier d'IO (supplément à *Informations ouvrières*, n° 1443) : *« 22, 23, 24 septembre 1989, Lima, Tribunal international qui a jugé les responsables des conséquences de la dette externe sur les peuples. Livre blanc. »*

dette vis-à-vis de l'État fédéral. Telle est la loi du pillage capitaliste : l'État fédéral brésilien doit prioritairement rembourser la dette aux grandes banques internationales garanties par le Fonds monétaire international et la Banque mondiale, et, à son tour, chaque municipalité doit, prioritairement, rembourser sa dette vis-à-vis de l'État fédéral afin que celui-ci rembourse sa dette auprès du Fonds monétaire international.

De 1993 à 2000, la municipalité de Porto Alegre a accepté de se soumettre à cette loi inique. En conséquence, elle a transféré au gouvernement fédéral de Cardoso 38 millions de reals (plus de 150 millions de francs français) puisés dans les fonds de la municipalité de Porto Alegre afin que puisse être remboursée la dette du Fonds monétaire international et de la Banque mondiale. Cela correspond à 1 520 unités d'habitations populaires dans une ville où des centaines de milliers sont « logés » dans des conditions misérables dans ce qu'on appelle les « villas » (les favellas de Porto Alegre, les bidonvilles). 38 millions de reals, cela aurait permis de financer 317 kilomètres d'égouts, ces égouts dont l'absence est le cauchemar des populations des favellas de Porto Alegre soumises à de permanentes et dévastatrices inondations.

Ce prélèvement annuel opéré sur le budget municipal au titre du paiement de la dette est passé de 2,28 millions de reals en 1993 à plus de 13 millions de reals en 2000. Or les travailleurs et la population qui avaient élu cette municipalité « de gauche » du Parti des travailleurs à la tête de la ville de Porto Alegre, l'avaient fait pour que la priorité absolue soit donnée à leurs besoins. Ils avaient élu cette municipalité pour qu'elle cesse de payer cette dette injuste, pour qu'elle se dresse contre cette loi injuste qui livre les finances locales au pillage du Fonds monétaire international et de la Banque mondiale. Loin de s'opposer et de résister, la municipalité de Porto Alegre a, loyalement et efficacement, remboursé la dette au Fonds monétaire international, via la dette au gouvernement fédéral.

Pierre Lambert : Où est la « démocratie participative » là-dedans ?

Daniel Gluckstein : Nous y arrivons. Car, pendant le même temps, les travailleurs et les habitants confrontés au manque tragique de logements, de crèches, d'écoles, de postes, de santé, se sont vus invités à... « participer ». Participer à quoi ? Participer à l'élaboration du budget, ou, du moins, à 17 % du budget, qui font l'objet de « débats » dans des assemblées à différents niveaux. À travers ces « débats », la population peut « choisir » quelle priorité doit être retenue. Par exemple, faut-il en priorité réparer les égouts, dont l'effondrement provoque régulièrement des catastrophes mortelles dans les bidonvilles et les quartiers populaires, ou bien payer les fonctionnaires (à qui il arrive parfois de ne pas être payés pendant quatre à cinq mois, voire huit mois !) ? Faut-il se résoudre à fermer le dispensaire du quartier – ce qui veut dire priver des milliers de familles ouvrières d'un minimum de soins – et assurer l'installation de l'eau courante ? Faut-il faire l'inverse ?

La manière même dont se passe le processus participatif mérite d'être rapportée. D'abord la municipalité se réunit discrètement avec des experts. Là elle met en place ce qu'on appelle la « phase préparatoire ». Ensuite, la population de Porto Alegre (qui est une ville de plus d'un million d'habitants) est invitée à se réunir par zone ou quartier, en assemblée. C'est ce qui est donné en modèle de participation populaire. Que se passe-t-il dans ces réunions de zone et de quartier ? Les habitants présents viennent, porteurs de demandes urgentes : il faut réparer absolument l'égout de la rue, ou assurer la réfection de l'école, ou la construction de logements, etc. Chaque projet est soutenu par une liste.

En cas de compétition entre plusieurs listes, pour l'élection des délégués au conseil du budget participatif de Porto Alegre, l'écrémage est prévu de la manière suivante : tout projet qui recueille moins de 25 % des présents n'a aucun conseiller pour le Conseil du budget participatif. Tout projet qui recueille entre 25 et 37,5 % a droit à un conseiller suppléant. Tout projet qui recueille entre 37,6 et 44,9 % a droit à deux conseillers suppléants. Et tout projet qui recueille de 45 à 55 % des participants a droit à un conseiller titulaire et un conseiller suppléant.

C'est ainsi que la population d'un quartier déshérité doit d'abord écarter toute une série de projets pour n'en retenir qu'un. La « démocratie participative » est « participative » en ceci que la population « participe » à l'élimination de ses propres revendications urgentes et vitales. Participative, elle l'est donc. Mais où est la démocratie ? Encore le projet retenu est-il loin d'être adopté. Car le même processus d'écrémage à lieu au deuxième niveau, celui du conseil de zone, puis, enfin au Conseil du budget participatif. Et lorsque enfin, par écrémages successifs, c'est-à-dire par élimination successive de projets indispensables pour la population, on en arrive au Conseil du budget participatif de Porto Alegre alors, éventuellement, une revendication parmi les centaines, parmi les milliers sera sélectionnée. Toutes les autres seront de ce fait écartées. Et cette politique, qui tourne le dos aux besoins urgents de la population, aura gagné le label « démocratie participative » puisqu'on aura réussi à associer la population à l'élimination de ses propres besoins !

On comprend que Tarso Genro, maire de Porto Alegre, ait déclaré lors de ses innombrables visites promotionnelles en France :

*« En principe nous n'avons pas besoin d'un conseil municipal, il suffit que l'exécutif se débrouille avec les Conseils du budget participatif. »*

C'est vrai que le résultat est spectaculaire. Ajoutons que la politique de budget participatif s'étend aux relations avec les salariés de la municipalité. En septembre 2000, le coordinateur général du cabinet du budget et du plan de la municipalité de Porto Alegre, André Pasos Cordiro explique que la municipalité entend *« perfectionner les liens du gouvernement avec le mouvement social dans le cadre du budget participatif »*. De quoi s'agit-il ? D'établir des relations bilatérales avec les organisations syndicales ? De négocier avec elles ? Certainement pas. Il s'agit *« d'intégrer la question de la politique salariale, par exemple dans la discussion générale du budget, avec l'ensemble des acteurs sociaux »*. Autrement dit, les organisations syndicales sont sommées, à leur tour, de s'intégrer dans les Conseils participatifs. On leur ordonne de soumettre les revendications des personnels municipaux au Conseil participatif au même titre que l'ensemble des revendications de la population... afin d'y être, comme le reste, « participativement éliminées » ! Telle est la loi de la « démocratie participative ». Certaines organisations syndicales qui, dans les premiers temps du budget participatif de Porto Alegre, ont accepté de participer à cette opération (et, de ce fait, ont renoncé à organiser le combat pour les revendications), ont été purement et simplement détruites comme organisations syndicales.

Ce budget participatif est donc une opération à « deux bouts » : d'un côté, on paye la dette du Fonds monétaire international et de la Banque mondiale, en imposant une politique de rigueur et de destruction anti-ouvrière ; de l'autre on « associe » la population à la définition et à la mise en œuvre de cette politique. On comprend que le Fonds monétaire international et la Banque mondiale applaudissent à cette politique ! On comprend que Jospin envoie ses ministres étudier un modèle si séduisant d'intégration corporatiste.

Quelles en sont les conséquences pratiques ? De 1991 à 2000, la municipalité de Porto Alegre a augmenté de 350 % la recette de l'impôt sur les services, impôt qui rejaillit directement sur la population qui doit le payer à travers les tarifs des services ; de même, elle a augmenté de 400 % l'impôt sur la propriété qui est payé pour toute habitation, même la plus modeste. Chiffres qui découlent directement de la décision d'augmenter de 5 à 600 % le remboursement de la dette externe.

Dans le même temps, la municipalité de Porto Alegre a mis en œuvre, scrupuleusement et loyalement, toute la panoplie des recettes préconisée par la Banque mondiale et le Fonds monétaire international au nom de la réduction des dépenses publiques : privatisations, partenariats, conventions. Dans le seul budget de l'année 2000, les transferts du budget municipal vers des institutions privées s'élèvent à plus de 6 millions de reals pour l'éducation (c'est-à-dire une fois et demie le budget d'investissement de la municipalité pour les écoles publiques), plus de 5 millions de reals pour la santé (deux fois le budget d'investissement de la municipalité pour les hôpitaux et les postes de santé publique).

Durant le même exercice, la collecte des ordures a été totalement privatisée, et le programme de santé familiale transféré à des associations, médecins et infirmières étant désormais embauchés sous contrat au lieu de la situation antérieure de service public de santé. Le programme de crèches, lui, a été transféré à des associations et ces crèches dites « communautaires » ne disposent plus ni du personnel ni de l'infrastructure des crèches municipales.

Appliquant rigoureusement la politique de municipalisation de la santé décrétée par le gouvernement Cardoso sur ordre du Fonds monétaire international (dans le cadre d'une politique de destruction du service public national de santé), la municipalité de Porto Alegre a accepté d'imposer à la population le transfert sur le budget municipal d'une part croissante des dépenses de santé abandonnée par l'État. C'est ainsi qu'en 1999 et 2000, les versements de l'État au titre de cette municipalisation de la santé ont diminué de plus de 300 millions de reals tandis que les dépenses n'ont cessé d'augmenter, atteignant plus de 400 millions de reals. Pour la seule année 2000, ce sont donc plus de 100 millions de reals soustraits au budget municipal. Combien de postes de santé, de médecins, de dispensaires qui manquent cruellement à la population des favellas aurait-on pu ainsi financer ?

Il en est de même de la loi de « responsabilité fiscale ». Depuis 1999, le gouvernement Cardoso impose de limiter à 60 % la part de la recette municipale consacrée aux salaires et retraites des fonctionnaires municipaux. La municipalité de Porto Alegre se vante de ce que, grâce au budget participatif, elle a pu imposer *« des critères plus rigoureux »* puisque seulement 48 % de la recette municipale sont consacrés aux feuilles de paie des fonctionnaires municipaux actifs et retraités. (On remarquera que la Banque mondiale elle-même se félicite dans le livre qu'elle publie sur Porto Alegre de ce que *« l'autre création universelle du budget participatif est la création d'une sphère publique non d'État »*, autrement dit : la privatisation via les ONG.)

La prétendue « démocratie participative » (et son budget participatif), c'est la négation de la démocratie. Ce système n'est que l'expression achevée d'une politique corporatiste qui vise à intégrer les organisations ouvrières dans la mise en œuvre des diktats du Fonds monétaire international et de la Banque mondiale.

On comprend que la Banque mondiale vante les mérites du budget participatif. On comprend que le « forum social mondial de Porto Alegre » soit financé par les institutions internationales. On comprend que le Fonds monétaire international, la Banque mondiale, les grands groupes capitalistes aient intérêt à ce que le plus grand nombre possible de municipalités mette en œuvre ce budget participatif, moyen efficace de faire passer leur politique de pillage et de paiement de la dette.

Soulignons le fait que le budget participatif, forme achevée de l'intégration corporatiste détruisant les organisations ouvrières, a été « inventé » et mis en application par le courant « Démocratie socialiste » du Parti des travailleurs du Brésil. Ce courant, c'est l'organisation affiliée au Secrétariat unifié, le regroupement international dont est membre, en France, la LCR d'Alain Krivine. Cela éclaire, avec le recul, tout ce qui était contenu dans la crise qui a frappé la IVe Internationale voilà cinquante ans.

PIERRE LAMBERT : Ceci nous ramène à la question : avec quoi Jospin a-t-il rompu en rompant avec la IVe Internationale ? Car, bien que la forme concrète ne pût être pronostiquée par avance, l'évolution du courant dit « Secrétariat unifié » était, quant au fond, prévisible. Naguère, nous étions tous d'accord sur ce point. Je rappelle que le SU, organisation « mère » de Porto Alegre, d'Attac et de Krivine, trouve son origine dans les positions développées à partir de 1950 dans la IVe Internationale par son secrétaire d'alors, Michel Pablo. Ses positions s'étaient en particulier exprimées dans les thèses adoptées par le IIIe Congrès mondial de la IVe Internationale, thèses contre lesquelles voteront les seuls délégués de la majorité du PCI, section française de la IVe Internationale (devenue ensuite OCI, puis Courant communiste internationaliste du Parti des travailleurs).

Je me permettrai de citer ici un extrait d'un document, déjà ancien, dans lequel nous résumions le contenu de la rupture de 1950-1953 :

*« On sait que le point de départ de la construction que Pablo et ses partisans opposent au programme de la IVe Internationale, c'est l'affirmation que la Troisième Guerre mondiale va inévitablement éclater dans de très courts délais. Mais les questions politiques à travers*

*lesquelles le révisionnisme pabliste s'exprime ne doivent pas être confondues avec l'essence de ce révisionnisme. Celui s'exprime clairement dans la conception que Pablo a de cette guerre qui vient,* "guerre civile internationale", *elle sera la* "guerre-révolution", *c'est-à-dire la forme originale, non prévue, du renversement du capitalisme à l'échelle internationale. Renversement qui ne sera donc pas le résultat de la révolution prolétarienne, car la notion de "guerre-révolution" élimine comme facteurs décisifs de la transformation de la société la conscience et l'organisation de la classe ouvrière, auxquelles se substitue comme direction révolutionnaire,* de facto, *la bureaucratie stalinienne. À travers toutes ses variations, le pablisme restera fidèle à cet abandon du rôle décisif de la conscience et de l'organisation de la classe ouvrière, donc à la conception marxiste du prolétariat et de la lutte des classes. L'axe de ce révisionnisme radical était donné dans* "Où allons-nous ?" :

"La réalité sociale objective, pour notre mouvement, est composée essentiellement du régime capitaliste et du monde stalinien. Du reste, qu'on le veuille ou non, ces deux éléments constituent la réalité objective tout court, car l'écrasante majorité des forces opposées au capitalisme se trouvent actuellement dirigées ou influencées par la bureaucratie soviétique."

*Les thèses du III^e^ Congrès mondial reprennent cette conception :*

"Les conditions objectives déterminent à la longue le caractère et la dynamique du mouvement des masses qui, porté à un certain niveau, peut avoir raison de tous les obstacles subjectifs dans la voie de la révolution. Cette conception continue d'être à la base de notre optimisme envers le PC."

*Ainsi, les "conditions objectives" qui se ramènent à l'antagonisme URSS-États-Unis, la lutte des classes étant réduite à un rôle annexe (...), suffisent à l'accomplissement des tâches de la révolution socialiste. Malgré elle, la bureaucratie stalinienne devenait l'instrument de la révolution, elle s'imposait comme le substitut à la direction révolutionnaire du prolétariat.*

*(...) Le processus objectif révolutionnaire se suffit à lui-même, il n'est besoin que de l'aider de notre mieux. Cette "aide" c'était "l'entrisme* sui generis*" qui n'était pas une tactique, reprenant dans des conditions nouvelles celle élaborée par Léon Trotsky en 1934, mais une stratégie de liquidation de la IV*e *Internationale, de dissolution de ses forces organisées* [1]. »

1. Cette révision du marxisme, Pablo et ses partisans en tirent et en annoncent les conséquences pratiques : indépendamment de la sauvagerie et de la barbarie du stalinisme, si l'appareil stalinien est le seul capable d'ouvrir la voie à un régime social progressiste, alors il est légitime de se placer sous sa discipline. C'est ce que Pablo et ses partisans vont chercher à imposer à la IVe Internationale et à sa section française. Pour eux, la tâche de l'heure est « l'entrisme *sui generis* » dans les partis communistes : il faut s'immerger profondément dans les partis communistes puisque ceux-ci sont porteurs de la transformation sociale et, pour ce faire *« les "ruses" et les "capitulations" sont non seulement admises, mais nécessaires »* (la citation est de Pablo lui-même dans ses textes de l'époque). La section française de la IVe Internationale, dans son immense majorité, résiste à cet ordre qui lui est prescrit d'entrer dans le Parti communiste. Il ne s'agit pas simplement d'un débat d'idées. La direction d'alors de la IVe Internationale, dirigée par Pablo et par Mandel (le père politique de Krivine), cherche à imposer de manière autoritaire l'entrée dans les partis communistes. Parce qu'elle refuse cette entrée, la majorité de la section française de la IVe Internationale est exclue de l'Internationale. Cette scission s'étend à différents pays. En 1953, la IVe Internationale se trouve coupée en deux : d'un côté, les forces autour de Pablo (d'où la dénomination de « pabliste ») qui cherchent à l'entraîner dans une voie de subordination toujours plus étroite aux sommets du stalinisme, chargé d'une « mission historique » ; de l'autre côté, les forces qui résistent travaillent à reconstituer la IVe Internationale sur la base de son programme et de sa continuité. Cette crise durera des décennies. Il faudra attendre 1993 pour que la IVe Internationale puisse être reproclamée, et 1999 pour que se tienne à nouveau un Congrès mondial de la IVe Internationale, le premier depuis plus de quarante-cinq ans. De leur côté, les forces regroupées au sein du Secrétariat unifié de Mandel et Krivine vont poursuivre sur le cours qui est le leur et qui conduit à Porto Alegre.

Ces citations sont extraites du rapport sur la situation internationale et les perspectives révolutionnaires, préparatoires au XX$^{e}$ Congrès de l'OCI [1], en novembre 1975. Si nos souvenirs sont exacts, nous étions à l'époque tous d'accord, y compris le camarade Jospin, sur cette appréciation commune de notre histoire et des raisons impérieuses qui avaient conduit la section française à engager la bataille contre le révisionnisme pabliste.

DANIEL GLUCKSTEIN : Et cette appréciation commune recoupait d'ailleurs l'attitude par rapport au stalinisme. En effet, en ce début des années 50, lorsque le débat fait rage dans la IV$^{e}$ Internationale, la principale accusation portée contre notre courant était d'être « stalinophobe » (le terme est utilisé dans les bulletins intérieurs de la IV$^{e}$ Internationale). Curieux aveu... Comme si la « stalinophilie » était une qualité révolutionnaire ! Avec Trotsky, nous avons toujours considéré le stalinisme comme la *« syphilis du mouvement ouvrier »*. Ouverts au débat et au front unique avec les militants communistes (que nous n'avons jamais confondus avec les sommets de l'appareil stalinien), nous estimions, en revanche, que le stalinisme n'avait aucune « mission historique progressiste » du point de vue de la classe ouvrière. Ceci s'est d'ailleurs vérifié. Ce débat est clos : historiquement, la bureaucratie stalinienne a rempli très exactement la mission dont Trotsky avait analysé qu'elle serait la sienne. Elle a ouvert la voie au rétablissement du capitalisme en URSS et à l'est de l'Europe, un capitalisme d'un type particulier, mafieux et décomposé.

PIERRE LAMBERT : C'est vrai, l'histoire a tranché. Je remarque que lorsqu'il a été interpellé sur son passé, Jospin a souligné qu'il n'avait jamais été un stalinien, et, même, que son engagement avait été, notamment,

1. *La Vérité*, n° 569, novembre 1975.

motivé par son rejet du stalinisme. C'est exact. Qu'en est-il aujourd'hui ? Jospin rend visite à l'ex-KGBiste Poutine et élabore en commun, avec lui, les éléments d'une politique internationale fondée sur les privatisations et le pillage. Pour notre part, nous travaillons à bâtir et la section russe et la section ukrainienne de la IVe Internationale. Cette dernière a commémoré l'anniversaire d'Octobre 1917, en novembre 2001, à Kiev, dans une manifestation où elle brandissait les photos de Lénine et de Trotsky, et lançait des slogans contre les privatisations. Qui a changé ? Qui est resté fidèle ? Qui, en France, prend pour ministre le « communiste » Gayssot, grand privatiseur de la SNCF, fier de ses excellentes relations amicales aussi bien avec l'ambassadeur de Clinton à Paris (lequel a déclaré que s'il était français, il voterait pour Gayssot aux élections de Béziers), qu'avec le président-directeur général de General Electric ?

Cela m'amène d'ailleurs à une autre réflexion, en relation, toujours, avec cette période des années 70. Le rapport préparatoire au 20e congrès de l'OCI, déjà cité, aborde longuement les problèmes de la révolution portugaise, surgie le 25 octobre 1974. Ce n'est évidemment pas le lieu ici de revenir sur tous les développements de cette révolution portugaise, qui fut la dernière révolution prolétarienne classique en Europe. Mais il me semble intéressant de rappeler que dans ce rapport écrit en 1975, nous revenions sur les grandes étapes qui avaient marqué cette révolution prolétarienne ouverte dix-huit mois plus tôt. Et, en particulier, sur ce moment important qui avait vu, au cours de l'été 1975, l'immense majorité du prolétariat portugais se détourner du parti stalinien qui cherchait à lui imposer le soutien au mouvement des forces armées, c'est-à-dire un appareil issu et appuyé sur l'appareil militaire salazariste. Il y avait eu, au cours de cet été 1975, un mouvement par lequel l'immense majorité des masses ouvrières et populaires du Portugal s'était tournée vers le Parti socialiste, en le chargeant, par leur mobilisation, d'ouvrir la voie à un gouvernement socialiste, rompant avec l'appareil de la dictature militaire, garantissant les libertés démocratiques et l'indépendance des syndicats (pour ceux qui s'en souviennent, c'était en particulier la fameuse affaire du journal *Republica*).

Nous n'avions aucune illusion particulière sur le Parti socialiste, mais nous comprenions ce mouvement qui amenait les masses à chercher à utiliser les partis qu'elles ont constitués pour imposer la rupture, en l'occurrence avec les débris de la dictature salazariste et avec le régime d'exploitation capitaliste en général. Le rapport déjà cité écrit en 1975 insistait sur notre responsabilité, comme militants trotskystes, d'être partie prenante de ce processus de rupture, d'aider les masses à combattre, et, en même temps, sans jamais se subordonner aux politiques des dirigeants, mettait en garde sur la nécessité, au Portugal comme ailleurs, de se préparer ultérieurement à une rupture nécessaire si l'appareil cherchait à se tourner à son tour contre l'aspiration des masses.

Chacun peut se reporter au document que je cite ici. Je rappelle cela parce que cela permet d'éclairer l'ensemble des considérations de prudence et de perspicacité qui doivent guider toute politique tournée vers l'aide à la rupture. Lorsque Jospin, ou X ou Y, est entré au Parti socialiste en France, il y est entré pour conforter la politique dite de « rupture avec le capitalisme ». Pour la section française de la IVe Internationale, la rupture avec le Parti socialiste devait être réalisée à partir du moment où la direction de celui-ci s'enfonçait dans la politique de rigueur. En renonçant à faire la politique pour laquelle il était entré dans le Parti socialiste, Jospin, répétons-le, se rangeait à une politique qui allait le conduire à devenir le Premier ministre d'un gouvernement qui, comme aucun de ses prédécesseurs, a privatisé, détruit la Sécurité sociale, etc.

DANIEL GLUCKSTEIN : Mais la question du combat pour la rupture, c'est aussi la nécessité du combat pour regrouper, largement, les courants, groupes et militants qui, sans se reconnaître dans le programme de la IVe Internationale, cherchent, eux aussi, la voie de la rupture avec le régime de la propriété privée des moyens de production et avec la politique des appareils ?

PIERRE LAMBERT : Tout à fait. C'est ce que, dans notre vocabulaire, nous avons appelé la lutte pour la « transition », dans la construction du parti et de l'Internationale.

DANIEL GLUCKSTEIN : Comment s'est exprimée pour la première fois cette méthode de la transition dans la construction du parti ?

PIERRE LAMBERT : Lors d'un congrès du PCI, section française de la IVe Internationale, en 1947-1948, j'ai proposé un amendement disant en substance : si, comme programme, le parti révolutionnaire ne se fera pas sans la IVe Internationale, il est impossible d'expliquer que la forme de ce parti sera obligatoirement le PCI. Je commençais à faire une distinction entre la section française qui, en toute circonstance, doit rester fidèle au programme, et le parti ouvrier indépendant à bâtir. Plus tard, cette réflexion s'est élargie à toute l'Internationale.

À partir du moment où, ayant constaté que se dégagent, avec les développements de la crise du mouvement ouvrier, des militants, des tendances, des courants qui ne sont pas trotskystes, mais qui cherchent une voie indépendante, le problème s'est trouvé posé de chercher à donner une forme d'organisation consciente à cette situation. Ainsi en 1966, lors de la conférence du Comité international de la IVe Internationale qui a eu lieu à Londres, nous avons adopté la première formulation de la « Conférence mondiale ouverte ».

Nous disions (nous disons) : pour notre part, nous nous prononçons pour la reconstruction de la IVe Internationale mais, en même temps, dans le cadre de la démocratie ouvrière, contre la notion même du parti unique, nous appelons à construire ensemble des partis ouvriers indépendants. Ainsi, par exemple, lorsque nous avons constitué le Comité d'organisation pour la reconstruction de la IVe Internationale, en juillet 1972, nous lui fixions pour tâche de reconstruire une centralisation politique de la IVe Internationale, en même temps que ses sections nationales et cela ne pouvait se faire que sur la base de la vérification du programme de la IVe Internationale se délimitant nettement du courant pabliste révisionniste qui avait joué ce rôle si néfaste dans sa dislocation. Mais la résolution constitutive du Comité international affirmait que celui-ci ne se limitait pas à cette tâche. En même temps qu'il se fixait de poursuivre le travail de construction des sections nationales de la IVe Internationale, il se fixait également de s'orienter vers *« la crise du mouvement ouvrier international qui dégagera du stalinisme, de la social-démocratie et des organisations nationalistes petites-bourgeoises des pays arriérés, des courants, fractions et groupes »* qui *« quelles que soient leurs origines politiques ressentent l'exigence pressante de la construction du parti révolutionnaire dans chaque pays et de l'Internationale ».*

Cette perspective reprise dans nos différentes conférences, réaffirmées dans le rapport préparatoire de 1975 déjà cité, visait à considérer que, de plus en plus, *« se dégageront des courants, fractions, tendances cherchant plus ou moins confusément à exprimer les processus révolutionnaires de la classe ouvrière, tendant à se dégager de la tutelle traîtresse des appareils, et cela, non seulement dans les organisations politiques et syndicales contrôlées par l'appareil du Kremlin, mais aussi dans les organisations social-démocrates ».* C'était là, en 1975, notre perspective commune à tous les camarades de la section française de la IVe Internationale, Jospin compris. C'est cette orientation, par étapes successives, qui nous a amenés à la Conférence mondiale ouvrière ouverte de janvier 1991 à Barcelone et à la formation de l'Entente internationale des travailleurs et des peuples proclamée sur la base d'un « Manifeste contre la guerre et l'exploitation ».

On le voit, c'est la même élaboration qui s'est exprimée en 1948, et qui nous a guidés en relation avec les événements.

DANIEL GLUCKSTEIN : Donc, on peut dire que sur les cinquante dernières années, sous des formes organisées qui ont été variables et différentes, le fil de continuité, c'est, d'une part, que les trotskystes ont le droit légitime et le devoir de regrouper leurs forces sur la base du programme vérifié par les événements, et qu'en même temps, ils ont la responsabilité de se lier à tous les courants qui, comme eux, cherchent à se situer sur le terrain de l'indépendance de classe, pour aider à reconstruire, au sens large, le mouvement ouvrier. Mais cela suppose que la démocratie ouvrière soit instaurée et respectée ?

PIERRE LAMBERT : Chacun a droit à sa propre expression dans le débat démocratique. Le fond de la question pour le mouvement ouvrier, c'est la démocratie ouvrière (d'ailleurs, la forme la plus élevée de la démocratie ouvrière, c'est la République des conseils). La démocratie ouvrière est liée à l'indépendance de classe. Il n'y a plus de mouvement ouvrier s'il n'y a plus d'indépendance. La préservation de l'indépendance exige la démocratie ouvrière sous toutes ses formes. À partir de là, c'est la libre discussion.

Bien entendu, je ne sais pas comment cela va se passer dans cette période de décomposition générale du mouvement ouvrier où tout doit être reconstruit (et où, en même temps, subsistent tous les éléments de sa reconstruction, y compris dans cette période très difficile). J'ai tendance à penser que la forme d'organisation la meilleure pour le mouvement ouvrier international, c'est l'organisation de la Ire Internationale. À l'époque de Marx, tendances, partis, organisations, se sont tous regroupés dans l'Internationale sous la devise toujours vivante : l'émancipation des travailleurs sera l'œuvre des travailleurs eux-mêmes, prolétaires de tous les pays unissez-vous. C'est cela, l'indépendance de classe.

DANIEL GLUCKSTEIN : C'est un fait que lorsqu'en 1991, nous avons constitué l'Entente internationale des travailleurs et des peuples, dans laquelle se retrouvent des organisations ouvrières de toutes tendances (y compris les sections de la IVe Internationale), nous avions en tête le précédent de la Ire Internationale. Depuis, l'Entente a mené de nombreuses campagnes, organisé nombre de conférences internationales ; elle a été à même, à plusieurs reprises, de s'ouvrir à d'autres secteurs du mouvement ouvrier, par exemple à de larges secteurs du mouvement syndical américain avec lesquels a été co-organisée la Conférence mondiale de San Francisco en février 2000 pour l'indépendance des organisations syndicales et les libertés démocratiques ; ou encore à d'autres secteurs du mouvement ouvrier, notamment en Allemagne, pour préparer en février 2002 la Conférence de Berlin contre la déréglementation et les privatisations ; ou encore avec des organisations de cheminots, dans la Conférence de Saint-Pétersbourg contre les privatisations.

Quelle que soit la forme de ces initiatives, le regroupement s'opère sur un seul critère : l'indépendance de classe. Sous une autre forme, la même méthode vaut pour la construction du parti. La constitution du Parti des travailleurs en France a regroupé et continue de regrouper, avec les militants trotskystes, des militants venus de tous les horizons du mouvement ouvrier. La reconstruction d'un parti ouvrier indépendant ne saurait en effet s'opérer sur le programme de la IVe Internationale, bien que, pour nous, ce programme réponde en termes de principes à la solution des principaux problèmes de l'heure. La reconstruction exige que sur une plate-forme commune (les quatre points de la charte du Parti des travailleurs [1]) puissent se rassembler des militants qui se revendiquent d'origines diverses : socialistes, communistes, trotskystes, anarcho-syndicalistes, ou encore simplement militants ouvriers sur une base d'indépendance de classe.

Le programme du Parti des travailleurs en France ne recoupe pas le programme de la IVe Internationale. Mais il n'y est pas contradictoire. C'est ainsi que les militants de la IVe Internationale peuvent se retrouver au sein du Parti des travailleurs, tout en étant organisés dans leur propre courant, le CCI du Parti des travailleurs. Ce qui est valable pour tous les courants qui se situent sur les quatre points de la charte du Parti des travailleurs. Sous des formes différentes, dans des situations nationales très différentes, ce sont des raisons comparables qui amènent les partisans de la IVe Internationale à participer à la construction d'un Labor Party appuyé sur les syndicats aux États-Unis ; à la construction d'un Parti des travailleurs au Brésil, dans le combat pour en garantir l'indépendance face au FMI et à la Banque mondiale. Et d'autres combinaisons dans différents pays. Avec un critère absolu : l'indépendance de classe.

PIERRE LAMBERT : Nous évoquions, au début de ce chapitre, la rhétorique « antimondialisation » du forum

1. Reconnaissance de la lutte de classe ; laïcité de l'école et de l'État ; indépendance réciproque des partis et des syndicats, abrogation des institutions de la Ve République et établissement de la démocratie dont le peuple définira lui-même la forme et le contenu.

social de Porto Alegre, rhétorique qui n'est nullement contradictoire – on l'a vu – avec l'accompagnement de la politique du Fonds monétaire international et de la Banque mondiale. Sous une autre forme, nous avons le même phénomène avec Attac et sa fameuse proposition de taxe Tobin.

J'avoue avoir été stupéfait d'apprendre qu'avec l'accord du Premier ministre, les députés socialistes, sous l'impulsion de Jean-Marc Ayrault, président du groupe socialiste à l'Assemblée nationale, ont soumis au vote du Parlement, en octobre 2001, la proposition d'une taxe sur les mouvements spéculatifs les frappant à hauteur de… 0 % ! 0 % ! Je ne sais ce qui l'emporte du cynisme ou du ridicule.

DANIEL GLUCKSTEIN : À y regarder de plus près, la « taxation » de la spéculation à hauteur de 0 % n'a rien d'accidentel. C'est la logique d'Attac et de la taxe Tobin que de ne rien faire qui dérange – autrement que dans les mots – le fonctionnement du système capitaliste fondé sur la propriété privée des moyens de production. Sinon, on ne peut pas comprendre que le célèbre spéculateur Soros ait déclaré début 2001 :

*« Je suis favorable à la taxe Tobin, c'est un moyen utile pour trouver des financements pour les projets des ONG. Cela va dans le sens de l'intérêt général. »*

Quand un spéculateur, capitaliste, exploiteur de cette envergure, évoque « l'intérêt général », les travailleurs ont intérêt à se méfier. Surtout que Soros n'est pas n'importe qui. Dans une biographie publiée le 6 décembre 1998 par le *New York Times*, je lis ce qui suit :

*« Soros, dont la fortune s'élèverait à 5 milliards de dollars, est dans une position unique pour aider à déterminer les règles du jeu dans certaines parties du monde, et il a construit sa fortune sur des marchés monétaires où les règles n'ont jamais été très claires. Lorsque la crise s'est développée en Russie en août dernier, par*

*exemple, Soros a mis sur pied son Rolodex, convoquant des politiciens russes influents et des représentants du Trésor américain par téléphone.*

*Il a fait pression pour une action internationale à grande échelle pour sortir la Russie d'affaire et pour la dévaluation du rouble pour doper l'économie russe en difficulté. Dans le même temps, Soros investissait 1 milliard de dollars dans une firme de télécommunications russe – par le biais d'un partenariat avec l'une des plus puissantes oligarchies russes – tout en investissant pour acheter des valeurs boursières russes et des roubles.*

*Le seul investissement dans la firme de télécommunications Svyazinvest l'a mis en relation avec Vladimir Potanin, le jeune directeur de l'une des plus grosses banques russes. Potanin est membre d'une clique d'hommes d'affaires russes puissante et politiquement influente, celle des "oligarchies". Ces hommes ont profité de toutes les profitables opportunités ouvertes par la privatisation en Russie, et ont utilisé des méthodes douteuses pour prendre le contrôle d'importantes firmes industrielles. "J'ai acheté parce que j'estimais que le capitalisme de voleurs était prêt à se transformer en un capitalisme légitime", déclare Soros au sujet de cet investissement.*

*Soros, un spéculateur agressif et audacieux, a dirigé à partir de 1969 et pendant deux décennies l'une des entreprises de ce genre les plus anciennes et qui a eu le plus de succès, le Quantum Fund. Installant son quartier général aux confins de l'île caraïbe de Curaçao, dont on connaît la souplesse en matière légale, Soros a souvent fait des bénéfices de plus de 30 % dans l'année et a obtenu des bénéfices annuels de plus de 100 %.*

*Bien sûr, il n'y a personne sur le marché pour faire cette démonstration mieux que Soros lui-même. Il a commencé à se faire connaître lorsque Quantum et des fonds associés, sur la base d'une masse d'argent emprunté, faisaient plus d'1 milliard de dollars de bénéfices en quelques semaines en pariant contre la livre anglaise. La Banque centrale britannique gaspilla ses réserves dans un effort inutile pour défendre sa monnaie. Cet épisode fit déraper l'Angleterre qui participait à une initiative européenne cherchant à rationaliser les taux de change, et donna son nom à Soros : "L'homme qui coula la Banque d'Angleterre."*

*C'est ainsi que Soros a décrit certaines formes de marchés financiers dérivés – un type d'investissement très volatil et complexe – comme l'équivalent d'une drogue, le crack. Il a pourtant spéculé lui-même dans ce secteur, en expliquant qu'il ne s'intéressait qu'aux variétés les plus simples de ces marchés. »*

Fondée sur une alliance entre *Le Monde diplomatique*, des secteurs de l'Église et de courants issus du PC et des membres de la LCR, l'association Attac a pour objet social officiel de promouvoir l'idée d'une taxation des mouvements spéculatifs de capitaux. La référence est ici la fameuse taxe Tobin. Rappelons que son inventeur lui-même, M. James Tobin, prix Nobel d'économie, a dit que sa proposition de taxe ne vise d'aucune manière à s'opposer au capitalisme et à la propriété privée des moyens de production mais, au contraire, à le réguler :

*« Les applaudissements les plus bruyants viennent d'une mauvaise direction : je suis économiste et, comme la majorité des économistes, je suis partisan du libre commerce. Je suis entièrement en faveur du Fonds monétaire international, de la Banque mondiale et de l'Organisation mondiale du commerce. »* (*El Païs*, 3 septembre 2001.)

Les médias du monde entier, ainsi que les gouvernements et les institutions assurent la promotion de l'association Attac. Partout et en toutes circonstances, Attac est mise en avant comme le « porte-parole des antimondialistes ». Mais Attac – et c'est la raison d'ailleurs de l'engouement des gouvernements, des institutions internationales qui ne ménagent pas leur soutien, y compris financier[1] – n'a pas pour objectif de remettre de quelque manière que ce soit en cause l'existence du régime social fondé sur la propriété privée des moyens de production.

L'organisation Attac, elle-même, dans une brochure intitulée *Tout sur Attac*, publiée aux éditions Mille et une nuits, définit ainsi sa raison d'être :

*« La mondialisation financière aggrave l'insécurité économique et les inégalités sociales (...). Il est urgent d'enrayer ce processus en créant de nouveaux instruments de régulation et de contrôle au plan national, européen et international. L'expérience indique assez que les gouvernements ne le feront pas sans qu'on les y encourage. »*

Il s'agit donc « d'encourager les gouvernements » à mettre en place « des instruments de régulation et de contrôle » de la mondialisation. Comment ?

*« Ainsi la revendication de la taxe Tobin doit-elle s'accompagner d'un argumentaire de faisabilité, crédible et concret, portant sur sa collecte, son affectation et sur les outils internationaux nécessaires à sa mise en œuvre. »*

Rappelons l'argument de fond de la taxe Tobin (p. 18) :

*« Même fixée à un taux particulièrement bas de 0,05 %, la taxe Tobin rapporterait près de 100 milliards de dollars par an. Collectée, pour l'essentiel, par les pays industrialisés, où sont localisées les grandes places financières, cette somme pourrait être reversée aux*

---

1. Dans le rapport financier qu'Attac a publié pour 2000, on lit par exemple : *« Assemblée générale (commission européenne 50 000 F, municipalité de Saint-Brieuc 50 000 F, Conseil général des Côtes-d'Armor 50 000 F, Communauté d'agglomération de Saint-Brieuc 30 000 F et région PACA-ville de La Ciotat 60 000 F pour l'AG 1999). Université d'été (Commission européenne 275 000 F, ministère de la Culture 200 000 F, région PACA 80 000 F, La Ciotat 10 000 F). »* Indépendante, l'association financée par le gouvernement français et l'Union européenne...

*organisations internationales pour des actions de lutte contre les inégalités, pour la promotion de l'éducation et de la santé publique dans les pays pauvres, pour la santé alimentaire et le développement durable.* »

On a là la quintessence d'un mouvement qui, selon ses dires, vise *« à se réapproprier ensemble l'avenir de notre monde »*. Reconnaissant que la taxe est elle-même très basse (0,05 %), il se propose d'utiliser le produit de cette taxe, sans remettre en cause les fondements du capitalisme lui-même. Il s'agirait ensuite de reverser lesdites sommes aux « organisations internationales » (dont on ne sait s'il s'agit de l'ONU, ou d'autres agences subventionnées par les pays capitalistes, appelées ONG, dont la fonction est justement d'être un instrument de la privatisation des services publics ?). Quant aux moyens de collecter une telle taxe (p. 54) :

« – *La taxe doit-elle être collectée comme la TVA et reversée ensuite par les banques à l'administration fiscale de chaque pays ?*

– *La taxe doit-elle être perçue sur le lieu de négociation ou sur le lieu d'enregistrement comptable ?*

*Dans le premier cas, on minimise les risques de délocalisation dans des pays qui n'appliquent pas la taxe... mais la fraude serait plus facile.*

*Dans le deuxième cas, on limite les possibilités de fraude fiscale... mais l'inconvénient est que la taxe serait prélevée dans moins d'une dizaine de pays, les plus riches... Ceci ne serait réalisable qu'à la condition que ces pays riches respectent réellement leur engagement de reverser le produit de la taxe aux autres pays du monde.* »

Autrement dit, si les généreux gouvernements des 10 pays les plus riches de la planète veulent bien « s'humaniser » en consentant à taxer les mouvements de capitaux, il y a encore le risque qu'ils réinvestissent le produit de cette taxe dans les circuits spéculatifs ! Il faudrait alors contrôler les contrôleurs, et réguler les régulateurs ! On comprend dans ces conditions que tout le monde, ou presque, soit à Attac. Chirac s'est prononcé pour la taxe Tobin et Jospin aussi. Il y a, en France, plus de 120 députés qui appartiennent au comité Attac de l'Assemblée nationale.

PIERRE LAMBERT : Au fait, qu'ont-ils fait ces députés quand le gouvernement a proposé de rétablir le travail des femmes dans l'industrie ?

DANIEL GLUCKSTEIN : Ils ont voté pour !

PIERRE LAMBERT : Et quand le gouvernement a proposé de rétablir le travail des enfants dès 13 ans ?

DANIEL GLUCKSTEIN : Ils ont voté pour !

PIERRE LAMBERT : Lorsque le gouvernement a mis en place l'ensemble des lois et dispositifs qui appliquent la politique de l'Union européenne, qui privatisent à tour de bras les services publics, déréglementent le Code du travail et l'ensemble des droits ouvriers ?

DANIEL GLUCKSTEIN : Ils ont voté pour ! Étonnant ? Non. Il n'y a aucune contradiction entre se prononcer pour une taxe de 0,05 % pour mieux réguler le système d'exploitation capitaliste et mettre en œuvre une politique qui conduit, dans les faits, à la destruction des droits ouvriers et de la démocratie dictée par le Fonds monétaire international et la Banque mondiale. Comme le dit Tobin lui-même – et il a raison – « la mesure que je propose n'est pas une mesure de gauche ». C'est une mesure visant à un meilleur fonctionnement du système capitaliste fondé sur l'exploitation de la force de travail, c'est-à-dire en fait, aujourd'hui, sur sa destruction. Rien d'étonnant dans ces conditions à ce qu'on arrive à la taxe à taux zéro !

Sur un plan voisin, je lis dans une dépêche AFP (2 mai 2001), *« qu'Attac propose de rendre "illicites les licenciements de convenances boursières" en réservant strictement les licenciements économiques aux cas de difficultés économiques ou de mutations technologiques »*. En outre, le document distribué par Attac à ses adhérents à l'Assemblée nationale française, après avoir reconnu le droit d'embaucher et de licencier qui est inséparable du rapport de propriété capitaliste, ajoute :

*« Nous voulons, quant à nous, que le licenciement devienne l'ultime recours, une fois épuisées toutes les possibilités pour garantir la survie de l'entreprise. »*

Mais les patrons – et les gouvernements qui les soutiennent – ne disent jamais autre chose ! Lorsqu'ils licencient, c'est vraiment parce qu'ils y sont contraints par les conditions économiques ou les problèmes de mutations technologiques, c'est toujours, en « ultime recours » !

Dans un autre texte intitulé *« Les règles du jeu du nouveau capitalisme actionnarial »*, texte élaboré par différents responsables et experts de l'association Attac, en mai 2000, on lit :

*« Certes, le droit de la propriété capitaliste implique celui d'embaucher et de licencier. La question est de savoir jusqu'à quel point. »*

Nous sommes au cœur de ce qui oppose la IVe Internationale – et, avec le Courant communiste internationaliste du Parti des travailleurs, section française de la IVe Internationale, tous les courants du Parti des travailleurs – à ceux qui, usurpant son programme et son nom, figurent parmi les fondateurs de l'association Attac. La IVe Internationale s'est fondée sur un programme qui se fixe comme but non pas de réformer le capitalisme, mais de le renverser et d'ouvrir ainsi la voie à un système fondé sur la propriété collective des moyens de production. Le but d'Attac ? C'est, dans le cadre de ce système, de voir jusqu'à quel point il est possible de licencier des ouvriers. C'est parfaitement le droit de l'association Attac et de ceux qui l'ont fondée, en démocratie, de se prononcer pour les licenciements. Personne ne peut leur contester ce droit. Mais de grâce, qu'on ne nous dise pas que ces gens-là luttent contre le capitalisme ou l'exploitation !

CHAPITRE 8

# La lutte pour la démocratie dont le peuple définira lui-même la forme et le contenu

DANIEL GLUCKSTEIN : On ne saurait trop le répéter : *« Celui qui ne sait pas défendre les vieilles conquêtes n'en fera jamais de nouvelles. »* La formule de Trotsky s'applique à chacune des conquêtes arrachées par la classe ouvrière. Au-delà, elle vaut pour la question, plus générale, de la démocratie. La classe ouvrière défend intégralement et sans réserve la démocratie et toutes les conquêtes qui s'y rattachent. L'objectif de la lutte des classes, rappelons-le, est d'arracher la propriété privée des moyens de production des mains du petit groupe de spéculateurs, profiteurs, exploiteurs et capitalistes qui la monopolisent et entraînent de ce fait la misère pour l'immense majorité. La classe ouvrière ne peut réaliser cette tâche si elle renonce aux garanties et conquêtes arrachées par les étapes précédentes de la lutte de classe, au premier rang desquelles : la démocratie.

Divisée par la concurrence anarchique qui règne dans le système capitaliste mondialisé, accablée par les conditions de travail, livrée à une déréglementation croissante, elle est, en outre, soumise à la propagande intoxicative de médias aux ordres et à la politique cynique et parjure de la « gauche plurielle ». Ce n'est que par l'organisation qu'elle peut se constituer en une force unie capable de réaliser ses objectifs. C'est là tout l'enjeu de l'existence et de la préservation des organisations ouvrières, contre les tentatives d'intégration-destruction.

La lutte pour la liberté politique et la République démocratique dans la société bourgeoise est une étape indispensable de la lutte pour la révolution sociale. Historiquement, la classe ouvrière consciente a toujours soutenu la démocratie bourgeoise dans son opposition et sa lutte contre les vestiges de la féodalité et de l'autocratie. Mais en même temps, elle n'a jamais oublié un instant sa propre situation sociale et les objectifs de sa propre lutte de classe. Je propose que nous portions à la connaissance de nos lecteurs la transcription d'une conférence que tu as donnée en décembre 2000, devant une association philosophique qui t'avait invité.

## La IVe Internationale et la démocratie

(une conférence de Pierre Lambert)

*« Les racines de la sévère crise politique qui secoue les institutions de la Ve République ne doivent-elles pas être recherchées dans la crise de la démocratie politique, elle-même produit de la décadence d'un système politique et économique structuré sur le mode de production capitaliste, qui en son temps a été facteur de progrès ? Et c'est précisément dans cette période historique où le mode de production capitaliste était facteur de progrès que les travailleurs ont construit, grosso modo tout au long du XIXe siècle, d'abord dans l'illégalité, puis ouvertement à partir de la seconde moitié du XIXe siècle, les organisations qui les ont constitués comme classe indépendante : les partis (au pluriel), et les syndicats ouvriers qui, dans la tradition française, organisent les travailleurs quelles que soient leurs tendances politiques, philosophiques ou religieuses. Tradition française qui fonde la nécessaire indépendance du syndicat à l'égard des partis, des États et gouvernements.*

*Ces principes sont à la base du combat de la section française de la IV^e^ Internationale ; et à la base du mouvement ouvrier car ces principes sont, au moins formellement, également à la base d'autres organisations, d'autres tendances qui ne sont pas marxistes mais qui se réclament du mouvement ouvrier. Tout au moins jusqu'à ces dernières années, qui ont vu la floraison d'idéologies "communautaires" cherchant à nier la lutte des classes.*

*Si vous le permettez, Monsieur le Président, je voudrais illustrer comment, en ce qui concerne la IV^e^ Internationale, nous avons appliqué concrètement ces principes dans des situations politiques données. Je prendrai deux exemples. En 1940, dans la nuit profonde de la défaite, le gouvernement Pétain instituait la Charte du Travail qui entendait aliéner l'indépendance des syndicats, cela après avoir interdit les partis et dissous la Chambre des députés. Avec quelques milliers de militants ouvriers de toutes tendances, nous avons répondu non à cette tentative d'instaurer le système totalitaire du corporatisme. Certains, qui pour autant n'acceptaient pas tous la collaboration avec les nazis, ont accepté. D'autres hésitaient. C'est alors que le réformiste Léon Jouhaux a fait triompher la nécessité du refus complet, absolu, de la Charte du Travail.*

*Je ne suis pas réformiste, je ne l'étais pas en 1940, bien que j'estime devoir défendre en toutes circonstances les réformes, garanties, droits, statuts et conventions collectives arrachés au capital par la lutte de la classe ouvrière. J'estime que Léon Jouhaux, en 1940, a servi le mouvement ouvrier, a défendu l'indépendance des syndicats, inséparable de la démocratie politique. Il a refusé leur intégration dans l'appareil d'État. Ce ne sont pas là, j'y reviendrai, des principes dépassés, mais des problèmes toujours d'actualité.*

*Deuxième exemple. Je revendique, comme trotskyste, la tradition du bolchevisme de Lénine et de Trotsky.*

*J'utilise volontairement le mot "tradition", et vais m'efforcer de concrétiser ce que j'entends en utilisant cette caractérisation. Comme vous le savez, en 1921, dans son congrès, l'Internationale adoptait 21 conditions pour l'appartenance à l'Internationale communiste. Comme je l'ai signalé, j'ai fait partie, en 1940, de ces quelques milliers de militants qui ont refusé la Charte du Travail et entrepris pas à pas de reconstruire des syndicats illégaux ; j'ai occupé des responsabilités et, à la Libération, j'ai constaté par ma propre expérience que l'une de ces 21 conditions était dommageable pour tout le mouvement ouvrier : celle qui définissait la subordination du syndicat au parti. En 1947, lors d'un congrès de la section française de la IV^e^ Internationale, qui s'appelait alors le PCI, j'ai présenté une résolution pour abandonner cette condition et affirmer l'indépendance des syndicats par rapport aux partis, État et gouvernement. Cette résolution fut adoptée à l'unanimité. Je vous prie d'excuser ces rappels, mais je crois qu'ils permettent d'éclairer les positions affirmées encore aujourd'hui par le courant communiste internationaliste, section française de la IVe Internationale.*

*J'en viens à un troisième repère qui, je l'espère, permettra de mieux saisir la portée de l'engagement militant de la IVe Internationale. En dernière analyse, le marxisme enseigne que ce sont les rapports sociaux entre les classes constituées par des individus qui peuvent fournir des explications rationnelles au processus historique, avec ses multiples contradictions. Les classes sont constituées par des individus. Les propriétaires des moyens de production constituent la classe capitaliste. Les individus qui ne possèdent que leur force de travail constituent la classe ouvrière, la classe des travailleurs. Je sais combien ces définitions sont quelque peu schématiques. Elles sont néanmoins des éléments qui assurent la préhension des problèmes et des événements.*

*La démocratie politique est précisément issue de la marche de l'histoire, de la nécessité que soient édifiés de nouveaux rapports économiques et sociaux où les hommes se présenteraient comme des individus "libres" : le capitaliste qui achète librement la force de travail, libéré de toute entrave. Dans notre pays, comme nous le savons, la Révolution de 1789 a réalisé précisément le terrain politique nécessaire à la constitution de nouveaux rapports sociaux complètement libérés de toute entrave. Ce terrain est celui de l'égalité formelle entre les individus, devenus citoyens. C'est ainsi que la Révolution de 1789 a consacré l'émancipation politique des individus, devenus citoyens égaux en droit.*

*La marche de l'histoire exige aujourd'hui le combat pour l'émancipation humaine, l'émancipation des individus de tout système d'exploitation, l'abolition du patronat et du salariat, inscrite dans les statuts de la Charte constitutive de la CGT en 1905 ; objectif commun, en principe, de tous les groupements, tendances, partis combattant pour le socialisme.*

*J'arrête là ces références, rapides et insuffisantes, qui établissent les rapports entre l'émancipation politique, garantissant l'égalité en droits, et l'émancipation humaine ; ce sont là les rapports entre la démocratie politique et le mouvement ouvrier combattant pour l'émancipation humaine, c'est-à-dire pour le socialisme, réalisant par l'expropriation du capitalisme le vieux et toujours actuel programme du mouvement ouvrier.*

*Comment illustrer la portée toujours actuelle de ces principes ? Je m'efforcerai de traiter brièvement, à l'aide de ces points de repère, deux des questions les plus fondamentales : celle de la laïcité de l'école et de l'État, et celle de la place des syndicats indépendants. Pour ce faire, je me référerai à l'action politique de Jules Ferry. Comme vous le savez, le républicain bourgeois Jules Ferry, homme d'État, n'était en rien "socialiste". Lors des élections de 1869, le républicain antibonapartiste donne le contenu le plus complet de ce qu'a été la démocratie politique :*

*"Un gouvernement de la nation, par la nation. Pour fonder en France une libre démocratie, il ne suffit pas de proclamer l'entière liberté de la presse, l'entière liberté de réunion, l'entière liberté d'association. La France n'aura pas la liberté tant qu'il existera un clergé d'État, une Église ou des Églises officielles. Séparation absolue de l'État et de l'Église."*

*Plus tard, à Jaurès qui l'interrogeait sur son programme politique, Jules Ferry déclarait vouloir "établir l'humanité sans dieu ni roi. Pas de vérité révélée". "Ce n'est pas à l'État de prendre en compte les intérêts de l'enseignement privé, que le choix des parents reste libre."*

*Jules Ferry et la III^e République naissante ont, comme vous le savez, institué l'école laïque, gratuite et obligatoire. La loi du 16 juin 1881 institue la gratuité absolue de l'enseignement primaire dans les écoles publiques. La loi du 28 mars 1882 institue l'obligation scolaire et la neutralité religieuse dans l'enseignement primaire. La loi du 30 octobre 1886 abroge les titres I et II de la loi Falloux, institue la laïcité du personnel enseignant, interdisant toute subvention publique à l'enseignement primaire privé et stipulant que toute commune doit être pourvue au moins d'une école primaire publique. La loi du 9 décembre 1905 institue la séparation des Églises et de l'État.*

*Je note que Lénine, après la Révolution russe, en juillet 1919, déclarait que le gouvernement soviétique serait heureux de pouvoir instituer en Russie un enseignement comparable aux résultats obtenus par l'école publique en France. Et il ajoutait :*

*"La République bourgeoise, un Parlement (un vrai Parlement), le suffrage universel, ont constitué un immense progrès du point de vue du développement de la société."*

*Mais dès 1919, la III^e République, engagée dans un processus qui la conduira à donner les pleins pouvoirs à Pétain en juillet 1940, fait adopter par le Parlement toute une série de lois antilaïques. Mais c'est la V^e République qui portera les coups majeurs à l'école laïque et à l'instruction. L'arsenal des dispositions antilaïques est mis en place par tous les gouvernements de la V^e République à partir de la loi Debré (1959), avec les lois Haby (1975), Guermeur (1977), Defferre (1982 et 1983), Rocard (1984), Carraz (1985), la loi Jospin, alors ministre de l'Éducation nationale (1989), les accords Lang-Cloupet (1992), la réforme des lycées, collèges et écoles initiée par Claude Allègre et Ségolène Royal, amplifiée par Jack Lang... Toutes ces lois sont autant de moyens de plus en plus importants dégagés à coups de milliards prélevés sur les fonds publics, pour l'école privée, pour démanteler l'instruction publique.*

*Il y a plus. La loi Carraz de 1985 relative à l'enseignement technique et professionnel, qui introduit l'alternance école-entreprise. Jules Ferry, un siècle auparavant, s'insurgeait contre le travail des enfants en entreprise, "qui pourrait retirer des enfants de leur scolarité"... Une dernière citation :*

*"Instruction et éducation sont à la fois le but et le moyen de la République."*

*Jules Ferry dénonçait par ailleurs "l'oligarchie industrielle et financière", la spéculation qui ne permet pas à la démocratie politique de progresser. Jules Ferry estimait également que les travailleurs étaient en droit de se coaliser pour défendre leurs intérêts de travailleurs, précisant même :*

*"Le droit de coalition est la première liberté des travailleurs. Sans elles, toutes les autres ne sont qu'une apparence vaine."*

*Il ajoutait :*

*"Que les hommes timides, effrayés à chaque nouvelle force sociale qui réclame sa place, se rassurent sur le*

*danger de coalition. L'expérience aura vite appris aux ouvriers que même coalisés ils ne doivent pas s'engager à la légère dans une lutte contre le capital. La coalition est une arme d'attaque dangereuse pour les ouvriers, mais elle est une arme utile pour la défense, et il est d'autant plus important de la réclamer que c'est l'arme unique."*

*Il serait quelque peu indécent de vouloir faire dire à Jules Ferry plus qu'il n'en a dit. Jules Ferry admettait que la classe ouvrière avait le droit de se "coaliser", c'est-à-dire de s'organiser pour se défendre contre les exigences du capital. Mais, évidemment, Jules Ferry ne tirait pas, loin de là, les conséquences que la Charte d'Amiens en tirerait en 1905, définissant le but final de la lutte de la classe ouvrière : "abolition du patronat et du salariat". Mais Jules Ferry répondait lui-même à la question : peut-il y avoir de démocratie sans libre droit donné aux citoyens de s'associer ?*

*Ce sont là les données qui sont à la base de la loi de 1884, qui donne aux travailleurs le droit de s'associer librement dans des syndicats indépendants pour se défendre contre le capital.*

*Il ne m'est pas possible de démontrer dans le détail, faits et documents à l'appui, comment sous des appellations diverses tous les gouvernements de la V^e^ République, je dis bien TOUS les gouvernements de la V^e^ République, ont cherché à réaliser à toute force l'association capital-travail, forme gaulliste du corporatisme destructeur des syndicats indépendants, qui ne peuvent rester des syndicats que dans l'indépendance. La volonté du MEDEF de procéder à la "refondation sociale" s'inscrit directement dans cette politique d'intégration. Les conséquences de cette marche au corporatisme, traduisant la volonté d'intégrer les syndicats, les travailleurs les subissent jour après jour : modération salariale, déréglementation, destruction des statuts et conventions collectives, des garanties sociales et des droits arrachés par la lutte de classe indépendante.*

*La laïcité de l'école et de l'État, le droit des travailleurs à se constituer en organisations indépendantes, sont donc critères de la démocratie.. Il en est bien entendu bien d'autres.*

*Si donc c'est là le contenu de la démocratie politique, n'est-on pas en droit d'en déduire que les remettre en question, c'est remettre en question la démocratie politique ? Nous en arrivons au point central : les institutions de la Vᵉ République, qui précisément sont la remise en question de la laïcité de l'école et de l'État et le droit à l'organisation indépendante.*

*Qu'est-ce qui permet de caractériser ainsi les institutions de la Vᵉ République comme antidémocratiques ? Par parenthèse, je rappellerai le titre d'un célèbre pamphlet caractérisant la Constitution de la Vᵉ République comme un régime de "coup d'État permanent". L'auteur n'est autre, comme vous le savez, que François Mitterrand qui, devenu président... La suite, vous la connaissez. Il suffit de signaler un des articles de la Constitution pour la caractériser comme antidémocratique, antiparlementaire. Ce qui réduit le député à la situation de godillot, garantissant si je puis dire la possibilité de violer systématiquement le mandat, la démocratie du mandat.*

*L'article 38 de la Constitution stipule :*

*"Le gouvernement peut, pour l'exécution de son programme, demander au Parlement l'autorisation de prendre par ordonnances, pendant un délai limité, des mesures qui sont normalement du domaine de la loi."*

*Cet article 38, bien que formulé de façon alambiquée comme tous les articles de cette Constitution, est néanmoins très clair. Il consacre le Parlement comme Parlement croupion, abdiquant ce qui constitue l'essence même d'un régime parlementaire, à savoir qu'il dénie au Parlement la quasi-totalité de ses droits en matière législative. Et rappelons l'usage fait par tous les gouvernements de l'article 49 ter : si le gouvernement pose la question de confiance à propos d'une loi, le texte est considéré comme adopté sans vote, à moins qu'une motion de censure ne soit votée dans les vingt-quatre heures.*

*L'article 38 autorise le gouvernement à prendre des mesures législatives sous forme d'ordonnances. Quelles en sont les conséquences ? Au moment où je vous expose mes points de vue, se déroulent à l'Assemblée nationale la discussion et le vote d'une loi d'habilitation autorisant le gouvernement à transposer par ordonnances 50 directives européennes. Il serait osé de caractériser les institutions européennes comme des institutions démocratiques. La Commission européenne, comme vous le savez, n'a de comptes à rendre à personne. Comme vous le savez également, je le répète, la prérogative d'un authentique Parlement, c'est de faire la loi.*

*Le commissaire européen Barnier a déclaré ce matin même qu'il n'était pas une seule directive européenne qui n'ait été approuvée par les gouvernements, qu'ils soient de droite ou de gauche. On ne peut signifier plus clairement que les directives européennes ont force de loi, que la loi, prérogative du Parlement dans le cadre de la démocratie politique, est à présent faite à Bruxelles.*

*Il en a été ainsi, tout dernièrement, pour la transcription de la directive européenne sur le travail de nuit des femmes, qui, quelles que soient les contorsions des uns et des autres, signifie la remise en cause de la loi de 1892 et de toutes les lois qui s'ensuivirent, interdisant le travail de nuit des femmes. Il en a été de même pour la directive autorisant le travail des enfants à partir de 13 ans. On nous dit que cette directive ne remettrait pas en cause les dispositions plus favorables existant dans la loi française. Il n'en est rien, puisque les traités de Maastricht, d'Amsterdam, impliquent l'obligation de transcrire dans les lois des nations lesdites directives, sous peine d'amendes qui, pour le travail de nuit des femmes, se monteraient à plusieurs millions par jour. Il en est également ainsi de la directive concernant les congés maternité, qui applique la révision de la convention 103 de l'OIT, qui autorise le licenciement des femmes pendant le congé maternité, et réduit à deux semaines la durée obligatoire du congé maternité. Je pourrais multiplier les exemples, et si des questions me sont posées sur ces problèmes, j'ai ici toute une documentation qui me permet de répondre à des demandes qui seraient formulées.*

*Un dernier problème, concernant la démocratie politique. Une des conquêtes fondamentales de la démocratie politique a été, comme vous le savez, le suffrage universel. Durant des décennies et des décennies, dans tout le cours du XIXe siècle, les combats ont été conduits contre les limitations censitaires au droit de vote. Certes, le suffrage universel a pu être dévié de sa signification par le plébiscite bonapartiste. Cela dit, peut-on aujourd'hui considérer que l'exercice du suffrage universel est une réalité dans notre pays ? 60 %, 70 %, 80 % des électeurs refusent de participer, depuis des mois et des mois, à toute élection. Peut-on estimer que tel ou tel est véritablement le mandataire du suffrage universel quand il est élu par 30 % ou quelquefois moins du corps électoral ?*

*Et précisément, c'est cette question de la démocratie du mandat qui me permet de caractériser la démocratie ouvrière. La démocratie ouvrière, la démocratie de la Commune de Paris, que j'estime être la vraie démocratie, c'est-à-dire l'élection et la révocabilité à tout moment. Certes on me dira, et j'en conviens, que la Commune de Paris n'a duré que deux mois et demi. Certes, certes... On me dira également que dans la Révolution russe, les soviets, les conseils, qui reprenaient les dispositions de la Commune de Paris, n'ont duré qu'un petit nombre d'années...*

*Je pourrais m'en expliquer, mais il me semble nécessaire d'indiquer avec la précision la plus grande la position de la IVe Internationale quant aux rapports entre la démocratie politique et la démocratie ouvrière. Je ferai ici une référence historique : Marx et Engels ont pu expliquer au XIXe siècle qu'en Angleterre et aux États-Unis, les possibilités de réaliser la révolution ouvrière pouvaient s'inscrire dans la démocratie politique, en la perfectionnant en quelque sorte. Aujourd'hui, évidemment, ce n'est plus le cas. Et là nous arrivons à la question centrale. La démocratie politique est la forme d'État la plus adaptée au développement du mode de production capitaliste qui a constitué un formidable progrès. Le capitalisme, pendant tout le cours de son développement progressif, a eu pour arène un marché mondial en constitution.*

*Les guerres qualifiées d'impérialistes ont manifesté que le mode de production capitaliste étouffait dans le cadre de la propriété privée des moyens de production. Tous les événements, et en particulier dans l'économie mondiale, notamment ceux qui ont pour dénomination aujourd'hui "la mondialisation" attestent que le système de la propriété privée des moyens de production est non seulement une entrave au développement de l'humanité, mais y oppose une barrière infranchissable. Tous les développements de l'économie mondiale et dans tous les pays sont aujourd'hui structurés sur les privatisations, sur la déréglementation, les restructurations, sur la spéculation où s'engloutissent chaque jour des milliards et des milliards de dollars.*

*Au nom de l'Union européenne, est remise en cause, avec la régionalisation, l'unité de la République et de la nation, les conquêtes de la Révolution française. Et c'est précisément cette situation qui explique toutes les atteintes portées contre la démocratie politique. Ces atteintes sont portées à un tel niveau, remettant en cause les acquis de la démocratie politique, que la IVe Internationale considère devoir inscrire dans son combat la défense de toutes les conquêtes qui ont précisément fondé la démocratie politique.*

*Mais la question des questions reste celle formulée par Rosa Luxembourg : socialisme ou barbarie. Et contre la barbarie montante, la démocratie ouvrière est devenue la seule issue. Nous devons donc intégrer les acquis de la démocratie politique comme une nécessité pour la démocratie ouvrière. C'est ce que le Parti des travailleurs, dont est membre le courant communiste internationaliste, a formulé dans sa charte constitutive : le combat pour la démocratie dont le peuple définira lui-même la forme et le contenu. »*

PIERRE LAMBERT : On le voit : le programme de la révolution prolétarienne, loin de tourner le dos au combat pour la démocratie, lui donne sa pleine dimension. Il ne s'agit pas seulement de lever les restrictions que le régime de la propriété privée des moyens de production a apportées, dès l'origine, à la démocratie politique ; il s'agit, en outre, aujourd'hui, de contrecarrer les processus par lesquels la démocratie politique – à l'époque de la décomposition du capitalisme – est remise en cause. Ceci vaut aussi pour l'unité de la République et de la nation. Je crois qu'il serait utile que tu présentes les motivations de notre position et en quoi elle s'oppose à celle du gouvernement que préside Jospin.

DANIEL GLUCKSTEIN : À l'époque de la constitution du capitalisme, la bourgeoisie – alors dans sa phase ascendante – a unifié les institutions de la République et constitué la nation, autant de conquêtes de la démocratie. C'est dans le cadre de la nation que la classe ouvrière elle-même a pu se constituer et se développer. Aujourd'hui, sous les coups de boutoir de l'impérialisme américain, relayé par les institutions de la mondialisation et de l'Union européenne, le cadre même des nations est soumis à démantèlement. S'opposer à ce démantèlement n'est nullement contradictoire avec l'internationalisme ouvrier. Par définition, l'internationalisme inscrit chaque nation dans le cadre de relations à égalité avec les autres nations. C'est de cette manière – et uniquement de cette manière – que, pour reprendre les paroles du vieil hymne des ouvriers du monde entier, *« l'Internationale sera le genre humain ».* Mais pour que les nations vivent à égalité, encore faut-il qu'elles ne soient pas démantelées, disloquées, éclatées en tribus, hordes ou ethnies, projetées les unes contre les autres en des combats exterminateurs comme c'est le cas depuis des années en Afrique, dans les Balkans, en ex-Yougoslavie, en Russie, en Afghanistan. Et aussi en France, demain, si la logique communautariste de l'Union européenne parvenait à s'imposer jusqu'au bout.

Révolutionnaires de 2001, nous sommes héritiers des révolutionnaires de 1789 à 1794. L'héritage que nous revendiquons n'a rien à voir avec les formes abâtardies et perverties – négations de la démocratie – que sont les institutions de la Vᵉ République dirigées par deux têtes de l'exécutif, Chirac et Jospin. Ceux qui militent aujourd'hui pour la révolution sociale prolongent le mouvement par lequel la nation française s'est constituée en nation, en même temps qu'elle jetait les bases d'une démocratie qui est allée plus loin que n'est jamais allée une démocratie politique instaurée par une quelconque classe bourgeoise.

Ce n'est pas le lieu, ici, de revenir sur l'ensemble des développements de la Révolution française [1]. Mais pour éclairer notre propos, quelques rappels sont nécessaires. La notion même de souveraineté (de nation souveraine, de souveraineté populaire) a été formulée, dès les premiers signes annonciateurs de la Révolution française, par Sieyès. Dans son fameux *Qu'est-ce que le Tiers État ?*, il écrit (janvier 1789) :

*« De quelque manière qu'ils soient députés, qu'ils s'assemblent et qu'ils délibèrent, pourvu qu'on ne puisse*

1. On ne pourra que conseiller la lecture de la magnifique *Histoire socialiste de la Révolution française* de Jean Jaurès (Éditions sociales, 1969), qui conserve une totale actualité.

*pas ignorer (et comment la nation, qui les commet, l'ignorerait-elle ?) qu'ils agissent en vertu d'une commission extraordinaire du peuple, leur volonté commune vaudra celle de la nation elle-même. »*

Pour les pères fondateurs de la République en France, la notion de député était indissociable de la « *commission extraordinaire du peuple* » (on dirait aujourd'hui « du mandat ») qui leur était confiée. La légitimité des institutions – en l'occurrence de l'Assemblée des députés – reposait uniquement sur la légitimité du mandat populaire et son respect.

Les conditions mêmes dans lesquelles furent jetées les bases de la démocratie dans notre pays interdisent d'en dissocier la forme et le contenu. Rappelons que c'est en août 1788 que Louis XVI convoque les États généraux pour le 1er mai 1789. Toute cette période voit se développer une intense agitation sociale et politique. Des clubs se constituent comme la société des Trente (La Fayette, Mirabeau, Sieyès, Condorcet), qui réclame, notamment : le doublement des députés du Tiers État, l'égalité civile, judiciaire, fiscale, un régime représentatif. Les manifestations d'étudiants se développent également. Mars 1789 : dans un même mouvement, sont élus les députés aux États généraux et rédigés les célèbres cahiers de doléances. Un mandat impératif est donné par les électeurs aux élus du Tiers État de ne voter aucun nouvel impôt avant qu'une nouvelle Constitution n'ait été élaborée et acceptée par le roi. En ce même printemps 1789, se multiplient les émeutes contre le prix élevé du blé, les attaques de granges aux dîmes et les rassemblements de paysans qui demandent l'abolition des droits féodaux. Ainsi, s'élabore peu à peu le programme social de la démocratie dont le peuple lui-même donne le contenu.

Le 17 juin 1789, sur proposition de Sieyès, les communes se constituent en Assemblée nationale. Elles déclarent :

*« Il est constant, par le résultat de la vérification des pouvoirs, que cette assemblée est déjà composée des représentants envoyés directement par les quatre seize centièmes au moins de la nation. Une telle masse de députation ne saurait être inactive par l'absence de quelques bailliages ou de quelques places de citoyens car les absents qui ont été appelés ne peuvent point empêcher les présents d'exercer la plénitude de leur droit. Il est encore indispensable de conclure qu'il lui appartient* [à l'Assemblée] *et qu'il n'appartient qu'à elle d'interpréter et de présenter la volonté générale de la nation. »*

Le 23 juin 1789, devant le coup de force du roi qui veut annuler les décisions du Tiers État, le président de l'Assemblée, Bailly, rétorque :

*« La nation assemblée ne peut pas recevoir d'ordre. »*

Le 9 juillet, l'Assemblée prend le nom d'Assemblée nationale constituante.

C'est peu dire qu'un fossé sépare le mouvement par lequel la nation se constitue et jette les bases de la démocratie en 1789 et les formes et le contenu des institutions en 2001. Institutions antidémocratiques où les maigres pouvoirs de l'Assemblée croupion définis par la Constitution de la V$^{e}$ République sont, aujourd'hui, réduits à néant du fait de l'abdication des députés, non seulement devant les exigences de l'exécutif mais aussi, et de plus en plus, devant les directives de Bruxelles et de Washington. L'essentiel du travail d'un parlementaire, aujourd'hui, consiste à transcrire les directives de Bruxelles, qui, elles-mêmes, ne sont que la transcription des plans d'ajustement structurel décidés par le Fonds monétaire international. La forme – renoncement à toute conception démocratique des institutions, à toute souveraineté des Assemblées – correspond au fond : renoncement à représenter de quelque manière que ce soit les aspirations et les exigences (le mandat) du peuple souverain. C'est l'institutionnalisation du piétinement du mandat. Comment s'étonner, dans ces conditions, que la majorité du corps électoral se détourne du suffrage universel ? Comment s'étonner du rejet et de l'opprobre qui frappent les institutions et les partis qui en assument la survie ?

Revenons à la Révolution française. Le 14 juillet 1789, 32 000 fusils sont pris aux Invalides. La Bastille, symbole de l'arbitraire et de l'injustice royale dont les canons menaçaient le faubourg Saint-Antoine, est prise par ceux qu'on appellera « les sans-culottes ». Le 15 juillet, Bailly est élu maire de Paris. Cette municipalité parisienne élue donne le signal d'une *révolution municipale* qui couvre tout le pays. La démocratie communale frappe les trois coups de l'avènement de la démocratie politique. La commune libre annonce la République souveraine. Début juillet, la mobilisation villageoise élargit encore le programme de la révolution démocratique. Ce mouvement va déboucher sur la nuit du 4 août au cours de laquelle l'Assemblée abolit sans indemnités les droits qui pesaient sur la personne (le fermage) et les dîmes, et abroge également les justices seigneuriales, le privilège de chasse, les privilèges des provinces, en particulier fiscaux. Au cours de la même séance, elle admet tous les citoyens de façon égale à tous les emplois civils, militaires ou ecclésiastiques sans distinction de naissance. C'est la fin de l'Ancien Régime fondé sur le privilège et l'inégalité juridique, entre les personnes et aussi entre les provinces et les villes.

Le 9 décembre 1789, est adopté le principe de la création des départements pour briser les particularismes provinciaux. Le 14 décembre, c'est la loi municipale. À ce sujet, Jaurès (dans son *Histoire socialiste de la Révolution française*) écrit :

*« C'est le régime municipal surtout qui fut décisif. D'abord, il mettait en mouvement, et si je puis dire, en vibration, toutes les cellules, toutes les fibres de l'organisme social. Il y eut en effet 44 000 municipalités.*

*Sieyès aurait voulu qu'il n'y eut qu'un petit nombre de communes et l'Assemblée constituante elle-même, vers la fin de son mandat, quand elle révisa la Constitution, songea à en réduire le nombre sous prétexte que cette extraordinaire multiplicité favorisait "l'anarchie" et rendait tout le mouvement d'ensemble impossible (...). En favorisant ainsi le jeu des forces populaires, elle* [la Constituante] *ne favorisa point, comme le dit Taine, "l'anarchie spontanée" mais au contraire le gouvernement spontané ; c'est l'action incessante et toujours éveillée de ces municipalités innombrables qui suppléa à l'inévitable défaillance du pouvoir exécutif, maintint l'ordre, châtia ou prévint les complots (...) et multiplia les prises de la révolution sur le pays.* »

« Gouvernement spontané », « action incessante et toujours éveillée de ces municipalités innombrables » : la démocratie communale est saisie ici, à raison, comme le socle de la démocratie politique et de la République. Fin juillet-début d'août 1789 : le soulèvement paysan gagne la plus grande partie du pays. Marchant vers les châteaux ou les études notariales, les paysans se font remettre les papiers où sont consignés les droits féodaux, qui se sont alourdis au cours du XVIIIe siècle, et ils les brûlent. L'ampleur du mouvement contraint l'Assemblée à prendre une initiative qu'elle n'avait nullement prévue et qui dépasse la revendication timidement exprimée dans les cahiers de doléances (allégement des droits féodaux et non suppression). Toutefois, l'abolition du régime féodal reste imparfaite puisque la disparition des droits féodaux reste soumise à l'obligation de rachat dénoncée par Marat dès le 7 août, obligation qui va alimenter une agitation incessante dans les campagnes jusqu'à ce que la Convention montagnarde prononce l'abolition sans rachat, le 17 juillet 1793.

Dès 1789, donc, on peut dire que les fondements de la démocratie politique sont posés. Reste, cependant, une restriction : le droit de veto accordé au roi. Le 11 septembre 1789, l'Assemblée, par 673 voix contre

325 et 11 abstentions, accorde au roi un droit suspensif durant deux législatures. Robespierre s'y oppose dans son célèbre *« Discours contre le veto royal »* de même que Sieyès qui le dénonce comme *« une lettre de cachet contre la volonté générale »*. Certes, le 23 septembre, l'Assemblée décrète :

*« Tous les pouvoirs émanent essentiellement de la nation et ne peuvent émaner que d'elle ; le pouvoir législatif réside dans l'Assemblée nationale. »*

Mais ce principe profondément démocratique, ne le foule-t-elle pas, elle-même, au pied en accordant le droit de veto au roi ? Le 16 octobre, l'Assemblée apprend la réponse évasive du roi au sujet de la promulgation des décrets d'août. Marat en appelle aux armes. Les femmes marchent sur Versailles et font admettre une députation auprès de l'Assemblée, démarche soutenue par Robespierre. Louis XVI sanctionne enfin les décrets et la Déclaration des droits. La garde nationale arrive à Versailles. Le 6 octobre, le château est forcé par le peuple qui exige le retour du roi à Paris. L'Assemblée suivra. Désormais le peuple parisien pourra exercer une pression directe sur les députés et sur le roi et donner son contenu démocratique à la notion de nation souveraine. Robespierre à l'Assemblée, Marat dans *L'Ami du peuple*, le Club des cordeliers, prennent la défense des droits démocratiques contre une Assemblée nationale qui prétend écarter le peuple de la vie politique.

On retrouvera ce mouvement dans toutes les révolutions qui ont suivi la Révolution française. Jusqu'à la Révolution portugaise d'avril 1974, évoquée précédemment, qui connaîtra son point culminant sur cette question centrale : l'Assemblée constituante investie par le peuple doit-elle disposer de tous les pouvoirs, ou bien ceux-ci doivent-ils être encamisolés par une dictature militaire la vidant de son contenu ?

Aujourd'hui, alors que la crise des institutions de la Ve République et de Maastricht suscite un intense rejet du peuple qui se détourne d'un suffrage universel de plus en plus vidé de contenu, existe-t-il une autre voie, pour reconquérir la démocratie, que celle de l'Assemblée constituante souveraine, par laquelle des délégués du peuple – abrogeant les institutions antidémocratiques – définiront eux-mêmes la forme et le contenu de la démocratie ? Au point le plus élevé de la Révolution française, la Constitution de 1793 ne stipulait-elle pas :

*« Un peuple a toujours le droit de revoir, de réformer et de changer sa constitution. Une génération ne peut assujettir à ses lois les générations futures* [1]. »

PIERRE LAMBERT : Subordonnant toutes les formes de la vie politique, sociale, institutionnelle, à la survie du régime décomposé fondée sur la propriété privée des moyens de production, la classe capitaliste du XX^e^ et du XXI^e^ siècle remet en cause, démantèle, disloque, les bases mêmes de la démocratie qu'elle a édifiées deux siècles plus tôt. C'est pourquoi, plus que jamais, le mot d'ordre de reconquête de la démocratie concentre et intègre toutes les composantes de la démocratie, à la fois

1. La même constitution garantissait également : *« Les secours publics sont une dette sacrée. La société doit la subsistance aux citoyens malheureux, soit en leur procurant du travail soit en assurant les moyens d'exister à ceux qui sont hors d'état de travailler (...) L'instruction est le besoin de tous. La société doit favoriser de tout son pouvoir les progrès de la raison publique et mettre l'instruction à la portée de tous les citoyens. » « Les délits des mandataires du peuple et de ses agents ne doivent jamais être impunis. Nul n'a le droit de se prétendre plus inviolable que les autres citoyens »* (article 31). *« Le droit de présenter des pétitions dépositaires de l'autorité publique ne peut en aucun cas être interdit, suspendu ni limité »* (article 32). *« La résistance à l'oppression est la conséquence des autres droits de l'homme »* (article 33). *« Quand le gouvernement viole les droits du peuple, l'insurrection est pour le peuple et pour chaque portion du peuple le plus sacré des droits et le plus indispensable des devoirs »* (article 35). À quand la Constituante souveraine, en France, pour rétablir ces droits dans la constitution ?

la forme des institutions et le contenu social. Cette discussion a eu lieu lors du X^e^ Congrès du Parti des travailleurs (novembre 2001 [1]) :

DANIEL GLUCKSTEIN : C'est vrai. Nous sommes revenus, en particulier, sur les discussions que nous avons eues avec les maires. Une très grande majorité des maires que nous avons rencontrés, qu'ils aient signé ou pas pour un éventuel candidat du Parti des travailleurs, ont exprimé, au moins en partie, un accord avec ce que nous expliquions. Je ne veux pas dire qu'ils étaient d'accord avec le Parti des travailleurs. Mais sur les questions essentielles de la démocratie communale, de l'intercommunalité, des directives européennes, de la politique agricole commune, de la remise en cause des services publics, de fermetures des hôpitaux et de bien d'autres choses qui forment l'ossature de la politique du gouvernement pluriel présidé par Jospin, on a eu en face de nous des maires qui disaient : sur tel aspect, je vous rejoins, je partage votre préoccupation, d'ailleurs moi-même, je suis engagé dans telle action contre l'intercommunalité qu'on veut m'imposer, contre la fermeture de l'hôpital, pour la défense de l'école publique et beaucoup d'autres choses de ce type.

Je voudrais indiquer pourquoi nous accordons une attention particulière à la question de la démocratie communale. Dans les institutions antidémocratiques dans lesquelles nous vivons, on peut dire que la démocratie communale d'une part, et l'existence d'organisations syndicales indépendantes d'autre part, sont les deux piliers qui subsistent de la démocratie dans notre pays. Les deux sont d'ailleurs aujourd'hui menacés. Il faut comprendre

1. Voir le rapport présenté par Daniel Gluckstein devant les délégués au X^e^ Congrès du Parti des travailleurs, 17 novembre 2001 et la discussion : « Le débat sur la position du Parti des travailleurs concernant l'élection présidentielle de 2002 », supplément à *Informations ouvrières*, n° 515 (2060).

pourquoi. Il y a davantage de maires en France que dans la totalité des 14 autres pays de l'Union européenne confondus. Et si vous faites un calcul simple, comme il y a 36 000 communes, il y a 36 000 maires, comme il y a 40 millions d'électeurs, cela veut dire qu'il y a, en moyenne, un maire pour 1 000 électeurs. Et si vous retirez de ça les grosses villes où il n'y a qu'un maire comme Paris pour 2 millions d'habitants, pour la majorité des communes, le maire est délégué de quelques centaines d'habitants. C'est un niveau de représentation extrêmement proche de la population.

Et cela explique que l'état d'esprit des maires ait un rapport avec l'état d'esprit de la population qui les a mandatés, parce qu'il y a une proximité qui rend difficile, dans ces 32 000 communes de moins de 2 000 habitants, de s'éloigner beaucoup de leurs préoccupations et de leur mandat. C'est un niveau de délégation sans commune mesure avec ce qui existe dans d'autres pays. On l'a vu : c'est un héritage direct de la Révolution française.

Si l'on se réfère aux développements historiques évoqués précédemment, on doit comprendre la signification de cette date : le 15 juillet 1789, Paris pour la première fois se dote d'un maire, qui s'appelle Bailly. C'est le début de ce qu'on appelle la révolution municipale, qui va s'étendre, dans les jours et les semaines qui suivront, dans toutes les communes françaises. Ce qui veut dire que le premier acte de la Révolution française instaurant la République, cela a été la Révolution municipale instaurant la Commune libre. Ce développement historique n'a pas d'équivalent dans les autres pays. C'est ce développement historique particulier qui fait qu'en France la commune a gardé une place particulière, parce que dès le départ, elle était – comme l'a dit un maire – la *« cellule de base de l'édifice républicain »*.

Ce n'est donc pas un problème de « communes » coupées des institutions républicaines. La commune qui garantit en quelque sorte le libre exercice de la gestion des affaires municipales par les administrés eux-mêmes et leurs représentants mandatés, cellule de base de la démocratie, se relie à l'institution qui garantit l'égalité en droit de tous les citoyens, la République, et dont le département constitue l'échelon administratif, la subdivision de la République.

L'édifice républicain, ce sont, principalement, ces trois niveaux : la commune, le département et la République. Les départements eux-mêmes ont été constitués comme une division arithmétique (il fallait regrouper telle superficie et tel nombre d'habitants), délibérément arbitraire et artificielle. J'insiste sur le « délibérément. » Pourquoi fallait-il que ce soit arbitraire et artificiel ? Justement pour garantir à tout citoyen, quel que soit le département, les mêmes droits dans la République. Et ne pouvaient entrer dans cette notion du département aucune différence « ethnique », religieuse, ou de patois, que sais-je encore, et aucune différence de droits.

Or, à ce triptyque – République, département, commune – on prétend substituer aujourd'hui un autre triptyque : Europe, région, communauté (l'intercommunalité, la communauté de commune, le pays...). Cela a une énorme signification. Il s'agit, ainsi, de substituer à des institutions qui garantissent l'égalité des droits des citoyens dans la République et le contrôle démocratique exercé sur les délégués mandatés, une architecture de type subsidiaire où tout part de l'Europe et où tout ce qui est en dessous de l'Europe doit être un instrument d'application subsidiaire de l'Europe avec comme contenu qu'il n'y a plus égalité des droits des citoyens dans la République, mais au contraire les communautés de région, les pays... On introduit là-dedans le statut de la Corse, les écoles Diwan en Bretagne, et tout le démantèlement de la laïcité des institutions républicaines.

Ce n'est donc pas un mince enjeu que cette question de la démocratie communale. Elle intègre et concentre pour nous la question de la défense de la démocratie. Il faut dire d'ailleurs qu'il y a un abus de langage. On nous parle d'« intercommunalité ». Mais dans « intercommunalité », il y a l'idée que ce sont des relations entre des communes souveraines. Or le but de l'opération, ce ne sont plus des communes souveraines qui établissent des relations entre elles. Même si cela prend cette forme, le but est autre chose. À travers la disparition de la commune, c'est la disparition de la démocratie. Il faut le dire clairement : Mme Voynet, M. Chevènement – même si le deuxième essaie de le faire oublier un peu maintenant pour des raisons que l'on comprend – ont marqué de leur nom de manière indélébile cet attentat contre la démocratie et contre la République.

Et cela se poursuit puisque, dans les projets du Parti socialiste, il est question de faire élire au suffrage direct les délégués des intercommunalités, pour 2004 ou 2007.

PIERRE LAMBERT : Engagé dans le combat pour la reconquête de la démocratie – qui inclut la défense de la commune et de l'indépendance des syndicats – le Parti des travailleurs combine dans son action l'objectif de l'émancipation sociale et celui de l'établissement d'institutions réellement démocratiques. Des militants qui se situent sur le terrain de l'indépendance de classe se doivent de revendiquer les institutions juridiques indispensables au développement complet et total de la lutte de classe du travail salarié contre le capital. Les institutions de l'Union européenne et de la Ve République sont absolument incompatibles avec de telles institutions juridiques. C'est la raison qui conduit le Parti des travailleurs à se fixer comme tâche politique le remplacement du régime autoritaire et antidémocratique de la Ve République et de l'Europe de Maastricht et l'élection d'une Assemblée constituante souveraine, par laquelle, je le répète, le peuple définira lui-même la forme et le contenu. Pour sa part, dans une telle Assemblée constituante, le Parti des travailleurs proposerait l'instauration d'une République fondée sur une constitution démocratique garantissant :

1 - La souveraineté du peuple sur la base d'une Assemblée législative composée des représentants du peuple, mandatés par elle.

2 - La souveraineté de ses décisions par rapport au cadre supranational corporatiste de Maastricht, du Fonds monétaire international et de la Banque mondiale.

3 - Le suffrage universel fondé sur la représentation proportionnelle intégrale des courants politiques en présence.

4 - La défense intégrale des services publics, l'arrêt de toutes les privatisations, la renationalisation des services publics déjà privatisés, le maintien du Code du travail, des statuts, des garanties collectives, l'unité de la République, etc.

Héritiers de la Révolution française, nous revendiquons également l'héritage de Jaurès. Jaurès, pour qui le contenu social de la démocratie s'exprimait en ceci même que, pour reprendre sa formule, *« le suffrage universel ne pourra être une vérité universelle que lorsqu'il sera fondé sur l'universelle propriété sociale »*. Remarquable formule, ô combien actuelle, près d'un siècle après que ces mots eurent été prononcés à la Chambre des députés le 15 décembre 1905.

Près d'un siècle plus tard, en effet, le refus obstiné des partis qui, historiquement, ont été constitués par la classe ouvrière, de se tourner vers « l'universelle propriété sociale », leur ralliement honteux et absolu à « la propriété oligarchique », pour reprendre la formule de Jaurès, aboutit à ce lamentable piétinement du suffrage universel.

Il revient à ceux qui combattent pour défendre l'indépendance de classe des organisations et pour l'Internationale ouvrière, de prendre entre leurs mains le drapeau de la reconquête de la démocratie. Pour les travailleurs, le combat pour la démocratie est sans limitation. Il a pour contenu immédiat la défense de toutes les garanties ouvrières et démocratiques menacées par un régime social moribond. Il a pour objectif général l'épanouissement de la démocratie jusqu'à l'établissement d'un régime fondé sur la démocratie, non seulement au plan politique, mais aussi au plan économique et social, ce qui suppose, au préalable, l'appropriation collective des moyens de production.

CHAPITRE 9

# Quelques mots avant de conclure

DANIEL GLUCKSTEIN : Revenons sur l'offensive en cours, politique et médiatique, contre le trotskysme. Articles de journaux, livres, enquêtes, prétendues « révélations » se succèdent à n'en point finir. Lorsque la campagne semble au bord de s'éteindre, elle reprend de plus belle. Le temps et l'espace nous manquent pour répondre, ici, à chacune de ces diffamations, calomnies, contrevérités ou falsifications. Nous nous employons à le faire, semaine après semaine, aussi régulièrement et systématiquement qu'il est possible, dans les limites de nos publications.

Quel est le contenu social de cette incessante campagne antitrotskyste ? Quel but poursuivent ceux qui la mènent, la commanditent, l'organisent, la sponsorisent et la financent ? Qu'est-ce qui les dérange à ce point dans l'existence de la IVe Internationale, de sa section française ? À les entendre, notre courant, décrit comme minoritaire dans ce pays – ce qui est parfaitement vrai – serait même quasiment marginal – ce qui est plus discutable. Certains affirment même volontiers que nous ne représentons rien. Mais alors, si nous ne représentons rien, pourquoi cet acharnement ?

PIERRE LAMBERT : Pour répondre à cette question, il ne serait pas inutile de présenter l'ensemble de notre politique.

La conférence que j'ai prononcée sur le thème « La IVe Internationale et la démocratie » dont le texte est reproduit dans le chapitre précédent, peut apporter, certes partiellement, une réponse. L'offensive contre le trotskysme et, au-delà, contre le mouvement ouvrier indépendant, s'insère dans une enveloppe qu'on hésite à qualifier de « théorique », tant elle exprime une pensée des plus vulgaires. Nous voulons parler du culte des médias, d'une part, et, d'autre part, du culte des « grands hommes ». À écouter ces gens-là, les médias feraient l'opinion publique et les « grands hommes » feraient l'histoire. De sorte que ceux qui, comme nous, refusent la soumission aux médias et la subordination aux « hommes providentiels », ceux qui, comme nous, restent fidèles à la conception traditionnelle du mouvement ouvrier selon laquelle les travailleurs ont pour seule force leur organisation, ceux-là devraient, de ce fait, être mis au ban de la société.

Un mot ici sur nos relations avec les médias. Nous n'avons rien contre la profession de journaliste et le journalisme en général, dès lors qu'il se fixe d'informer. Mais nous refusons de confondre information et « communication », information et propagande. Nous refusons de confondre l'information sur les faits avec la manipulation des consciences et des opinions. Est-il possible, dans le cadre du régime de la propriété privée des moyens de production, de disposer d'un système d'information libre et indépendant ? Est-il possible, plus précisément, dans le cadre des institutions antidémocratiques de la Ve République et de Maastricht, de disposer d'un système d'information libre et indépendant ? La chose est, apparemment, difficile. Les médias ne vivent pas de l'air du temps. Ils appartiennent à des grands groupes capitalistes privés ou sont sous le contrôle, direct ou indirect, de l'État. Et on ne voit pas pourquoi ces grands groupes capitalistes privés (cf. *Le Monde* où les actionnaires ont introduit ce quotidien du soir en Bourse) ou l'État devraient mettre en valeur le point de vue de ceux qui s'opposent à leur domination et leur politique.

Encore que... Encore qu'on pourrait concevoir que, même du point de vue de ceux qui veulent faire du profit avec les métiers de l'information, une condition pour ce faire puisse être de respecter une certaine déontologie. Autrement dit : que pour pouvoir « vendre » de l'information, encore faudrait-il que ce soit réellement de l'information et non pas de l'information préfabriquée. Jusqu'à un certain point, cette conception est présente dans la presse des États-Unis, ou encore, en France, dans la presse régionale. Mais il en va bien souvent autrement du système des médias nationaux en France [1].

Nous ne nous livrerons pas ici au procès des médias. Constatons simplement que la preuve a été apportée cent fois et même davantage qu'ils pouvaient scrupuleusement respecter une consigne de silence, aboutissant à ignorer délibérément telle manifestation de rue ou tel meeting public rassemblant des milliers et des milliers de participants à Paris. La preuve a été apportée qu'ils pouvaient boycotter

1. Que penser, par exemple, de ce qu'écrit le journaliste Jean-Claude Maurice dans le *Journal du dimanche* du 29 juillet 2001 ? Ce jour-là, le *JDD* reproduit une interview donnée en 1933 par Léon Trotsky au romancier Georges Simenon pour le quotidien *Paris-Soir*. Dans le commentaire signé Jean-Claude Maurice, qui présente cette interview, je relève : *« Trotsky a mis une condition expresse : les questions devaient lui être fournies par avance par écrit. Et il y répondait de la même manière, puis recevait l'envoyé spécial, mais les réponses devaient être publiées* "littéralement et in extenso". *On peut voir dans ces demandes, aujourd'hui exorbitantes, la nécessaire mesure de prudence... »* Je m'interroge : qu'y a-t-il d'« exorbitant » aujourd'hui à demander que les réponses publiées correspondent aux réponses fournies ? Faut-il en conclure que la déontologie journalistique de ce M. Maurice que je ne connais pas autoriserait à mettre dans la bouche d'une personne interviewée des réponses qui ne correspondent pas à celles qu'il a fournies ? Si tel était le cas... disons que cette « déontologie » n'est pas la nôtre.

systématiquement les campagnes du Parti des travailleurs ou de la IVe Internationale. La preuve a été apportée aussi qu'ils pouvaient, de manière tout aussi coordonnée et systématique, se faire les porte-parole de campagnes de calomnies et de diffamations (voir annexes).

Il arrive, parfois, que par un curieux effet d'inversement des causes et des conséquences, on nous attribue, à nous, on ne sait quelle position de boycott des médias qui expliquerait leur silence, à eux, nous concernant. C'est l'inverse. La preuve a été faite, dans la dernière période, que lorsque tel quotidien ou telle chaîne de télévision ou telle radio, décide de modifier sa position à notre égard et rend compte honnêtement de notre activité et de nos positions politiques ; ou même lorsqu'il décide de rompre le mur du silence et de nous donner la parole directement ; et bien, la preuve a été faite que cela est possible. Le courant politique que nous représentons s'exprime à claire et intelligible voix chaque fois que les médias lui en donnent l'occasion. Si ces occasions font figure d'exception, c'est bien parce que des consignes sont données (et respectées) visant à traiter d'une manière particulière le courant politique qui est le nôtre.

Pour quelle raison ? Peut-être parce que nous n'acceptons pas de considérer que les médias font l'opinion publique. Peut-être parce que nous n'acceptons pas de changer le moindre iota de notre politique, ni dans son contenu ni dans sa forme pour pouvoir séduire la machine médiatique. Non, nous ne considérons pas que les médias font l'opinion publique. Elles ne font et ne feront pas davantage *notre* politique. Les travailleurs, répétons-le, ont comme seule arme l'organisation. Cette arme ne peut être efficace et adaptée à l'objectif du combat d'émancipation qu'à la condition d'être indépendante, y compris financièrement : c'est le refus du financement par l'État, par l'Union européenne, par les institutions internationales.

DANIEL GLUCKSTEIN : Si les médias veulent parler de notre activité, et en parler de manière honnête, tant mieux. S'ils décident de n'en point parler, tant pis. Et s'ils décident de n'en parler, ce qui est le plus fréquent, que sous la forme de la calomnie et de la diffamation, eh bien nous combattrons et nous répondrons. Il y a eu des articles, des livres. Citons ici Bourseiller, Raffy, Plenel. Nous avons, à chaque fois, répondu dans le détail. Faits à l'appui – car seuls les faits peuvent ici aussi faire la preuve – nous avons montré que ces individus ne sont que des menteurs, des falsificateurs, des truqueurs : ils inventent de prétendus « faits historiques » qui n'ont jamais existé, en occultent d'autres qui prouvent le contraire de leurs assertions, font disparaître des preuves et des documents. À chaque fois, nous l'avons prouvé [1]. Ils n'ont jamais répondu. Pourquoi ? Parce qu'ils savent que les preuves que nous apportons de leurs falsifications sont indiscutables. Ils n'ont rien à répondre. Mais cela ne les empêche nullement de continuer.

Lorsqu'un Bourseiller est définitivement démasqué comme falsificateur, un Raffy prend le relais. Lorsqu'un Raffy est à son tour identifié comme un truqueur, c'est un Plenel qui prend le relais. Et sans doute, demain, Plenel ayant été mis à nu, d'autres se préparent déjà à être sur les rangs. C'est un besoin social, qui nourrit (dans tous les sens du terme) ces minables plumitifs. Un besoin social de la classe capitaliste qui se défend, et des appareils qui ont lié leur sort à elle.

Pas question donc ici de recenser la fastidieuse et interminable liste des mensonges et assertions diffamatoires

---

1. À ce sujet lire le supplément à *La lettre de la Vérité* n° 38 : *« Un faussaire nommé Christophe Bourseiller. »* À propos du livre publié par Serge Raffy, voir *Informations ouvrières*, n° 503 (2048) du 5 septembre 2001, article intitulé : « Il ne manque plus que les procès de Moscou. » Lire également en annexe de ce livre « La lettre ouverte à MM. Lévy et Plenel ».

proférés par les uns et les autres. Qu'on nous permette, cependant, de revenir sur l'un de ces « auteurs » qui tirent une gloire éphémère de leur contribution à la campagne antitrotskyste : Edwy Plenel.

M. Plenel est, en effet, un personnage important, puisqu'il dirige la rédaction du journal *Le Monde*. Or, *Le Monde* joue dans la société française, de la deuxième moitié du XXe siècle et de ce début de XXIe, un rôle très éminent. Il excipe d'un vernis de respectabilité et d'officialité, qui en font un pilier des institutions de la Ve République, voire l'une de ces institutions elles-mêmes. Pourtant, *Le Monde* est l'héritier du journal *Le Temps*, d'avant-guerre, *Le Temps*, dont on disait alors que c'était *« le mensonge fait journal »*. Le compliment vaut-il, aujourd'hui, pour *Le Monde* ? Si tel était le cas, ce serait *« le mensonge fait journal »*, mais un mensonge d'un genre particulier, tout en insinuations, en suggestions, en perfidies. *Le Monde*, c'est le jésuitisme fait journal.

Impuissant à contenir sa haine du trotskysme et du mouvement ouvrier, M. Plenel s'est, toutefois, laissé aller bien au-delà de l'habituel style de sous-entendus perfides auxquels son journal nous a habitués. Dans son livre, *Secrets de jeunesse*, nous l'avons pris la main dans le sac du mensonge pur et simple. Mensonge d'une gravité exceptionnelle, puisque salissant la mémoire des militants qui ont lutté contre le nazisme. Dans une lettre ouverte adressée au mois d'octobre 2001, à M. Plenel et à M. Lévy (lire en annexe, pp. 273-280), nous en avons fait la démonstration. Ni l'un ni l'autre n'ayant jamais répondu à cette lettre ouverte, nous la republions en annexe de ce livre afin que chacun puisse mesurer à quel point nous sommes modérés quand nous traitons Plenel de professionnel de la fabrication.

M. Plenel s'est vu décerner le prix Médicis de l'essai pour son livre *Secrets de jeunesse*. Comble de l'ironie, selon l'AFP, M. Plenel a reçu ce prix pour avoir publié *« un roman vrai sur le trotskysme »*. Voilà qui nous a interpellés, comme on dit aujourd'hui. Non pas que nous ayons la moindre qualité pour nous prononcer sur les choix des prix littéraires. Nous respectons trop le principe de la liberté dans le domaine de l'art pour vouloir nous immiscer dans les choix et décisions de ceux qui décernent les prix. Nous savons combien il est dangereux d'imposer une « ligne » à l'art et à l'artiste. Nous sommes, en la matière, parfaitement incompétents. Mais comme tout un chacun, nous croyons comprendre qu'un prix est décerné à un auteur que l'on a distingué parmi d'autres. En l'occurrence, M. Plenel a été distingué pour un ouvrage qui n'est par « sur » le trotskysme, comme l'écrit l'AFP, mais *contre* le trotskysme. C'est parfaitement son droit d'écrire un tel livre. Comme c'est le droit d'un jury de le sélectionner pour cela. En revanche, nous ne pouvons laisser passer l'idée qu'il s'agisse d'un « roman vrai ». La vérité sera peut-être couronnée, un jour, par le prix Médicis-Essai, ou un autre. Mais cette année, la récompense sera allée à un tissu de mensonges : il fallait que cela fût dit [1].

Dans tout tissu de mensonges, on peut toujours, toutefois, déceler des parcelles de vérités. Ici, Plenel livre quelques vérités... sur lui-même. Plenel cite *« un ancien cadre lambertiste »* lui rapportant *« une confidence de Pierre Lambert »* (on appréciera la précision de la citation et son caractère vérifié scientifiquement). Selon cette « confidence », Lambert lui aurait *« dit un jour quel était selon lui* "le plus beau nom"

1. Karl Marx a, il y a longtemps, observé que la taille des grands hommes est toujours relative à la grandeur de l'époque dans laquelle ils vivent. Dans une plaine parfaitement rase, la moindre motte de terre peut sembler une montagne, a-t-il écrit. M. Plenel est une toute petite motte de terre dans le désert de la pensée politique et sociale officielle. Cette petite motte de terre a été distinguée pour une unique raison : sa contribution à la lutte contre l'organisation ouvrière indépendante.

*pour une organisation révolutionnaire :* "l'homme quelconque". *Et Lambert d'ajouter :* "Dommage, c'était le nom d'un parti fasciste" » (p. 231). Rectifions : ni Lambert ni personne n'a considéré que *« l'homme quelconque »* était *« le plus beau nom pour une organisation révolutionnaire ».* Mais la formule, il est vrai, correspond à l'idée que nous avons de nous-mêmes. Militants révolutionnaires, nous ne prétendons pas être autre chose qu'humains parmi les humains, « hommes quelconques » parmi des millions, des milliards d'« hommes quelconques ». Nous ne prétendons pas être au-dessus du genre humain.

Cela, sans aucun doute, ne correspond pas à l'image qu'un Plenel se fait de la politique en général et du rôle que les hommes y jouent en particulier. En tout cas, cela ne correspond pas à l'idée qu'il se fait d'un grand homme en particulier : lui-même. Aussi, rappelant l'histoire du journal italien *L'Uomo Qualunque*, qui rassemblait les nostalgiques de Mussolini après la Seconde Guerre mondiale, Plenel en tire ce stupéfiant commentaire (p. 231) :

> « J'ose espérer que c'est à l'intitulé que pensait Pierre Lambert et non au programme. L'ambiguïté n'est pas dissipée pour autant. L'homme quelconque, c'est l'homme anonyme, l'homme discret, l'homme de la rue, l'homme de la foule, l'homme des masses... Autrement dit, la mort de l'individu. Au royaume de l'homme quelconque, les hommes ne comptent plus. »

Comme cela est bien dit, comme cela est beau ! Comme cela sonne faux ! Passons ici sur la manipulation selon laquelle une confidence supposée livrée par Lambert à un anonyme qui l'aurait rapportée à Plenel permet d'amalgamer Pierre Lambert et le programme d'une organisation rassemblant des nostalgiques de Mussolini – la chose, à vrai dire, n'étonne pas pour qui connaît ce que Plenel ose écrire concernant l'attitude de Lambert dans la Seconde Guerre mondiale (voir annexe). Au-delà, revenons sur ce que Plenel écrit au sujet du rôle de l'individu dans l'histoire. Pour lui, qui fut membre et même dirigeant de la LCR, l'engagement militant relève de l'exercice du plaisir solitaire. Militer, c'est répondre à *« l'empire de nécessité intérieure »* (p. 38). D'ailleurs (p. 38) :

> « Je fis mon apprentissage politique (...) non pas dans la confrontation des expériences et des actions, mais dans une conversation avec moi-même. »

On comprend que Plenel se soit lassé de militer : dix ans de *« conversation avec soi-même »*, c'est long. Tout cela n'est que pédant baratin. L'onanisme intellectuel dont Plenel fait étalage ne peut masquer le jeu des forces sociales. L'individu seul, face à sa glace, n'existe pas. L'individu existe comme animal social, qui ne se détermine jamais sans relation avec l'environnement social, les forces sociales en présence.

Plenel n'invente rien. Il ne fait que reprendre un refrain connu. Le marxisme considérerait le développement de l'histoire comme le résultat de grandes lois dans lesquelles les individus n'auraient aucun rôle ; il en découlerait un système d'organisation, qui réduirait les individus à n'être qu'une masse informe : *« les hommes ne comptent plus »*, pour reprendre la formule que le faussaire Plenel croit pouvoir déduire de l'anecdote attribuée à Lambert. À cette conception frauduleusement attribuée au marxisme, Plenel oppose une conception qui, elle, donnerait toute sa place à l'individu dégagé de toute contrainte d'organisation, et, en particulier, aux « grands hommes » qui font l'histoire.

Il y a là, de la part de Plenel et consorts, une triple mystification. Mystification sur les lois de l'histoire et la place qu'y occupent les individus ; mystification sur les conditions par lesquelles l'individu peut être libéré, les conditions par lesquelles il sera libéré ; et mystification sur le marxisme (voir annexe).

Plenel appartient à la catégorie de ceux qui se considèrent si importants que l'air devrait être honoré d'être par eux respiré et la terre sanctifiée qu'ils aient bien voulu y inscrire l'empreinte de leurs pas. Notre désintérêt pour l'espèce des « grands hommes » l'atteint comme un affront personnel. Pour lui, tout est affaire de « pouvoir » (p. 202) :

> « Comment ne pas croire que cet homme-là, Pierre Lambert, homme de réseaux multiples, de secrets bien gardés et d'amitiés excessivement fidèles, détienne une puissance énigmatique ? D'où vient que, aussi minoritaire soit-il en apparence, il puisse donner l'impression d'être au cœur de la République, tirant des fils personnels qui mêlent, voire embrouillent, franc-maçonnerie, syndicats et partis, tandis que son organisation lui reste entièrement dévouée et soumise ? Et ce secret trotskyste de Lionel Jospin, à la révélation duquel il prit grand soin de ne pas se mêler, n'est-il pas son triomphe discret, la démonstration éclatante du pouvoir qu'il eut et qu'il croit peut-être avoir encore ? »

PIERRE LAMBERT : N'en jetez plus !

# Conclusion

Dans quelle mesure cet entretien répond-il à son titre, *Itinéraires* ? Autrement dit, avons-nous réussi à transcrire ce qui s'est réellement passé, nous efforçant de toujours partir de faits vérifiables ? Une chose est en tout cas certaine : nous avons essayé d'éclairer ce que nous estimons devoir être l'objet de la politique, et qui ne se situe certainement pas au niveau où le placent la plupart de nos détracteurs.

Un exemple supplémentaire. Jean-Christophe Cambadélis, député PS, de Paris, est un « ex ». Il a commis, courant 2000, un livre insignifiant, intitulé *Chuchotements de la vérité* [1], qui ne mérite pas qu'on s'y arrête. Citons cependant un passage :

> « Si j'ai combattu durement Lambert et ses amis (...), si nous avons rompu avec lui, c'est parce que ses défauts étaient devenus insupportables, mais aussi que la révolution elle-même avait perdu pour nous son sens... Il faut ajouter à cela les traits propres à Pierre Lambert, et tout particulièrement une lecture "complotique" des événements (...). Tout est caché, tout n'est qu'apparence. (...) Un groupe dirigé par un homme – militarisé – pour un objectif mythique. »

1. Éditions Plon, juin 2000.

Au lecteur qui se demande pourquoi nous reprenons cette phrase de Cambadélis, nous répondrons en citant une lettre écrite par un certain « Kostas » le 13 avril 1986 [1], dans laquelle on pouvait lire :

> « Le 31e Congrès du PCI est convoqué dans les délais fixés par le 30e Congrès, les instances dirigeantes du parti ont discuté des textes présentés au 31e Congrès, j'ai manifesté des divergences. Je n'étais pas d'accord avec le projet politique soumis à la discussion. J'ai bien évidemment voté contre et appelé à voter contre. Mon explication de vote est publiée dans le bulletin intérieur, rien là que de très normal. La démocratie du parti a ses règles, elle est respectée et garantie. Tous les militants le savent. »

« Kostas » ajoute dans cette même lettre :

> « C'est alors que j'apprends par le bureau politique que certains disent : "Kostas sera exclu", qu'il aurait dû être exclu, cela en raison du fait qu'il n'y aurait pas de libre discussion dans le PCI ; "il serait impossible de discuter dans les instances du parti", le tout agrémenté d'ignobles calomnies sur les militants du parti et plus largement des militants ouvriers qui ne sont pas membres du parti, militants ayant consacré toute leur vie consciente à la cause de la classe ouvrière. »

Indiquons simplement que « Kostas » et Jean-Christophe Cambadélis ne font qu'un. Le camarade Kostas, le 13 avril 1986, dénonce la campagne de calomnies contre... ses camarades, et plus particulièrement contre le camarade Pierre Lambert. Campagne de calomnies qu'il reprend dans son

---

1. Voir lettre manuscrite publiée en annexe, pp. 281-288.

livre – publié en 2000 – notamment en y truquant le récit de sa démission du PCI... le 14 avril 1986. Nous estimons que cela caractérise « le bonhomme », même si le fait n'a qu'une importance minime (la IVe Internationale en a vu d'autres).

Le problème est ailleurs. À son corps défendant, le député PS Cambadélis donne sa vérité (même s'il la chuchote) :

> « La révolution elle-même avait perdu pour nous son sens. »

Le 13 avril 1986 (répétons-le, la veille de sa démission du PCI), Kostas, qui avait intérêt à se présenter comme militant révolutionnaire, écrivait :

> « Je n'accepte pas que soient utilisées mes positions politiques contre le parti, contre les militants ouvriers avec qui nous combattons pour construire le MPPT. J'ai des divergences sur l'appréciation de la situation et les tâches du PCI, tous ceux qui cherchent à se couvrir de mes positions pour autre chose que le débat démocratique dans le PCI tentent de porter des coups au parti et d'introduire de l'extérieur les procédés les plus misérables. Il s'agit pour eux d'empêcher les militants du PCI de débattre démocratiquement dans leurs instances régulières. Je le leur dis, ils n'y arriveront pas. »

Un dernier mot : ce n'est certainement pas en une nuit, du 13 au 14 avril 1986, que Cambadélis a connu son chemin de Damas et tourné sa veste pour occuper aujourd'hui la place de choix qui est la sienne dans les rangs de nos calomniateurs et des zélotes du « socialisme moderne ». Le 14 avril 1986 est certainement pour lui l'achèvement d'un long processus commencé bien des années auparavant. N'ayant pas encore tous les éléments et conformément à notre méthode qui consiste à ne partir que des faits, nous différons la réponse à la question : à partir de quel moment Cambadélis et ses amis ont-ils « basculé » sur la voie qui devait les amener à devenir les serviteurs zélés du système pourrissant de la propriété privée des moyens de production.

Ces écrits dépassent tout en malveillance et calomnie. C'est un tissu de ragots, mensonges et absurdités. Il faut pourtant s'y accoutumer. Le combat pour la IVe Internationale est difficile, et ces gens cherchent à se persuader que c'est la faute d'X, Y ou Z s'ils sont passés de l'autre côté, maquillant à leurs propres yeux la réalité de ce qu'ils sont devenus.

Une longue expérience nous a appris, compte tenu des intérêts en jeu, qu'il est aussi difficile de peigner un diable qui n'a pas de cheveux que de faire rectifier les « erreurs » intéressées avec lesquelles on tente de discréditer la IVe Internationale.

C'est précisément ce cadre qui permet de mesurer la signification de ces calomnies, de ces attaques à caractère personnel, dont l'unique but est d'obscurcir la compréhension des événements de la situation mondiale et de chaque pays, d'obscurcir la compréhension de l'évolution des choses qui place l'humanité entière devant l'alternative : socialisme ou barbarie.

Armés de la méthode du marxisme, nous cherchons à aider à la liaison entre celles et ceux qui entendent œuvrer à la lutte pour la libération de l'homme des chaînes de l'exploitation et de l'oppression. Pour le reste, nous faisons nôtre ce que déclarait Marx en 1876, reprenant les mots du grand révolutionnaire russe Tchernychevski : *« Qui marche sur des chemins historiques n'a pas le droit de craindre la boue. »* Tchernychevski n'était pas marxiste, mais Marx et Tchernychevski étaient des révolutionnaires.

***

Nous sommes arrivés au terme de notre entretien. Il y aurait bien des développements à présenter, mais il faut conclure. Avons-nous clairement démontré combien et pourquoi la malveillance de nos détracteurs usait du faux et de la calomnie ? Une chose est en tout cas certaine : pour présenter notre politique, nous ne nous sommes appuyés que sur des faits et des documents.

Ainsi, pour préparer cet entretien, nous avons été amenés à relire différents documents illustrant le long et difficile parcours de celles et ceux qui se sont organisés, à l'appel de Léon Trotsky, pour construire la IVe Internationale et ses sections nationales.

Ce n'est évidemment pas dans le cadre de cet entretien que nous pouvons aborder les réponses à toutes les questions qui se posent. Il nous semble néanmoins intéressant de répondre succinctement à l'une d'entre elles : *« Si c'était à refaire, referiez-vous la même chose ? »* Réponse : oui, si c'était à refaire, nous referions la même chose, évidemment en nous efforçant d'éviter les erreurs que nous avons pu commettre. Le problème, pour un militant ou une organisation, n'est pas tant de faire des erreurs – tout le monde en fait. Le marxisme n'a rien à voir avec un quelconque prophétisme, une quelconque religion ; quand on a commis une erreur, il s'agit d'en rechercher la racine, afin de pouvoir l'éviter à l'avenir. Certes, il a bien fallu rectifier en avançant, et cela n'a pu se faire que dans la lutte de classe. Rappelons ce qu'écrivait le compagnon de combat de Marx, Engels, en 1886 :

> « Il n'y a pas de meilleur chemin pour atteindre à la clarté théorique que de s'instruire de ses propres erreurs. L'important c'est d'aider [par l'organisation – NDR] la classe ouvrière à se mettre en mouvement comme classe, en se débarrassant de toute tutelle, parce que la tutelle poursuit d'autres fins. Une fois cela obtenu, les travailleurs trouveront la bonne direction. »

Concrètement, si notre entretien a pu convaincre que la lutte des classes, la lutte de classe, n'est pas reléguée au magasin des accessoires vieillis de l'histoire, si ainsi nous avons pu convaincre qu'il faut s'organiser pour rechercher collectivement une issue positive à la crise de l'humanité, alors nous aurons contribué à faire avancer le combat pour une issue positive à cette crise.

Pour conclure : quelques extraits d'un entretien (novembre 1999) avec un journaliste de *La Croix* (entretien que ce journal n'a pas publié).

> *La Croix :* Pourquoi êtes-vous gêné ? À la limite, on ne peut pas reprocher à un certain nombre de militants trotskystes d'avoir voulu, d'avoir eu l'ambition d'être, comme vous le dites, assis à la table des grands. Peut-on le leur reprocher ?
>
> Pierre Lambert : Tout dépend de ce qu'ils y font. Je pense qu'on peut changer d'opinion. Il y a des militants qui ont été trotskystes, qui ne le sont plus. Je ne le leur reproche pas. Mais à une seule condition : qu'on ne « crache » pas sur son passé. Il y a des camarades avec qui j'ai milité, dans des années difficiles, et qui ont modifié leur position, qui ne s'estiment plus trotskystes, et avec qui je conserve d'excellentes relations. Ce que je n'accepte pas, c'est le mensonge, la calomnie, et le petit arrivisme de bas étage. Pour le reste, c'est la vie. Ils ont fait ce qu'ils ont voulu. La seule question, c'est qu'ils n'ont pas le droit de mentir, de camoufler leur position, leurs combines... On voit où cela a mené la classe ouvrière.
>
> (...)
>
> Pierre Lambert : En falsifiant, les gens arrivent à tellement se convaincre eux-mêmes de ce qu'ils veulent dire qu'ils finissent par y croire. Même quand ce sont

des mensonges. C'est absurde. Je suis un vieux militant, j'ai eu des responsabilités, j'ai vu des militants qui pensaient que le plus important pour eux, c'étaient les postes honorifiques et officiels. La question, ce sont les intérêts qu'on défend. D'ailleurs cela ne vaut pas seulement pour les trotskystes. Dans le mouvement ouvrier, il y a des militants qui n'ont jamais été trotskystes, et que je respecte toujours. Des militants comme Pelloutier, qui était anarchiste, que je respecte beaucoup. De même Jean Jaurès, qui n'était pas marxiste, et bien d'autres. C'est la conception du mouvement ouvrier qui, pour aider les travailleurs à être organisés, doit assurer la liberté totale de discussion, pour la défense exclusive des intérêts ouvriers. Les patrons défendent leurs intérêts, je ne vois pas pourquoi les travailleurs n'auraient pas le droit de se constituer en organisations indépendantes pour défendre les leurs.

*LA CROIX :* Dans ce cadre-là, vous avez suivi, j'imagine, avec une certaine jubilation la polémique sur le « certificat de baptême » de Lionel Jospin. Qu'avez-vous à dire là-dessus ?

PIERRE LAMBERT : Je n'ai jamais été à l'école avec lui. Je juge Jospin sur ce qu'il fait. Pour le reste, la personnalité de Jospin ne m'intéresse pas.

*LA CROIX :* On dit, mais vous le savez mieux que moi, que Lionel Jospin était membre de la IVe Internationale, qu'il était placé au Parti socialiste par votre intermédiaire, mais que François Mitterrand... parce qu'entre Pierre P. Lambert et le Florentin il y avait quand même des liens qui se faisaient...

PIERRE LAMBERT : J'ai toujours refusé de voir Mitterrand.

*LA CROIX :* D'accord.

PIERRE LAMBERT : Je n'ai rien à voir avec tout ce qui se dit ou s'écrit. Ce qui compte, c'est ce que fait Jospin aujourd'hui, sa politique. C'est ça qui est grave. Ce sont là des faits, pas des supputations.

(...)

*LA CROIX :* Vous parliez de Cambadélis, de ceux qui ont quitté le PCI... Ils ont trahi la IVe Internationale ?

PIERRE LAMBERT : Le mot « trahison », vous savez... Qu'ils aient changé d'idée, c'était leur droit.

*LA CROIX :* C'est la trahison que vous n'avez pas digérée ?

PIERRE LAMBERT : Digérer ? Vous savez, nous en avons vu d'autres. On raconte que Cambadélis était mon porte-parole, je ne sais quoi encore...

*LA CROIX :* Plus que ça, si vous permettez, votre successeur désigné, votre dauphin.

PIERRE LAMBERT : C'est le vieux monde qui parle ainsi. « Successeur » ? Il n'y a pas de « successeur », il n'y a rien de tel. Ce sont là des absurdités.

*LA CROIX :* Quelles relations aviez-vous avec Kostas ?

PIERRE LAMBERT : Les mêmes relations qu'avec tous les militants de mon parti. Lorsque Cambadélis était trotskyste, il était correct. Puis il a fait ce qu'il a voulu et, ayant abandonné le trotskysme, il est allé là où il est. La question, pour moi, ce n'est pas le fait qu'il ait modifié ses positions. Mais on ne crache pas sur son passé, sur son ancien parti. Il est passé de l'autre côté. Il l'a fait pour ses propres intérêts. J'ajouterai néanmoins : lorsque Cambadélis est entré à notre organisation, il était jeune, il n'était pas ce qu'il est devenu maintenant.

*La Croix :* Mais on dit que c'est vous qui l'avez fait.

Pierre Lambert : Moi, je l'ai « fait » ? Quelle absurdité ! Même mes enfants, je ne leur ai pas dicté ce qu'ils pensent. Je dis ce que je pense, et tout le monde discute. Vous savez, le centralisme démocratique, vous ne pouvez pas comprendre, parce que vous ne le connaissez pas. Le centralisme démocratique, c'est la liberté totale de discussion, sans hiérarchie, du sommet à la base et de la base au sommet. Mais quand une décision est prise, la minorité et la majorité mettent en œuvre cette décision. Ensuite, la discussion libre sur les résultats est rouverte. Si la minorité n'est pas d'accord, elle s'en va. Qui peut penser, alors que toute la situation mondiale et dans ce pays va vers l'effondrement, que les mensonges vont pouvoir masquer les choses ? Or, nombreux sont ceux qui le croient, notamment des journalistes.

*La Croix :* Pas moi, en tout cas. Quel jugement portez-vous sur cette génération de gens que vous avez très bien connus, qui sont du même âge que Cambadélis et qui portent d'autres noms, qui sont de près ou de loin liés aux affaires ?

Pierre Lambert : Quand ils étaient jeunes, ils voulaient certainement changer le monde. Ce n'est pas seulement chez les trotskystes que cela existe. Il y en a dans tous les partis. Ceux-là, qui sont devenus privilégiés, n'ont plus de relation avec ce qu'ils étaient quand ils étaient jeunes. Le reste n'a pas d'intérêt. Ce n'est pas une question idéologique. Je suis matérialiste, je ne crois pas qu'on est déterminé à la naissance. Je suis marxiste, et je pense que ce sont les conditions d'existence et la politique qui déterminent la conscience. Dans d'autres conditions, ils seraient peut-être devenus autre chose.

(...)

*La Croix :* Vous croyez encore au grand soir ?

Pierre Lambert : Le grand soir n'existe pas. Il y a des centaines de millions d'êtres humains qui combattent pour leur survie. L'objectif pour lequel nous construisons notre organisation, c'est d'aider à leur émancipation. Aider, parce que je ne pense pas qu'il y a des « guides ». Je pense que l'émancipation des travailleurs sera l'œuvre des travailleurs eux-mêmes. Le rôle d'un parti n'est pas de donner des ordres. C'est la discussion libre, la démocratie, qui permettra aux plus grandes masses, aux travailleurs, de prendre leur propre sort entre leurs mains. Sur ce terrain-là, je pense que c'est juste de mener le combat contre le système de la propriété privée des moyens de production, qui entraîne l'humanité à la barbarie. Les Africains vont être exterminés. Et il y a le Kosovo... Il s'agit d'aider les exploités à se libérer, par leur propre mouvement, des chaînes de l'exploitation. Et ce n'est pas le « grand soir ». Ceux qui parlent du grand soir, c'est la réaction. Les hommes font leur propre histoire. Et pour les y aider, il ne saurait y avoir de mensonges. Que valent toutes les « saloperies » qui peuvent se raconter contre nous, quand on voit la tragédie de la situation actuelle ?

*La Croix :* Vous voulez dire que ces saloperies ne sont rien au regard de cette tragédie ?

Pierre Lambert : Exactement. Je pense que le programme qui est le nôtre répond sur le terrain des principes, à ce qui permet d'aider à l'émancipation des travailleurs par eux-mêmes. Sur le terrain des principes, les événements étant ce qu'ils sont, il s'agit d'aider à ce que les hommes s'émancipent de l'exploitation.

# Annexes

1. Extraits de la brochure rédigée en 1960 par Pierre Lambert à la demande du syndicat des monteurs-levageurs CGT : *« Accident ou crimes ? Le syndicat des charpentiers en fer monteurs-levageurs accuse... »*

2. Le bilan de la gauche plurielle au gouvernement est plus qu'éloquent.

3. La Commune de Paris. Discours prononcé devant le Mur des fédérés par Daniel Gluckstein le 29 mai 2001.

4. Lettre ouverte à Messieurs Plenel et Lévy.

5. Lettre manuscrite signée Kostas du 13 avril 1986, 18 heures.

## 1

**Extraits de la brochure rédigée en 1960 par Pierre Lambert à la demande du syndicat des monteurs-levageurs CGT :** ***« Accident ou crimes ? Le syndicat des charpentiers en fer monteurs-levageurs accuse... »***

# LE SYNDICAT
## *des charpentiers en fer*
# ACCUSE...

*La progression du nombre des accidents mortels dans la profession prend, ces dernières années, une allure de catastrophe.*

*Les statistiques publiées par l'« organisme professionnel du bâtiment et des travaux publics de la région parisienne » (O.P.P. B.T.P.) pour les années* 1951, 1952 *et une partie de* 1953, *indiquent que, sur un total de* 1.675 *accidents du travail, il y a :*

— 35 *accidents mortels, soit* 2,10 % ;

— 497 *« incapacités permanentes provisoires » (I.P.P.), c'est-à-dire accidents graves, soit* 29,65 % ;

— 1.143 *arrêts de travail sans I.P.P., soit* 68,25 %.

*Pour* 1956, *le service de statistique de la caisse régionale de Sécurité Sociale, alerté par le syndicat des charpentiers en fer monteurs-levageurs, indiquait que, sur* 100 *charpentiers en fer,* 52 *étaient accidentés chaque année,* 3,8 % *de ces accidents étant mortels.*

*Environ 1.300 charpentiers en fer travaillent sur les chantiers de la région parisienne. Si l'on compare à ce chiffre le taux annuel des accidents mortels dans la profession, on constate que, dans la corporation des monteurs-levageurs, il y a, chaque année, un accident mortel sur 52 ouvriers (au lieu de 1 pour 3.640 ouvriers dans la corporation des carreleurs). On peut alors en déduire que, sur 100 charpentiers en fer qui entrent dans la profession à l'âge de 16 ans, 39 seulement, en moyenne, atteindront l'âge de la retraite (65 ans).*

*Et cela, à supposer que le taux annuel des accidents mortels n'augmente pas. Or, c'est le contraire qui est vrai. Depuis le 1ᵉʳ janvier 1960, le nombre d'accidents mortels s'élève à 21 (dont 4 durant le seul mois d'août !).*

*C'est pourquoi le syndicat des monteurs-levageurs, réuni en assemblée générale, a-t-il mandaté son bureau pour engager l'action. Nous le déclarons nettement : la colère gronde dans la corporation. Les pouvoirs publics doivent prendre les mesures qui s'imposent. Nous répétons ce que nous avons déclaré en propres termes à l'inspecteur divisionnaire du travail :* Au cas où les pouvoirs publics seraient incapables de faire appliquer par les patrons la législation sur la sécurité, le syndicat déclinera toute responsabilité sur les conséquences des actions que les monteurs-levageurs seraient contraints d'engager pour faire respecter leur droit à la vie.

*Car les responsabilités sont définies sans la moindre équivoque. Les faits que relate cette brochure ont été dûment contrôlés et vérifiés. Ils appellent des réponses positives.*

*Le 22 septembre 1960.*

# MORT D'UN CHARPENTIER EN FER

PRENONS quelques exemples, parmi des centaines d'autres, pour la seule année 1960.

En mars 1960, on a pu lire dans la presse ces trois lignes :

« *Tombé d'un échafaudage haut de dix mètres, un ouvrier est tué sur le coup.* »

Qui était cet ouvrier ? GABY FORREST, embauché par les établissements Chancel (Montreuil) sur un chantier de Gennevilliers. A dix mètres du sol, Gaby Forrest, surplombant le vide, était occupé à la pose d'un escalier. Il travaillait sur une plateforme sans garde-corps (1) !

Gaby Forrest, au moment de sa mort, avait 57 ans. L'âge légal de la retraite est de 65 ans. Cette retraite se monte à 23.500 francs par mois. A 60 ans, la retraite anticipée est d'environ 12.000 francs par mois. Malade depuis quelques mois (900 F d'indemnité journalière de la Sécurité Sociale), Forrest hésitait à remonter sur l'échafaudage. Il aurait bien voulu trouver un autre emploi. Mais, à son âge, on ne trouve plus de travail. Et, si l'on veut conserver son salaire, il faut conserver sa qualification — donc, continuer à « *faire de la voltige* », comme à 20 ans. A 57 ans, la forme physique n'est plus la même. Ce matin du 9 mars 1960, Forrest montait pour la première fois depuis trois mois. Quatre heures après avoir repris son travail, il s'écrasait sur le pavé.

Dans une brochure intitulée « *Sécurité* », éditée par l'organisme officiel de prévention, l'O.P.P.B.T.P., on lit ces mots :

« LE GARDE-CORPS VOUS SAUVERA. »

Les établissements Chancel n'ont pas appliqué cette précaution élémentaire. Ils n'ont pas été poursuivis !

*
* *

---

(1) *Garde-corps :* barrière de 0m,90 à 1m,10 de haut, placée en bordure du vide sur un échafaudage.

Le 23 avril 1960, Jean Joris, 31 ans, marié, un enfant, travaillait sur le chantier de l'Elysée (présidence de la république) pour les établissements Tubrapid (société anonyme au capital de 100.000 NF, 70, avenue du Maine, Paris-14e), comme monteur-levageur, au taux horaire de 290 francs. L'accident survint à 10 h. 30. Joris passait un tube de 2 mètres à un compagnon qui se trouvait sur l'échafaudage, haut de 4 mètres. Le tube échappa aux doigts du compagnon, qui l'avait saisi en bout, et vint frapper Joris. Pourquoi ?

*Première violation de la sécurité :* les tubes venaient d'être goudronnés ; ils avaient été peints une heure avant montage, alors qu'ils auraient dû l'être quatre à cinq jours plus tôt, afin d'être manipulés secs.

*Deuxième violation de la sécurité :* Joris travaillait sans casque de protection.

*Troisième violation de la sécurité :* les ouvriers travaillaient sans ceinture de sécurité (1).

Joris s'en est tiré avec une fracture du crâne. Après trépanation, il reste paralysé, mutilé du travail à 100 %, avec une incapacité permanente de travail (perte de mémoire, vertiges, maux de tête, troubles visuels). A 31 ans, il est infirme à vie.

***

Dans la brochure citée plus haut de l'O.P.P.B.T.P., on lit encore :

> « Servez-vous des dispositifs de protection. Portez une ceinture de sécurité. »

Mais Bouzid, travailleur algérien, 31 ans, est tombé le 4 août 1960, parce que les établissements Eitex, 98, avenue du Président-Wilson, Pavillons-sous-Bois, n'avaient pas mis de ceintures de sécurité à la disposition des monteurs-levageurs travaillant sur le chantier Vilmorin, à Palaiseau. Bouzid monta à 7 h. 00 du matin. 40 minutes plus tard, il tombait de 7 mètres de hauteur et s'écrasait au sol. Transporté à l'hôpital, il y succomba dans d'atroces souffrances. « *Priez pour moi, madame, je souffre atrocement* », murmurait-il à l'infirmière.

***

(1) *Ceinture de sécurité :* un décret de 1913, modifié en août 1925, rend obligatoire la mise à la disposition des ouvriers de ceintures de sécurité.

Citons encore le monteur-levageur GREGORIEFF, 26 ans, deux enfants (5 ans et 2 mois), employé aux établissements Van Pluyven, à Saint-Ouen, qui a glissé d'une hauteur de 3 mètres et est mort dans la soirée. Lui aussi travaillait *sans garde-corps.*

Ces quelques cas, pris parmi des dizaines d'autres, permettent déjà de souligner l'écrasante responsabilité des patrons. Ceux-ci ne veulent pas respecter les règles les plus élémentaires de sécurité, parce que cela les obligerait à accepter une baisse du rendement du travail d'au moins 50 %. Mais il faut que le lecteur sache que les employeurs jouissent d'un appui total des pouvoirs publics. Nous y reviendrons.

***

Chacun a pu admirer ce chef-d'œuvre de la technique que constitue une centrale thermique moderne. Mais bien peu savent que la construction de chacune des centrales de Vitry-sur-Seine, de Gennevilliers (Seine), de Porcheville (Seine-et-Oise), de Saint-Leu-d'Esserant (Oise) a coûté à la profession 6 ou 7 morts !

Il n'est pas inutile de signaler ici que les conditions de travail, pour la construction d'une centrale, sont sous le contrôle des services techniques de l'E.D.F. (Electricité de France), services qui sont placés sous la direction de l'ingénieur de la circonscription électrique, cet ingénieur faisant ici fonction d'inspecteur du travail.

***

La centrale en construction à Vaires-sur-Marne (Seine-et-Marne), depuis mai 1960, a déjà coûté la vie à trois ouvriers. Elle sera terminée vers mai 1962. Si le rythme des accidents mortels se maintient, le tribut payé par les travailleurs atteindra le chiffre de 14 ou 15 morts !

Le 26 juillet 1960, à Vaires-sur-Marne, le monteur-levageur BELAID s'écrasait au sol. Il tombait d'une hauteur de 30 mètres, heurtant au passage une poutre située à 20 mètres du sol. Belaïd travaillait pour les établissements *Eiffel-Baudet-Donon-Roussel*, gigantesque trust contrôlé par la *Banque de Paris et des Pays-Bas.* Les circonstances de cet accident doivent être examinées. Un contrôleur à la sécurité des services de prévention de la Caisse régionale de Sécurité Sociale, examinant les conditions de travail au chantier E.B.D.R. de Vaires-sur-Marne, avait mis en demeure cette entreprise de mettre en place des planchers de sécurité. Cette mise en demeure, adressée, deux semaines avant l'accident, à l'employeur et à l'ingénieur de la circonscription E.D.F., n'avait été suivie d'aucun effet.

***

La mort de Belaïd ne mit pas fin au scandale, et, le 7 septembre 1960, deux ouvriers qui travaillaient à la construction de cette même centrale de Vaires-sur-Marne tombaient, du haut de la cheminée en construction, d'une hauteur de 115 mètres ! Pour reprendre, à 13 h. 30, leur poste de travail, ces deux travailleurs s'étaient attachés au câble de la benne par leur baudrier (ceinture) et se faisaient hisser par la grue, destinée au levage des matériaux. Le câble céda et les deux hommes s'écrasèrent au sol.

Les circonstances de l'accident mettent en lumière une double responsabilité :

a) *Responsabilité de l'ingénieur de la circonscription électrique.* Celui-ci, M. Paquignon (Bureau de l'E.D.F., 9, rue de Milan, Paris-9e), qui, en l'occurrence, assumait, nous l'avons dit, les prérogatives d'un inspecteur du travail, a donné l'autorisation à l'entreprise pour laquelle travaillaient ces deux ouvriers de procéder avec cette légèreté criminelle, contre des prescriptions pourtant formelles. La brochure de l'O.P.P.B.T.P., déjà citée, n'écrit-elle pas :

> « LES GRUES NE SONT PAS DES ASCENSEURS. IL EST INTERDIT DE SE FAIRE HISSER DANS LEURS BENNES... LES MONTE-CHARGES DE CHANTIER SONT DESTINÉS AU TRANSPORT DES MATÉRIAUX, ET NON A CELUI DU PERSONNEL. »

Le personnel, lui, doit gagner les plates-formes de travail par des échelles munies de carters de protection (1).

b) *Responsabilité de l'entreprise.* Le câble, d'une section de 8 mm, prévu pour une charge de 800 kg, a cédé sous un poids inférieur à 200 kg. Obligation est pourtant faite aux entreprises utilisant des engins de levage d'opérer de constantes vérifications des câbles et des parties mécaniques de ces engins. Pour des motifs aisément compréhensibles, ces prescriptions sont restées lettre morte. A seule fin de réduire la durée des interruptions dans le fonctionnement de l'outillage, donc d'assurer un amortissement plus rapide du capital investi, autrement dit d'accroître les profits réalisés, l'entreprise Larbanet, de Suresnes (Seine), n'a pas hésité à sacrifier la vie de deux travailleurs. « *Accidents du travail* », ou meurtres ? Nous posons la question.

*
* *

(1) *Carters :* cerceaux formant un couloir de protection autour d'une échelle. On les appelle aussi « *crinolines* ».

Ouvrons encore une fois la brochure de l'O.P.P.B.T.P. Les homélies lénifiantes et moralisantes, adressées aux ouvriers, n'y manquent pas :

> « UN BON OUVRIER », y lit-on, « A SOIN DE SON MATÉRIEL ET DE SES OUTILS... VOUS ÊTES LE PREMIER A VOUS APERCEVOIR DES DÉFECTUOSITÉS DU MATÉRIEL ; SI VOUS NE POUVEZ Y REMÉDIER VOUS-MÊME, SIGNALEZ-LE A VOS CHEFS... SIGNALEZ, AUX FINS DE RÉFORME, TOUT CABLE QUI A PLUS DE 4 FILS ROMPUS... POUR COLLABORER EFFICACEMENT A LA PRÉVENTION, IL FAUT VOULOIR, ET POUR CELA : AVOIR CONSCIENCE DE SA RESPONSABILITÉ PERSONNELLE ET SOCIALE ; SAVOIR, ET POUR CELA : AVOIR ÉTUDIÉ LES RÈGLEMENTS DE SÉCURITÉ ET LES RÈGLES DE PRUDENCE ÉDICTÉS PAR LES ORGANISMES PROFESSIONNELS ; POUVOIR, ET POUR CELA : DISPOSER D'UN MATÉRIEL APPROPRIÉ ET EN BON ÉTAT. MAIS NI LES ORDRES, NI LES RECOMMANDATIONS DE VOTRE PATRON NE VOUS DISPENSENT DE RÉFLÉCHIR PAR VOUS-MÊME, ETC. »

Que voilà d'excellents préceptes ! Voyons un peu la pratique correspondante.

Un membre du bureau du syndicat, excellent professionnel, est embauché par l'entreprise S.E.A.L., 214, avenue du Président-Wilson, à Saint-Denis. Il est dirigé sur l'un des chantiers de la société (celui de Brévannes), où aucune mesure de sécurité n'est appliquée. Pour maintenir les poteaux et la *ferme* (terme technique qualifiant toute la partie supérieure de la charpente d'un bâtiment), l'entreprise prétendait « *haubanner* » (les haubans sont des câbles d'acier) avec du fil de fer. De plus, la manipulation des grues (tout juste bonnes pour la casse) présentait les plus grands dangers. Notre camarade signale les « *défectuosités du matériel* » à son patron : dès le lendemain, il est licencié sous un mauvais prétexte ! ! C'est tout.

## 2

## Le bilan de la gauche plurielle au gouvernement est plus qu'éloquent

À peine est-il élu que, le 19 juin 1997, Jospin annonce qu'il appliquera le plan Juppé sur la Sécurité sociale, transférant les cotisations salariales à une CSG élargie et avançant dans le sens de la fiscalisation de la Sécurité sociale. Le même jour, sont annoncés le développement des emplois de proximité substitués aux emplois à statut dans la fonction publique, le passage à l'euro et le projet de loi dit « sur les 35 heures ».

La semaine suivante, le ministre de l'Éducation Allègre entame un assaut généralisé contre l'école de la République. Il lâche la fameuse formule sur la nécessité de *« dégraisser le mammouth »* de l'Éducation nationale. Ce qui, pour commencer impliquerait 5 600 suppressions d'emplois de fonctionnaires, la création des fameux « emplois jeunes » précarisés, la remise en cause du mouvement national des enseignants. Tout cela au nom (c'est sa formule) de *« l'école de Jules Ferry est dépassée »*.

En juillet 1997, le gouvernement annonce la création de 350 000 « emplois jeunes », véritable machine de guerre pour condamner la jeunesse à la précarité et détruire les emplois à statut. Il annonce la tenue d'une Conférence nationale sur l'emploi, les salaires et la durée du travail, visant à associer les organisations syndicales à la politique de Martine Aubry appliquant le traité d'Amsterdam. Il confirme l'ouverture du capital de France Telecom, c'est-à-dire la marche à la privatisation. Il met en place les « Réseaux ferrés de France » qui déconnectent le réseau de la SNCF de l'exploitation, préparant la privatisation à l'image de ce qui se passe en Angleterre, quoi qu'il en dise.

À la rentrée de septembre 1997, le ministre Allègre confirme les centaines de fermetures de classe décidées par son prédécesseur, M. Bayrou. Le dispositif des « emplois jeunes » se met en place. Dans les hôpitaux, des milliers de lits sont supprimés. Le capital d'Air France est ouvert à la concurrence à hauteur de 49 %. Au même moment, on apprend que la médecine scolaire est en train de disparaître, aucun poste n'étant créé cette année-là. Martine Aubry annonce le basculement des cotisations salariales maladie vers la CSG et la vente de 30 % du capital de France Telecom.

Discuté à l'automne 1997, le budget 1998 est le premier de la gauche plurielle. Il rend imposables pour la première fois les indemnités de maternité : des milliers de familles modestes qui, jusque-là, ne payaient pas l'impôt, vont désormais le payer. Il maintient l'augmentation de 2 % de la TVA décidée par Juppé. Il augmente la redevance audiovisuelle. Il n'augmente pas, en revanche, l'impôt sur les grandes fortunes et prévoit un crédit d'impôt pour les patrons qui embauchent... des travailleurs précaires.

En octobre 1977, la Conférence nationale sur l'emploi jette les bases de « l'ARTT » version Martine Aubry, qui implique, en réalité, le blocage des salaires, l'annualisation, la flexibilité et la remise en cause de toutes les conventions collectives et des statuts. Au même moment sont annoncés ce que seront les crédits d'impôts des entreprises pour les 35 heures : elles toucheront 9 000 F pour une réduction de 10 % des horaires, 10 000 F pour une réduction identique avec des efforts particuliers et des abattements sur les cotisations sociales au bénéfice du patronat.

En novembre 1997, la « gauche plurielle » adopte la loi de financement de la Sécurité sociale, pièce maîtresse du plan et des ordonnances Juppé. En décembre 1995, la gauche, minoritaire à l'Assemblée nationale, s'était opposée au plan Juppé. Désormais, elle l'applique : par cette loi de financement, l'État devient le gestionnaire direct de la Sécurité sociale. Cette loi prévoit l'exonération massive des cotisations patronales.

En décembre 1997, la loi Guigou sur la nationalité révise les conditions d'acquisition automatique de la nationalité française sur la base du droit du sol. Un acquis de deux siècles, issu de la Révolution française, est ainsi remis en cause, menaçant l'avenir de dizaines de milliers de jeunes nés en France de parents immigrés.

En janvier 1998, la loi Chevènement maintient le dispositif des lois Pasqua-Debré, et prolonge la durée de détention possible de dix à douze jours pour les étrangers en situation irrégulière. Au même moment, sont annoncées toute une série de privatisations de services dépendant du ministère de l'Équipement. De son côté, le gouvernement annonce qu'il ne rehaussera pas les minima sociaux et qu'il entend remettre en cause le régime d'assurance chômage. Ce même mois : blocage des salaires et suppressions d'emplois sont annoncés dans la fonction publique.

C'est également la publication du projet de loi Aubry qui privilégie les accords d'entreprises sur les conventions collectives et les statuts, et qui crée les conditions de la remise en cause de tout le cadre des garanties collectives mis en place depuis la Libération. En fait, la « loi Aubry », sous couvert de réduction du temps de travail, permet d'allonger la journée de travail en France.

À l'Assemblée nationale, en février 1998, Martine Aubry fera cet aveu : la loi que je présente est une *« véritable opportunité pour les entreprises »*. On ne saurait mieux dire. La loi est adoptée par PS, PCF, MDC, Verts. Depuis, on peut dire sans risque d'erreur qu'il n'y a jamais eu avant la loi Aubry une loi prétendument « sociale » qui soit à ce point une arme de démantèlement de toutes les garanties collectives des salariés. Jamais non plus, une loi « sociale » (*sic*) n'aura provoqué contre sa mise en œuvre un nombre aussi impressionnant de grèves, qui se poursuivent aujourd'hui.

Février 1998 : le gouvernement américain et d'autres organisent de nouvelles frappes sur l'Irak. Hubert Védrine déclare : *« La France ne condamne pas à l'avance l'option militaire mais ne la juge pas souhaitable. »* « Souhaitable » ou pas, l'impérialisme américain se fiche comme de l'an 40 des opinions du ministre. Au même moment, Claude Allègre supprime 2 785 postes au CAPES et à l'agrégation, et 6 300 postes en deux ans.

Au mois de mars 1998, le ministre Kouchner annonce un plan d'ensemble visant à remettre en cause l'essentiel des services d'urgences existant dans ce pays. Un projet de loi contre l'exclusion présenté par Martine Aubry propose de généraliser les accords d'entreprises opposés au Code du travail. Au même moment sont rendus publics des plans de fermeture de dizaines de maternités dans tout le pays, le démantèlement programmé d'hôpitaux entiers, et le projet de réforme de l'État. Au même moment les directives européennes font l'objet de projets de lois de transposition en France. Elles concernent l'ouverture à la concurrence (c'est-à-dire la privatisation) de La Poste, d'EDF et de GDF, remettant en cause le monopole de ces entreprises. Aux grèves et manifestations qui agitent l'Éducation nationale en Seine-Saint-Denis, le ministre Allègre répond au même moment : *« Je ne peux pas sortir de ma poche des milliers de postes. »* Il préfère, avec le gouvernement, faire sortir de la Sécurité sociale 100 milliards pour les entreprises !

En avril 1998, Madame Aubry rend public le projet de couverture maladie universelle qui n'est rien d'autre qu'un instrument de démantèlement de la Sécurité sociale et de généralisation du caritatif substitué au droit commun des salariés. La loi Chevènement est soumise au vote en dernière lecture. Elle organise l'entrée et le séjour des étrangers en France, mais permet, en réalité, d'organiser des expulsions, d'allonger le délai de rétention à douze jours et de refuser la régularisation des sans-papiers. Lionel Jospin donne cette consigne : il faut « veiller à la réussite de l'euro ». Moyennant quoi il entame la privatisation du Crédit lyonnais, du CIC, de Thomson-CSF.

En mai 1998, les 15 chefs d'État et leur gouvernement signent le passage à l'euro, à Bruxelles. Lors du débat à l'Assemblée nationale qui avait eu lieu sur cette question fin avril, certains votent pour, d'autres contre. Tous ont en commun de déclarer : « L'euro, c'est chose faite. » Le secrétaire national du PCF, parti qui, naguère, s'était opposé au passage à l'euro, propose à cette occasion *« de réorienter la politique européenne »*, et déclare : *« Le PCF a fait le choix de l'Europe. L'euroscepticisme n'est pas sa ligne de conduite. »* Et PCF, et MDC qui votent contre, restent au gouvernement. À la Sécurité sociale, on annonce la mise en place de la carte à puce « Sésam-Vitale » dont l'objectif est, d'une part, d'obtenir des gains de productivité (c'est-à-dire de licencier en masse les employés de Sécurité sociale et de fermer des centres de paiement), d'autre part, de mettre fin au secret médical et de rationner les soins. Lionel Jospin demande au Commissariat au plan de reprendre le dossier sur les retraites pour préparer une réforme. L'Agence régionale d'hospitalisation d'Île-de-France annonce la suppression de deux services d'urgences sur trois dans la région parisienne. La loi Aubry est adoptée définitivement par tous les partis de la « gauche plurielle ».

En juin 1998, la majorité « plurielle » privatise Air France. La Conférence sur la famille abaisse le niveau des allocations familiales pour les familles de deux enfants, de trois enfants.

Été 1998, est rendue publique la généralisation des « contrats éducatifs locaux » et du plan de réforme d'Allègre préparant le démantèlement de l'enseignement dans les lycées. Un nouveau « code de l'éducation » est publié, qui remet en cause les lois laïques de la République et prétend généraliser l'autonomie des établissements. Le projet de budget 1999 propose de supprimer pour les entreprises la taxe professionnelle sur les salaires et de généraliser le système du crédit d'impôt par emploi créé. La loi Voynet (dite « projet de loi d'orientation sur l'aménagement durable du territoire ») reprend à son compte les éléments contenus dans la loi Pasqua antérieure, en particulier les regroupements de communes en « communes d'agglomération », en « pays ». C'est l'offensive pour la destruction de la démocratie communale. Les plans de privatisation enjoignent que France Telecom cède 30 % de ses actions privées, 57 % à Thomson, 70 % à Thomson-Multimédia, 50 % à Aérospatiale, 30 % à Air France. Le GAN doit être cédé à un groupe privé, le CIC à 67 % au Crédit Mutuel, etc. Le directeur de la Caisse nationale d'assurance maladie, Jouhanet, appliquant la politique de Mme Guigou, déclare : *« Il faut récupérer 100 milliards des dépenses de santé. »*

À la rentrée scolaire de 1998, on généralise les « contrats éducatifs locaux » et les « emplois jeunes ». Le projet Allègre de réforme des lycées prévoit la suppression de 3 000 postes budgétaires de MI-SE (surveillants). Le projet de budget 1999 décidé et discuté en septembre 1998 accumule près de 15 milliards de cadeaux fiscaux supplémentaires pour les patrons. De nouveau, la loi de financement de la Sécurité sociale. Elle aggrave le carcan de l'enveloppe globale imposant la restructuration des hôpitaux, donne aux pharmaciens le droit de se substituer à la prescription du médecin et de donner les fameux médicaments génériques. Cette loi maintient le plan de fermeture des urgences.

Octobre 1998, le gouvernement prépare la privatisation d'EDF-GDF pour janvier 1999 : 25 % seraient ouverts à la concurrence. Le projet de loi d'orientation agricole applique la politique agricole commune, baisse les prix à la production et augmente les terres mises en jachère. Allègre met en place la déconcentration du mouvement, c'est-à-dire en fait la casse du statut national des enseignants et, à travers cela, de l'école.

Adoptée en novembre 1998, la loi de financement de la Sécurité sociale ouvre la voie aux fonds de pension – en créant le fonds de réserve, première étape dans cette direction –, poursuit la politique de fiscalisation des cotisations, organise les sanctions contre les médecins qui prescriraient trop de médicaments, confirme le droit des pharmaciens de modifier les ordonnances, met en place un fonds de restructuration des hôpitaux. Un rapport présenté à la demande du gouvernement propose de préparer la mise en concurrence des assurances privées en matière de santé. C'est la fin programmée de l'assurance maladie et de la Sécurité sociale.

À la fin de l'année 1998, nouveaux bombardements en Irak. Le gouvernement regrette que la décision ait été prise sans consulter l'ONU.

L'année 1999 débute sur la mise en place de la charte pour la réforme des lycées qui réduit les heures de cours, transforme les lycées en « lieux de vie », éclate les programmes nationaux d'enseignement. Elle débute également avec la publication du rapport Charpin sur les retraites, qui vise à réformer les régimes spéciaux, c'est-à-dire les menacer de disparition. La CMU est mise en place. Le discours de Jospin consacré aux retraites ouvre la voie à l'allongement à 40 annuités pour le public et 42-43 pour tout le monde au lieu des 37,5 annuités. Présenté en février 1999, le projet de loi Chevènement pour mettre en place les communautés d'agglomération, prévoit la disparition d'un quart des communes et leur fusion de manière forcée dans 141 communautés d'agglomération. Le projet de loi Voynet est adopté, complémentaire de la loi Chevènement ; il met en place 60 « pays expérimentaux » et impose la prééminence de la région dans le cadre de l'Union européenne. C'est la marche forcée à la dislocation de la République.

À l'Assemblée nationale, en ce mois de février 1999, le débat sur la nouvelle loi sur l'électricité organise l'ouverture des marchés de l'électricité à la concurrence pour les entreprises. C'est la mise en œuvre de la directive européenne sur l'électricité.

Mars 1999, avec la CMU, est annoncé « le panier de soins et de services médicaux ». Le traité d'Amsterdam est ratifié. La Yougoslavie subit les bombardements auxquels participe le gouvernement français, dans le cadre de l'OTAN. Le deuxième pilier du rapport Charpin est mis en œuvre, c'est le fonds de réserve.

Un peu partout, se mettent en place les accords dits « des 35 heures », qui démantèlent statuts et conventions collectives. À la SNCF, au mois de mai 1999, l'application des 35 heures provoque un vaste mouvement des cheminots contre le projet de décret. Ségolène Royal met en place la « mutation du collège ».

En juin, la deuxième loi Aubry débattue à l'Assemblée nationale généralise la déréglementation, la baisse des charges, l'annualisation, organise la baisse des salaires et met en place un double SMIC. Le temps partiel est généralisé. Le rapport Pery réforme la formation professionnelle. De même que la réforme de l'Unedic qui vise en fait au regroupement des Assedic et à la mise sous condition de l'assurance chômage. Le Crédit lyonnais est privatisé.

Au début du mois de juillet, on annonce la suppression de 10 700 lits d'hôpitaux en Île-de-France. L'adoption du plan MEDEF-Aubry-CFDT à la Sécurité sociale prétend réaliser 62 milliards « d'économies » sur la Sécurité sociale, c'est-à-dire piller les droits des travailleurs. La Conférence annuelle de la famille multiplie les exonérations patronales. À la fin de l'été, véritable racket sur l'épargne populaire : le gouvernement baisse le taux du livret A.

À la rentrée 1999, le plan Johannet préconise d'instaurer le panier de soins remboursable, c'est-à-dire un budget limité pour une certaine quantité de soins, à commencer par les 6 millions de personnes concernées par la CMU. Selon le plan Johannet, il y aurait en France 50 000 médecins en trop. Il faudrait donc une évaluation régulière des médecins. Rentrée scolaire : le ministre Allègre impose des allégements de programme. On licencie dans les rectorats. Les horaires des personnels administratifs, techniques et ouvriers de services seraient désormais définis localement. Il n'y aurait plus de cadre national. Au même moment, Jospin déclare sur France 2 : *« Je ne crois pas que l'on puisse administrer l'économie. Il ne faut pas attendre tout de l'État. »* C'est le moment où les 7 500 suppressions d'emplois chez Michelin remettent à l'ordre du jour la question du rôle de l'État par rapport aux plans de licenciements. Démantèlement du service de transfusion sanguine de l'Assistance publique pour les hôpitaux de Paris, fermeture de laboratoires dans de nombreux hôpitaux.

Le budget 2000 annoncé en septembre 1999, est fondé sur le blocage des dépenses de l'État au niveau de l'année précédente. Il prévoit le financement des mesures « 35 heures » pour les patrons sur la base d'un pillage de la Sécurité sociale. Toute une série de taxes et d'impôts payés par les sociétés disparaissent.

En octobre 1999, Martine Aubry présente la loi de financement de la Sécurité sociale pour 2000 : nouvelles réductions des dépenses de santé, fermeture des établissements spécialisés pour les jeunes handicapés, restrictions budgétaires dans les hôpitaux. Le projet limite l'évolution des dépenses de santé en fonction des critères de Maastricht, décide de contrôler les bonnes pratiques médicales des médecins, de convoquer les patients dépensiers et inclut 65 milliards d'allégements supplémentaires pour les cotisations patronales. Les entreprises bénéficieront d'une augmentation de la ristourne sur les bas salaires, au total 110 milliards de francs sont ainsi détournés, qui permettront aux entreprises d'investir davantage... dans la spéculation. Les services d'urgences ferment les uns après les autres dans la région parisienne, notamment l'hôpital Rothschild. La « Charte européenne des langues régionales » vise au recrutement de fonctionnaires sur la base du parler local, l'enseignement se ferait en langue régionale, instrument supplémentaire pour l'éclatement de la République. Le plan « U3M » (université du troisième millénaire) vise à réduire le nombre d'implantations, à distinguer entre 8 ou 9 pôles d'excellence et une soixantaine d'universités de deuxième zone. C'est une étape majeure dans la privatisation de l'université. La deuxième loi Aubry adoptée par la « gauche plurielle » à l'Assemblée nationale remet en cause purement et simplement le Code du travail.

Novembre 1999, au congrès de l'Internationale socialiste, Tony Blair peut déclarer, non sans raison : *« Jospin et moi, nous avons les mêmes valeurs. »* Au même moment, la nouvelle carte hospitalière rend publiques 24 000 suppressions de lits.

En décembre 1999, le ministre Allègre annonce un nouveau programme pour l'école visant à remettre en cause les maths, l'enseignement de la grammaire et de larges pans du programme d'histoire. La loi Aubry appliquée aux cadres prétend les rejeter hors des conventions collectives et du Code du travail.

En février 2000, la directive européenne est transposée dans le droit français pour privatiser EDF-GDF. C'est, dans les faits, dès cette date, 26,5 % du marché de l'électricité ouvert à la concurrence. Le rapport Teulade-Jospin vise à mettre en place les fonds de pension avec l'individualisation des retraites.

Février 2000 toujours : application du SROS de la région parisienne menaçant 24 000 lits et 54 000 emplois. La loi Aubry s'applique à France Telecom. L'application de l'ARTT dans la fonction publique est annoncée par le gouvernement, qui veut le faire de manière déconcentrée, décentralisée. C'est la remise en cause du statut général de la fonction publique. Le ministre Zuccarelli annonce que pour transposer les 35 heures dans la fonction publique, il faudrait, de fait, un décompte annuel du temps de travail. Au même moment, le gouvernement prétend transposer la directive européenne sur le travail de nuit des femmes dans l'industrie. Le ministre Sautter menace d'une réforme générale toute l'administration fiscale et des finances. Après les dégâts causés par les tempêtes désastreuses en France, Jospin déclare : *« Le gouvernement n'entend pas se substituer aux assurances privées. »*

Au sommet de Lisbonne, au printemps 2000, injonction est faite aux différents gouvernements d'accélérer la libéralisation du gaz, de l'électricité, de la Poste, des transports. Au même moment, le gouvernement annonce la mise en place de l'épargne salariale sur les retraites et la remise en cause du Code des pensions. L'objectif est d'allonger à 40 annuités la durée de cotisations pour les fonctionnaires. L'épargne salariale est censée introduire un complément par rapport à la répartition : ce sont les fonds de pension. Présentant le programme du gouvernement « Jospin-II », le Premier ministre annonce son intention d'appliquer le calendrier de l'euro. Il faudra, en particulier, reconsidérer les régimes de prestations existants, les régimes de retraites, réduire les charges administratives des entreprises. Il faudra, concernant l'enseignement, substituer les compétences aux qualifications en fonction de « l'employabilité ». Dans la fonction publique, le ministre Sapin décide d'appliquer la loi Aubry par décret.

En mai 2000, au nom d'un « plan national d'action pour l'emploi », le gouvernement entend associer les syndicats à l'allégement des coûts, à la réforme des cotisations patronales sur la Sécurité sociale et la validation des acquis. Il propose aux syndicats de créer « des fonds de pension de gauche » (selon l'expression du journal patronal *Les Échos*), les fameux « projets d'épargne salariale ». Au même moment, le gouvernement autorise le travail de nuit des femmes dans l'industrie. L'interdiction du travail des enfants est à son tour remise en cause par la modification de l'article L. 211-1 du Code du travail. Des enfants pourront travailler à partir de 13 ans dans ce pays. Un acquis vieux de plus de cent ans est ainsi remis en cause. Le ministre Voynet, faisant passer sa loi d'orientation pour l'aménagement et le développement du territoire, annonce ouvertement son objectif : *« Déroger, sanctuariser, discriminer, zoner. »* Bref, la multiplication des zones franches.

En juin 2000, l'Assemblée nationale entérine la réforme de l'assurance chômage mettant en place l'individualisation (ce qui deviendra le PARE) contre le droit collectif. Les délégués à la conférence du BIT adoptent la révision de la convention 103 sur les congés de maternité. Le gouvernement français vote pour.

Été 2000, se met en place une politique de dynamitage des logements sociaux. On apprend le plan de démantèlement des musées, en commençant par le Muséum d'histoire naturelle. Au même moment, est rendu public le « processus de Matignon » sur la Corse, visant, à partir de la Corse, à démanteler l'unité de la République et de faire de la région Corse un lien direct avec l'Union européenne. On apprend également que Gaz de France, à son tour, appliquera la directive sur l'ouverture des marchés, sans attendre le vote du Parlement. Également : transposition en droit français des ordonnances européennes contre les Mutuelles, de plus en plus poussées à se transformer en assurances privées. Le projet de loi sur l'épargne salariale permet d'élargir les exonérations de charges sociales pour les patrons.

À la rentrée 2000, augmentation du prix du fuel et des impôts. Le gouvernement annonce qu'il veut transposer par ordonnances plus de 50 directives européennes qui remettent en cause la protection des femmes enceintes, la médecine du travail, l'assurance chômage et légalisent le travail des enfants de 13 ans. On annonce une baisse des impôts qui, pour l'essentiel (63 milliards), consiste en des cadeaux offerts aux entreprises. Accord Jospin-Seillière-MEDEF au sujet de l'Unedic : c'est la mort programmée de l'assurance chômage, désormais subordonnée à une individualisation des droits. Le ministre Lang annonce l'introduction des langues régionales et des intervenants extérieurs. Le référendum sur le quinquennat a lieu au même moment. Il « bénéficie » de plus de 80 % d'abstentions et de votes contre. C'est un rejet généralisé.

En octobre 2000, la ministre Martine Aubry déclare partager avec Nicole Notat les objectifs sur le PARE, c'est-à-dire le démantèlement de l'assurance chômage. Les ordonnances votées à l'Assemblée nationale accélèrent la privatisation de La Poste. La commission Mauroy sur la décentralisation remet en cause les fondements de la République (généralisation de l'intercommunalité forcée dans le cadre d'un *« pouvoir régional fort »*) et propose de transférer les personnels techniques et administratifs de l'Éducation nationale à la charge des départements et des régions. La loi de financement de la Sécurité sociale 2001, votée en 2000, aggrave le dispositif des sanctions contre les médecins.

En novembre, l'Assemblée nationale vote le rétablissement du travail de nuit des femmes dans l'industrie. 15 députés présents votent la légalisation du travail des enfants à 13 ans. Le budget du logement voté au même moment à l'Assemblée nationale accorde 90 % de ses subventions au logement privé et se traduit par la destruction de 12 à 15 000 logements sociaux par an. Les premiers décrets d'application de la loi Voynet commencent à éclater la République en « pays ».

L'année 2001 commence par l'adoption de quatre mesures remettant en cause le statut des fonctionnaires. Officiellement, le gouvernement annonce la nécessité de retarder l'âge des départs à la retraite et d'aligner progressivement le public sur le privé. En janvier 2001, les députés adoptent en première lecture une proposition de loi de l'UDF *« tendant à introduire dans la Constitution un droit à l'expérimentation pour les collectivités territoriales »*.

Février 2001, le statut des Caisses d'épargne est modifié de manière à les rapprocher du secteur bancaire. MEDEF et gouvernement déclarent la nécessité d'aligner les retraites du public et du privé et la durée de la cotisation, de mettre en place la retraite à la carte.

En mars 2001, élections municipales. La « gauche plurielle » gagne Paris et Lyon, mais perd 39 villes de plus de 20 000 habitants : Guigou, Trautmann, Lang, Mélenchon, Voynet, Gayssot sont défaits. Mais le gouvernement poursuit sa politique de régression sociale. Par ordonnance, il rétablit le travail des enfants ; il n'y a plus de référence à l'obligation scolaire dans le Code du travail. Les mesures annonçant la remise en cause et la privatisation des musées nationaux se multiplient. Le sommet de Stockholm de l'Union européenne décide de généraliser la privatisation. L'épidémie de fièvre aphteuse révèle l'ampleur des conséquences désastreuses de la politique européenne en la matière. Les accords de partenariat se multiplient entre l'Éducation nationale et l'entreprise pour livrer les jeunes au patronat.

En avril 2001, le projet du ministre Kouchner de fermer tous les hôpitaux psychiatriques est rendu public. À propos de la vague de licenciements, en présentant sa loi de « modernisation sociale », la ministre Guigou affirme : *« La loi ne peut pas tout. Il ne faut pas semer de fausses illusions. »*

Au mois de mai, le projet sur la Corse est adopté à l'Assemblée nationale.

Au mois de juillet 2001, se met en place le PARE, le plan d'aide à la radiation des demandeurs d'emploi, qui remet en cause l'existence même de l'assurance chômage. Le 16 juillet 2001, la « position commune » est adoptée entre MEDEF, FO, CFDT, CGC : sur les voies et les moyens de l'approfondissement de la négociation collective.

Au mois d'août 2001, sous couvert de la préparation à l'euro, les prix de consommation courante augmentent de 10 à 25 %. Puis ce sont les vagues de licenciements à AOM, Air Liberté.

# 3

## La Commune de Paris
## Discours prononcé devant le Mur des fédérés par Daniel Gluckstein le 29 mai 2001

Camarades,

Il y a cent trente ans, le 21 mai 1871 débutait la Semaine sanglante qui mit fin à la Commune de Paris. En une semaine, 4 000 travailleurs parisiens trouvèrent la mort sur les barricades, 30 000 furent sommairement fusillés, hommes, femmes, enfants, vieillards ; 45 000 autres furent arrêtés, parmi lesquels 15 000 déportés, envoyés au bagne, la plupart des autres jetés en prison. Au total, on estime à 100 000 les travailleurs qui disparurent de la capitale au lendemain de la Commune.

Nous sommes ici présents pour rendre hommage à ces milliers d'anonymes qui sont tombés pour que vive la Commune. À ces combattants, qui, jusqu'au dernier, sur les barricades, et pour finir devant ce Mur des fédérés, firent le sacrifice de leur vie pour défendre la première République ouvrière de l'histoire.

Nous sommes réunis aujourd'hui à l'appel du Parti des travailleurs. Il s'agit de rendre hommage aux morts mais aussi de rendre hommage à la Commune vivante. Les camarades qui m'ont précédé ont évoqué l'œuvre de la Commune. Permettez-moi d'y revenir afin que l'on mesure toute l'actualité du programme d'un gouvernement qui n'a pas hésité :

- à réquisitionner les usines dont les patrons étaient incapables d'assurer la gestion,

- à supprimer le travail de nuit pour les catégories qui y étaient soumises,
- à réquisitionner les logements vacants pour les ouvriers sans logement,
- à remiser l'ensemble des loyers en retard,
- à abolir les amendes qui étaient imposées aux travailleurs,
- à adopter un décret limitant à huit heures la journée de travail,
- à établir l'instruction publique, laïque,
- à expulser les congrégations religieuses de l'école et à séparer l'Église de l'État,
- à garantir par la loi, et pour la première fois, l'égalité juridique des femmes et des hommes et à encourager l'organisation spécifique des femmes travailleuses,
- à imposer comme règle que tous les élus sans exception, y compris les plus élevés, touchent au maximum le salaire d'un ouvrier,
- à abolir l'armée permanente.

Et tout cela en soixante-douze jours !

Soixante-douze jours, c'est peu. La Commune n'a pas eu le temps d'aller plus loin. Mais le peu qu'elle a fait en si peu de temps a laissé dans la mémoire de la classe ouvrière internationale le souvenir que pour la première fois un gouvernement ouvrier s'est constitué, un gouvernement ouvrier se substituant à tous les gouvernements au service des patrons, des nantis, des capitalistes et des spéculateurs. Pour la première fois dans l'histoire, on a vu ici même à Paris, un gouvernement des travailleurs, par les travailleurs et pour les travailleurs.

Est-ce seulement une question d'histoire ? Cela concerne-t-il seulement ce qui s'est passé il y a cent trente ans ? Aujourd'hui, nous vivons sous le régime d'un gouvernement dit « de gauche » dans lequel siègent des ministres qui se disent « socialistes » pour les uns, « communistes » pour les autres. Que fait-il ce gouvernement ?

Avec sa loi Aubry, il casse les statuts et les conventions collectives nationales, détruit le Code du travail, aggrave les conditions de vie et de travail, impose flexibilité et annualisation.

Il remet en cause la Sécurité sociale, démantèle l'assurance chômage, rétablit le travail des enfants à 13 ans et le travail de nuit des femmes dans l'industrie, finance à coups de millions et de millions les églises de toutes confessions.

Et quand, à Alstom, à Moulinex, dans la métallurgie, les patrons licencient par dizaines de milliers pour pouvoir préserver ce qu'ils appellent le « retour sur l'investissement », c'est-à-dire des profits gigantesques, que fait le gouvernement où siègent ces prétendus « socialistes » et « communistes » ? Est-ce qu'il réquisitionne les entreprises qui licencient ? Est-ce qu'il les nationalise ? Est-ce qu'il en expulse les patrons licencieurs ?

Non, camarades, ce qu'il fait, vous le savez : il adopte une loi Guigou dont la seule fonction est de faciliter les licenciements patronaux, il privatise les services publics afin de rendre possibles les licenciements de cheminots et d'agents de l'État et il licencie lui-même dans la fonction publique les contrats emplois solidarité et les emplois jeunes, tous ces emplois précaires qu'il a lui-même inventés.

Quant à la République que la Commune avait rétablie, il en menace l'unité en adoptant des lois sur la Corse et sur les régions.

Camarades,

La Commune de Paris n'est pas la propriété d'un parti en particulier. Elle ne nous appartient pas, au Parti des travailleurs. Elle appartient au mouvement ouvrier dans son ensemble, à l'échelle française comme à l'échelle internationale, dans le respect de la diversité des courants qui existent dans le mouvement ouvrier.

Mais peut-on rendre hommage à la Commune de Paris en soutenant le gouvernement Jospin-Gayssot sans trahir l'œuvre de la Commune pour laquelle sont morts des dizaines de milliers ? Peut-on accoler le nom de la Commune à celui de l'actuel gouvernement de la gauche plurielle ? Non, camarades, on ne le peut pas, on n'a pas le droit, par respect pour les 100 000 qui sont tombés sous la Commune de Paris.

Camarades,

D'autres, et c'est leur droit en démocratie, manifesteront à leur tour devant ce Mur des fédérés. Il est signalé par les autorités de ce cimetière une délégation conduite par les plus hautes autorités de la mairie de Paris, du Parti socialiste, du Parti communiste, et d'autres organisations, qui viendront tout à l'heure devant ce Mur des fédérés. C'est leur droit. Répétons-le : le Mur des fédérés n'est la propriété de personne. Mais pour nous qui sommes présents ici avec le Parti des travailleurs, il s'agir de dire que notre programme aujourd'hui, c'est maintenant, c'est tout de suite, le gouvernement ouvrier de la Commune, le gouvernement de la Commune dans ce pays, en 2001.

Oui, aujourd'hui, en 2001, nous qui sommes rassemblés, nous prenons l'engagement de combattre pour un gouvernement qui réquisitionne et qui nationalise sans indemnité ni rachat les entreprises qui licencient les salariés. Nous prenons l'engagement de combattre pour un gouvernement qui rétablit l'obligation scolaire jusqu'à 16 ans et interdit le travail des enfants, pour un gouvernement qui rétablit la Sécurité sociale et les régimes de retraite, un gouvernement qui crée des emplois et ne les détruit pas ; un gouvernement qui rétablit la laïcité et le Code du travail.

Un tel gouvernement de la Commune de Paris est-il possible aujourd'hui ? Est-il réaliste ? À quelles conditions l'est-il ?

Cette question en appelle une autre : comment se fait-il qu'en soixante-douze jours des hommes, des femmes, qui, dans leur immense majorité, étaient de simples ouvriers, pas des « grands dirigeants politiques », pas des « grands stratèges », pas des « génies des médias », comment est-il possible que ces simples ouvriers aient pu en soixante-douze jours faire plus au gouvernement que certains « grands dirigeants politiques » pendant des dizaines et des dizaines d'années ?

Camarades,

À cette question, il y a une réponse et nous devons, nous, apprendre cette leçon de la Commune. Ce qui a permis à la Commune de Paris de mettre en œuvre cette politique, ce qui lui a permis de prendre ces mesures, c'est que la Commune n'a pas eu peur de rompre avec la vieille machine de l'État. La Commune a entrepris de briser la vieille machine de l'État, elle a jeté les bases d'un État nouveau, d'un État ouvrier infiniment plus démocratique que la plus démocratique des démocraties parlementaires qui aient jamais existé. La Commune n'a pas eu peur de rompre avec la classe des exploiteurs, avec la classe des propriétaires fonciers et propriétaires terriens. Elle a fait plus que cela : elle a exclu les propriétaires des usines et des terres de la Commune de Paris et elle a réprimé leur résistance.

C'est à ce prix que la Commune de Paris, premier gouvernement ouvrier de l'histoire, a pu prendre les mesures au service de l'immense majorité du peuple, même s'il a fallu pour cela réprimer la résistance de l'infime minorité des exploiteurs et des profiteurs.

Certes, la Commune n'a pas eu le temps, elle a sans doute non plus pas eu totalement la volonté ferme d'aller jusqu'au bout. Elle a connu des hésitations et nous devons apprendre des forces de la Commune comme nous devons apprendre de ses hésitations. Elle a hésité à s'emparer de l'or de la Banque de France et à marcher sur Versailles.

Camarades, nous ne sommes pas ici pour juger mais pour apprendre. L'importance historique de la Commune se concentre en ceci : pour satisfaire aux besoins vitaux de l'immense majorité, le peuple travailleur sous la Commune n'a pas hésité à expulser la classe capitaliste, à réquisitionner les entreprises, à briser, c'est-à-dire à détruire de fond en comble tout le vieil appareil judiciaire, militaire, policier, institutionnel. Il n'a pas hésité à remplacer l'État bourgeois par l'organisation indépendante des travailleurs.

Apprendre de la Commune, c'est dire, ici, ce 19 mai 2001 : demain dans notre pays, le gouvernement de la Commune triomphante n'aura pas d'autres choix s'il veut marcher dans les traces de nos prédécesseur, que de briser, démolir de fond en comble, les institutions de l'Europe de Maastricht, briser, démolir de fond en comble les directives européennes et les ordonnances du gouvernement. Et aussi : briser et démolir de fond en comble les institutions de la V^e^ République, ce régime antidémocratique né du coup d'État de De Gaulle et dans lequel « la gauche » se coule avec délices depuis près de vingt ans.

Oui, camarades, le gouvernement de la Commune triomphante, aujourd'hui dans ce pays, sera celui qui commencera par briser ces institutions antidémocratiques pour mettre en place une démocratie infiniment supérieure. Il s'agira d'une démocratie fondée – aujourd'hui comme il y a cent trente ans – sur l'organisation propre des travailleurs, c'est-à-dire sur le mandat qui est confié et qu'on le respecte. La force de la Commune tient au fait que jamais auparavant et jamais depuis dans notre pays, un régime n'a à ce point été appuyé sur la démocratie du mandat. Ce qui a donné à la Commune la force de rompre l'ordre établi, la force de briser les chaînes de l'oppression et de l'exploitation, c'est que c'était un État d'un type particulier. Non pas un État dirigé par une poignée de dirigeants, de responsables, de ministres, d'hommes politiques, mais un État dirigé par des délégués qui étaient mandatés, élus, et révocables à tout instant, et contrôlés.

Écoutez, écoutez la voix de Léo Frankel, ouvrier hongrois, et ministre de la Commune : « Nous sommes ici pour faire des réformes sociales et pour faire ces réformes sociales devons-nous d'abord consulter les patrons ? Non. Je n'ai à accepter d'autre mandat ici que celui de défendre la classe ouvrière. Quand une mesure est juste, je l'accepte et je l'exécute sans m'occuper de consulter les patrons. »

Nous aussi, aujourd'hui, nous voulons un gouvernement qui prenne des mesures sans s'occuper de consulter les patrons et de leur obéir.

Écoutez camarades, écoutez ce texte de l'affiche par lequel les citoyens sont appelés à élire le conseil municipal de Paris, le 22 mars 1871 : « Les membres de l'assemblée municipale seront sans cesse contrôlés, surveillés, discutés par l'opinion. Ils sont révocables, comptables, responsables. C'est une telle assemblée, la ville libre dans un pays libre, que vous allez fonder. »

Avec la Commune de Paris, nous disons aujourd'hui, en 2001 : nous voulons établir une ville et un pays libres dans un monde libre et pour cela nous voulons des élus qui soient contrôlés, surveillés, discutés. Nous voulons pouvoir les révoquer, leur faire rendre compte et exiger qu'ils rendent compte de leur responsabilité.

Écoutez encore cette résolution déposée par Eugène Varlin, un autre délégué ouvrier de la Commune : « Attendu que le droit de révoquer des chefs et de mandater un élu est un droit absolu en République pour les électeurs, l'assemblée déclare qu'elle entend revendiquer le droit absolu de nommer tous ses chefs et de les révoquer dès qu'ils ont perdu la confiance de ceux qui les ont élus. »

Oui, camarades, la force de la Commune est là. À l'époque, ceux qui étaient élus ne l'étaient pas pour six ans. Ceux qui étaient élus n'avaient pas la possibilité de violer le mandat, de faire des promesses pour les trahir aussitôt. Ils étaient délégués élus, mandatés, révocables, contrôlés. Il n'y avait pas de chef. C'était la masse des anonymes. Ils étaient payés au salaire d'ouvrier, ils ne se vautraient pas dans les ors de la République.

Cette démocratie porte un nom : c'est la démocratie de délégation. Camarades, on vous parle aujourd'hui d'autres styles de démocratie, de « démocratie participative », de « budget participatif » ou autres balivernes. Soyez-en convaincus : il n'est qu'une démocratie véritable, la démocratie de délégation, la démocratie de la Commune de Paris.

Oui, camarades, un gouvernement de la Commune de Paris triomphante demain sera un gouvernement de la rupture avec Maastricht. Ce sera un gouvernement qui établira l'Assemblée constituante souveraine dans laquelle les délégués élus par le peuple, contrôlés et mandatés par lui, abrogeront les institutions de la Ve République et de l'Europe de Maastricht.

Oui, camarades, la Commune de Paris est vivante parmi nous. C'est la Commune de l'Internationale, c'est la Commune de la Révolution russe de 1905 et de 1917, c'est la Commune de Shanghai, c'est la Commune de Pékin. Nous avons reçu ici des messages du monde entier, des ouvriers américains dont les syndicats rejettent les traités de libre-échange et de mondialisation, des ouvriers chinois qui combattent pour des syndicats libres et indépendants ; nous avons reçu des messages de Palestine où le peuple lutte pour les droits à la justice, à la terre, à la liberté ; nous avons reçu des messages du Bangladesh, d'Inde, d'Équateur, de Corée, d'Algérie. Et nous avons reçu des messages de

Russie où les camarades qui luttent contre les privatisations nous disent : la Commune n'est pas morte et la Révolution russe n'est pas morte.

Camarades, dans ce monde de misère, de guerre et de décomposition, dans ce monde où la classe capitaliste et ceux qui sont à son service voudraient entraîner l'humanité dans la barbarie, nous disons avec la Commune : socialisme ou barbarie. Nous savons que la lutte sera longue et difficile. Nous savons en France même ce que sont les difficultés. Mais nous savons que pour imposer le gouvernement de la Commune de Paris, un parti sera nécessaire et nous le construirons ensemble.

Camarades,

L'un des derniers communards, l'un de ces ouvriers qui s'est battu jusqu'au dernier moment, s'est échappé dans les derniers jours de la Commune. Quelques jours après la Commune de Paris, cet ouvrier écrivait une chanson, cette chanson : l'*Internationale*. Ce communard s'appelle Eugène Pottier. L'ouvrier Eugène Pottier a vécu dans la misère, il a été élu à la Commune de Paris, il a été exilé dans la misère, il est mort dans la misère. Mais quand il est mort, enterré ici même au Père-Lachaise, en 1887, des dizaines de milliers d'ouvriers suivaient son cercueil et chantaient avec lui : « Ouvriers et paysans, nous sommes le grand Parti des travailleurs, la terre n'appartient qu'aux hommes, l'oisif ira loger ailleurs. Combien de nos chairs se repaissent ! Mais, si les corbeaux, les vautours, un de ces matins, disparaissent, le soleil brillera toujours ! »

Alors, oui, Camarades : Que vive la Commune de Paris ! Que le soleil brille enfin pour les exploités et les opprimés ! Que vive la Commune de Paris ! Que vive le gouvernement de la Commune triomphante ! À bas les Versaillais de tout poil et de toutes couleurs ! Vive la classe ouvrière et vive l'Internationale !

## 4

## Lettre ouverte à Messieurs Plenel et Lévy [1]

Messieurs,

Il est du droit de chacun, en démocratie, de professer les opinions qui sont les siennes. Nul ne saurait donc contester votre droit à afficher ouvertement votre commune détestation du courant trotskyste dont je suis l'un des responsables et, au-delà – je le montrerai –, du mouvement ouvrier.

Cela autorise-t-il pour autant tous les procédés ? Est-on encore dans le domaine de l'expression des idées lorsqu'on ment, calomnie et falsifie des faits pourtant indiscutables ?

Vous vous êtes, l'un et l'autre, abaissés à ces procédés à l'encontre de mon camarade Pierre Lambert.

Je veux ici, publiquement, dévoiler le mécanisme par lequel vous, M. Plenel, combinez un mensonge par omission avec un mensonge pur et simple, et une honteuse calomnie, pour tenter de porter atteinte à l'honneur du militant ouvrier Pierre Lambert.

Je veux montrer comment vous, M. Lévy, n'hésitez pas à reprendre à votre compte cette fabrication et, vous hissant sur les épaules dudit Plenel, à franchir un cran dans l'ignominie.

En voici les preuves, appuyées sur les faits. Osez les démentir.

### Premier acte : où Edwy Plenel ment par omission

Dans votre livre *Secrets de jeunesse*, vous écrivez (p. 222-223) : *« Le trotskysme français a aussi sa part d'ombre, son mauvais*

1. Publiée dans *Informations ouvrières*, n° 513 (2058), 14 novembre 2001.

*souvenir, son secret de famille : l'attitude d'une partie des siens sous l'Occupation (...). Le 28 août 1940 (...), Henri Molinier (...) soumettait, sous le pseudonyme de "Testu", un texte à la discussion de ses camarades, dont le titre,* "Que faire ?", *était explicite, faute d'être original. Originale, sa réponse l'était, hélas : ne pas hésiter à faire de l'entrisme dans les organisations fascistes qui vont dominer le pays occupé (...). Henri Molinier ne se contenta pas de cette réflexion, il la mit en pratique, adhérant en 1941 au parti fasciste de l'ancien socialiste Marcel Déat, le Rassemblement national populaire.* »

Passons sur l'idée répandue par les staliniens, et reprise aujourd'hui par vous, sur « la part d'ombre » du trotskysme pendant la guerre. *L'Humanité*, à l'époque, parlait plus ouvertement des « hitléro-trotskystes »...

C'est un fait qu'après la défaite de 1940, des militants ouvriers de toutes tendances et de toutes origines ont connu des errements et, pour certains d'entre eux, ont cru possible de se fourvoyer en « travaillant » au sein d'organisations qui collaboraient avec les nazis. Vous signalez d'ailleurs le cas de Jean Rous : « *Il commença fort mal (...). Dès juillet-août 1940, il prit des contacts pour créer un parti qui, bien que non autorisé, évoluait dans une semi-légalité au tout début de l'Occupation. "Ni pro-anglais, ni pro-allemand, mais pro-français", proclamait ce mouvement national révolutionnaire (...). Heureusement pour lui, Jean Rous finit par se ressaisir au bout d'un an : en 1941, il prit le chemin de la résistance gaulliste* » (p. 224).

Vous dites vrai, Plenel, concernant Jean Rous.

Mais pourquoi omettre la suite de l'histoire concernant Molinier ? Au détour d'une phrase, vous signalez qu'« Henri Molinier sera tué par un obus allemand en 1944 » (p. 221). Mais qu'a-t-il fait entre 1941 et 1944 ? Le lecteur n'en saura rien. Dans quelles circonstances a-t-il été tué ? Vous n'en dites rien non plus ! Vous instillez insidieusement auprès du lecteur une impression de malaise, renforcée par l'affirmation selon laquelle, dans le groupe trotskyste auquel appartenait Molinier, « on chercherait en vain la trace d'une résistance trotskyste sous l'Occupation ».

Honte à vous, Plenel, de falsifier ainsi des faits que vous êtes pourtant bien placé pour connaître !

En effet, la LCR, à laquelle vous avez appartenu, et dont vous parlez avec une certaine tendresse, a édité en 1981, aux éditions La Brèche, un recueil de quatre volumes intitulé *Les Congrès de la IVe Internationale.* Voici comment l'organisation à laquelle vous avez appartenu évoque la mémoire d'Henri Molinier, dans le deuxième volume de ce recueil, sous la signature de Rodolphe Prager : « *En France, c'est dès 1939-1940, sous le gouvernement Daladier, que cinq membres du POI, dont des dirigeants comme Stève, Rigaudias et Baufrère, puis dix militants du groupe Frank-Molinier, dont Margne et Boussel-Lambert, sont emprisonnés et condamnés à de lourdes peines. Plus de 150 trotskystes français furent emprisonnés ou déportés sous l'Occupation. Trente-cinq à quarante sont morts, fusillés comme Jean Meichler, Marc Bourhis, Henri Lebacher et André Thiolon, assassinés comme Robert Cruau et Marcel Hic, principal dirigeant du mouvement, ou tués pendant les combats de la "libération", comme Henri Molinier, l'un des fondateurs de l'Opposition de gauche* » (p. 22).

Dans le même ouvrage (p. 284), la photo d'Henri Molinier figure parmi les clichés représentant des militants trotskystes tombés dans la lutte contre le nazisme. P. 471, la notice biographique d'Henri Molinier le présente comme « *l'un des fondateurs de l'Opposition trotskyste en France, homme de confiance de Trotsky, dirigeant trotskyste avant la guerre et sous l'Occupation, responsable militaire du PCI en 1944. Tué par un obus allemand à Paris en août 1944* ».

Oui, c'est un fait : Henri Molinier, qui s'était fourvoyé en 1940-1941, s'est repris et s'est engagé dans le combat, pour lequel il a sacrifié sa vie. Tels sont les faits établis par tous, y compris, répétons-le, par les adversaires politiques de notre courant. Tels sont les faits indiscutables.

Qui êtes-vous, M. Plenel, pour salir la mémoire d'Henri Molinier ?

Qui êtes-vous pour inventer que lorsque les trotskystes français s'unifièrent pour former une seule organisation (le PCI) en février 1944, ils le firent, dites-vous « *sans Henri Molinier* », car

« *la nouvelle organisation refusa d'endosser son aventure entriste au sein du RNP du collaborateur Marcel Déat, et par conséquent, lui ferma sa porte* » (p. 230) ?

Où êtes-vous allé chercher cette « information » ? Elle ne figure nulle part dans les documents officiels publiés par le recueil déjà cité, édité à La Brèche. D'ailleurs, on voit mal qu'Henri Molinier, écarté selon vous de toute appartenance au PCI en mars 1944, puisse être tombé en août 1944 sous les obus allemands comme « *responsable militaire du PCI* », selon la formule de Rodolphe Prager !

Quels qu'aient été ses errements et ses erreurs, Henri Molinier est mort en militant ouvrier, en combattant de la IVe Internationale, et c'est à ce titre que la IVe Internationale, tous courants confondus, jusqu'à la crise de 1950-1953, lui a toujours rendu hommage. C'est à ce titre que tous les courants issus de la crise de la IVe Internationale, quels que soient leurs désaccords, y compris celui dont vous vous réclamez, Plenel, lui ont toujours rendu hommage.

Directeur de la rédaction du *Monde*, vous ne sauriez être soupçonné, Plenel, d'imposer gratuitement semblables distorsions aux faits. Il ne s'agit pas de votre part d'une quelconque fantaisie. L'objectif est d'aboutir à une minable démonstration, dont je parlerai plus loin. Il ne fait pas de doute que, pour vous, cette fin justifie tous les moyens. Aux yeux d'honnêtes citoyens, rien ne saurait justifier, en revanche, que l'on calomnie ainsi la mémoire du militant Henri Molinier, qui n'est plus là pour pouvoir se défendre.

Vous n'avez pas le droit de salir la mémoire de ceux qui sont tombés pour la liberté, la démocratie, le mouvement ouvrier.

### Deuxième acte : où Plenel ment

P. 230 de votre livre, vous écrivez : « *Pendant la guerre, il* [Pierre Boussel-Lambert – NDR] *avait été très proche du grand frère Molinier, sans doute son meilleur allié. On ne sait s'ils pensaient pareillement, mais on peut le supposer. On peut même penser qu'Henri Molinier, son aîné d'un peu plus de vingt ans, fut alors le mentor de Pierre Lambert.* »

Permettez-moi d'exprimer mon admiration pour l'impayable jésuitisme de votre style. Vous méritez vraiment d'être le directeur de la rédaction du *Monde.*

Vous n'affirmez pas, vous suggérez, vous insinuez.

Pierre Boussel était « *très proche* » d'Henri Molinier, et même, « *sans doute* », – ah ! qu'il est beau, ce « *sans doute* » – son « meilleur allié ».

« *On ne sait s'ils pensaient pareillement* » : si vous ne savez pas, taisez-vous.

« *Mais on peut le supposer* » : ça, c'est vrai, on peut toujours tout supposer. Pour notre part, nous n'avons pas besoin de « supposer » quoi que ce soit pour affirmer, M. Plenel, que vous êtes franchement et délibérément une vraie canaille.

Car enfin, la vérité est connue, les textes sont disponibles. Oui, Pierre Boussel-Lambert appartenait au même groupe qu'Henri Molinier. Mais précisément, sur l'attitude à adopter après la défaite de juin 1940, non seulement ils ne pensaient pas pareillement, mais même, ils s'opposaient ouvertement.

Rêvons un instant.

Supposons que le souci de vérité vous ait, ne serait-ce qu'effleuré, M. Plenel. Vous seriez allé aux sources. Vous auriez, par exemple, consulté les bulletins intérieurs du CCI de cette période, car ces bulletins sont disponibles, publiquement.

Comment Henri Molinier, dans son texte d'août 1940, justifiait-il son orientation ? Il écrivait : « *Le fascisme d'après-guerre devra s'efforcer de planifier dans un sens économique progressif. Bien entendu, tout cela ne sera pas socialiste et nous ne crions pas "Vive le fascisme !". Nous savons que le fascisme, né de l'échec de la révolution d'Octobre à l'échelle russe et européenne, remplit la tâche historique de prolonger le capitalisme, mais qu'il ne peut le faire qu'en l'élevant à un stade plus évolué.* »

Répondant au texte de Molinier « *Que faire ?* », Pierre Boussel-Lambert écrit sous le pseudonyme de Lejeune, dans un bulletin intérieur de novembre 1940 : « *D'une part, la violence de la lutte qui ira s'accentuant dans les mois qui viennent entraînera une énorme destruction des forces productives (...). L'Allemagne victorieuse (...) ferait de l'Europe une source de ravitaillement en matières premières, ce qui veut dire, nous en avons la préfiguration en France, destruction des industries nationales. Où sont les caractères progressistes là-dedans ? (...) La victoire du fascisme n'aura lieu que sur les ruines de la civilisation (...). Hors de la révolution prolétarienne, il n'y a que le retour à la barbarie, dans cette époque où les conditions économiques sont plus que mûres pour la réalisation du socialisme.* »

Fin 1940, dans un autre bulletin intérieur du CCI, Pierre Boussel-Lambert écrit : « *De cette analyse succincte, on peut dégager avec une certaine netteté ce que va être le développement de la situation dans les prochains mois. L'Amérique va entrer en guerre aux côtés de l'Angleterre (...). La guerre va s'étendre. Le monde entier y sera embarqué (...). Marx, dans je ne sais plus quel livre, démontrait la fatalité de la révolution prolétarienne, concluant que l'humanité ne peut mourir et qu'elle y arriverait inéluctablement. Le problème n'est rien de moins que le socialisme ou le retour à la barbarie.* »

Molinier et Boussel-Lambert « pensaient pareillement », M. Plenel ? Vous êtes un menteur. D'autant que cette polémique entre les deux s'est poursuivie, dans de nombreux textes de bulletins intérieurs, dans les premiers mois de 1941. Cette polémique, j'y reviendrai plus loin, a débouché, durant cette période, sur une orientation pratique bien différente. Ce n'est qu'après l'attaque de l'Allemagne nazie contre l'URSS, et aussi en rapport avec la polémique au sein de son organisation, qu'Henri Molinier, au milieu de l'année 1941, va renoncer à son orientation.

Les faits sont les faits : vous mentez, M. Plenel.

La position de Pierre Lambert en 1940-1941 est connue, elle ne souffre d'aucune équivoque vis-à-vis de l'attitude à adopter par rapport à la collaboration et à la participation à des partis du type de celui de Déat.

## Troisième acte : où Plenel calomnie

À la lecture de votre laborieuse démonstration, le lecteur, nécessairement, s'interroge : tout cela, dans quel but ? La réponse, la voilà : « *De fait, conformément à la ligne "Testu", l'entrisme de l'un au sein du RNP de Déat eut pour pendant l'entrisme de l'autre au sein de la CGT clandestine* » (p. 230).

C'est le bouquet ! Passons sur le fait, cela a été démontré plus haut, que Pierre Lambert s'est toujours opposé à la « ligne Testu » (c'est-à-dire de Molinier). C'est un fait que Pierre Lambert, comme d'autres de toutes tendances, a participé dès 1941 à la reconstruction de syndicats illégaux sous la dictature de l'occupation nazie. Et vous osez, Plenel, mettre cela sur le même plan que l'appartenance au RNP de Déat !

Ce n'est pas seulement une calomnie contre Pierre Lambert. C'est une insulte à la mémoire de tous ceux, de toutes origines politiques – communistes, socialistes, sociaux-démocrates, réformistes, trotskystes, anarchistes, chrétiens, etc. –, qui, non sans courage (et nombreux furent ceux qui le payèrent de leur vie), refusèrent la Charte du travail et jetèrent les bases d'une renaissance du mouvement syndical.

Oser mettre sur le même plan le RNP de Déat et la CGT clandestine : c'est la haine du mouvement ouvrier qui s'exprime sous votre plume.

### Quatrième acte : où Bernard-Henri Lévy intervient

*Le Figaro* (9 novembre 2001) publie la note de lecture enthousiaste du « livre » de Plenel signée Bernard-Henri Lévy. Vous y distinguez, M. Lévy, « *des pages importantes sur les deux trotskysmes (le honteux et le lumineux)* ». Vous y précisez que le « trotskysme honteux », c'est « *le trotskysme de Pierre Lambert, pour aller vite, avec sa manie de l'entrisme jusques et y compris dans les partis de la collaboration avec Hitler* ».

« *Pour aller vite* », comme vous dites. Cela s'appelle même une exécution sommaire !

Il paraît, M. Lévy, que vous êtes un philosophe. Si tel est le cas, nous sommes très loin de la philosophie des Lumières. Nous voilà revenus à la Sainte Inquisition ! Et ne prenez pas pour excuse que vous avez fait confiance à Plenel, lequel vous aurait induit en erreur. Chacun est responsable de ce qu'il écrit.

En l'occurrence, vous avez fait ce dont, apparemment, vous êtes coutumier : dans la course effrénée à la notoriété médiatique, vous vous êtes demandé : comment faire mieux que les autres ? Comment aller plus loin encore que Plenel ? Le sujet de la commande était : lynchage médiatique contre le trotskysme en général, contre Pierre Lambert en particulier. Alors, vous hissant sur les épaules de Plenel, vous avez franchi un cran dans l'ignominie. Hélas pour vous : même en montant sur les épaules l'un de l'autre, deux individus minuscules ne feront jamais un grand personnage.

Il est tout de même extraordinaire de constater que c'est vous, les mêmes Plenel, Lévy et autres, qui encombrez les colonnes des journaux et les plateaux de télévision avec vos sempiternelles dissertations sur la morale et l'éthique, sur le rapport entre la fin et les moyens…

Où est-elle votre morale ? Où est-elle votre éthique ? Disparues, envolées, dès lors qu'il s'agit de sonner l'hallali contre la IVe Internationale et, plus largement, contre le mouvement ouvrier. Dans la chasse aux sorcières antitrotskyste, tous les moyens sont bons.

Croyez-vous vraiment que tous les coups sont permis ? Croyez-vous bénéficier d'une immunité totale, sous prétexte que votre discours va avec l'air du temps et qu'il sert certains puissants, et s'acharne contre ceux qui défendent les opprimés et les exploités ?

La justice est d'ores et déjà saisie. Nous irons jusqu'au bout.

Mais il est bon que, sans attendre, chacun et tous sachent à quoi s'en tenir. Vous êtes, MM. Plenel et Lévy, des canailles et des faussaires. La preuve en a été ici apportée. Osez, si vous le pouvez, apporter la preuve du contraire. Nous prenons l'engagement de publier dans notre hebdomadaire toute offre de preuve que vous fournirez à l'appui de vos écrits.

Daniel Gluckstein
le 13 novembre 2001
87, rue du Faubourg Saint-Denis – 75010 Paris.

## 5

## Lettre manuscrite signée Kostas du 13 avril 1986, 18 heures

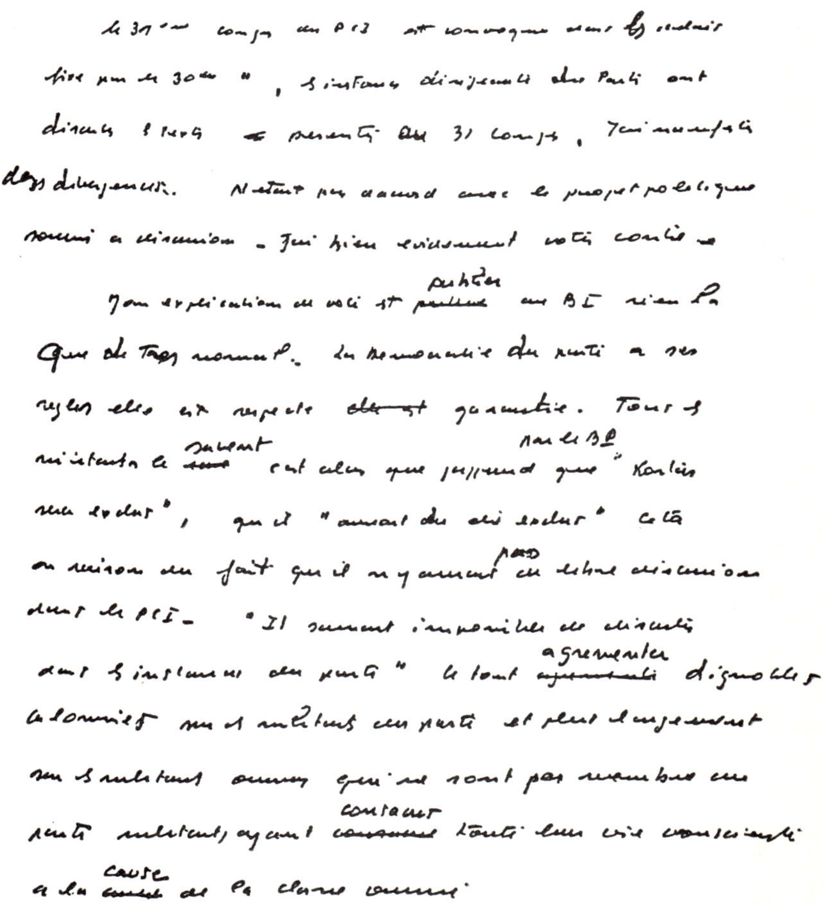

Ils nous ~~répondent~~ répondent avec mépris et calomnies

Passons à l'essentiel : cherchons ensemble dans quel but sont utilisées ces nouvelles procédures.

~~n'allons~~ mettant pas chercher plus loin que ces quelques mois

quelques ~~faits~~ faits bien établis

– Comme militant syndical dans le respect de l'indépendance et syndicats nous ~~défendons~~ défendons bien normalement avec d'autres (précisément des militants qu'on calomnie dans le syndicat) est possible que nous soyons corrects : anti-la stabilité, le nouveau code de la route, contre l'autonomie et universités et les emplois nationaux, ou pour la défense du statut de la fonction publique – immédiatement une campagne dans la grande

presse est organisée relayée à l'intérieur du syndicat démontant les trotskistes et le PCI. Par lettres tracts des individus qui n'ont rien à voir avec le mouvement ouvrier ~~immondes~~ immondes de leurs calomnies et ~~instance syndicale~~ instance de syndicat ce qu'ils cherchent est d'infliger un coup au combat ~~uni~~ uni pour la défense des acquis ouvriers.

– Avec les militants du MPDT nous engageons

la campagne du militant sans parti

franc par franc, contrôlé par une commission

financière de militants d'origine divers désignés

par le comité National du MPDT nous recueillons

850 millions. C'est un succès militant considérable.

Il faut naturellement le dire auquel, [illegible] s'ajoute

rouge et [illegible] des journalistes bien pensants

de la grande presse tentés de

ternir cet effort militant

de construction pour un [illegible] [illegible]

Ils insinuent que ces sommes ne viendraient

pas de la collecte des fonds. Ainsi ils reprennent

à leur compte les procédés bien connus de

la calomnie du mensonge de la provocation.

Ceci au moment où les staliniens ne sont

pas à même d'utiliser leur arme favorite.

Cela a fin de dresser de constater au informent

de la section français de la IV internationale

consuivant a egalité avec dirigeants de

tendances et sections du MNPI.

Constatons ensuite que cette campagne

anti trotskyste s'est poursuivie pendant tous les

procès au moment même où le journal du Bureau

lance sa provocation.

Reflechissons à cet ensemble de fait et

nous en tirerons comme 1re conclusion que

cette campagne de calomnie rappel.

Etrangement les campagnes engagées en 1935

1936 dans un temps où SI avançaient

dans la construction du P Revolutionnaire.

Les quelques elements permet a tous les

militants de comprendre pourquoi alors

que souvre la discussion de preparation du

30e congres comme membre du BP decrire.

le texte

Je n'accepte pas qu'il soit utilisé nulle
position politique contre le parti. contre
surtout ouvriers. avec qui nous
combattrons pour construire le MNDT.

J'ai des divergences sur l'appréciation de
la situation et des tactiques du PCT tous.
cela. qui cherchent à se convaincre de
mes positions. Donc. ~~tout à la fois~~, tenter
de partir des coups au parti et d'introduire
de l'extérieur des procédés qui peut m'isoler.
Il s'agit d'empêcher surtout un PCT de
d'obtenir démocratiquement dans une
instance régulière. Cela a défaut de

~~pouvoir participer sérieusement~~ correctement

~~honnêtement à une discussion~~ je dis vous

~~n'y contribuerez pas~~.

Je vous dis vous n'y contribueriez pas.

[illegible]

[illegible]

Kostas

*« Le XXXI^e Congrès du PCI est convoqué dans les délais fixés par le XXX^e Congrès ; les instances dirigeantes du parti ont discuté les textes présentés au XXXI^e Congrès, j'ai manifesté des divergences. Je n'étais pas d'accord avec le projet politique soumis à la discussion. J'ai bien évidemment voté contre et appelé à voter contre.*

*Mon explication de vote est publiée dans le bulletin intérieur, rien là que de très normal. La démocratie du parti a ses règles, elle est respectée et garantie. Tous les militants le savent. C'est alors que j'apprends par le bureau politique que certains disent :* "Kostas sera exclu", *qu'il* "aurait dû être exclu", *cela en raison du fait qu'il n'y aurait pas de libre discussion dans le PCI : "Il serait impossible de discuter dans les instances du parti" ; le tout agrémenté d'ignobles calomnies sur les militants du parti et plus largement les militants ouvriers qui ne sont pas membres du parti, militants ayant consacré toute leur vie consciente à la cause de la classe ouvrière.*

*Je répondrai – nous répondrons – avec mépris à ces calomnies.*

***Venons-en à l'essentiel :** cherchons ensemble dans quel but sont utilisés ces misérables procédés. N'allons pas chercher plus loin que ces derniers mois. Quelques faits bien établis :*
*– Comme militants syndicaux, dans le respect de l'indépendance des syndicats, nous défendons bien normalement avec d'autres (précisément ces militants qu'on calomnie dans les syndicats) les positions que nous estimons correctes : contre la flexibilité, le nouveau Code de la Sécurité sociale, contre l'autonomie des universités et la remise en cause des diplômes nationaux, ou pour la défense du statut de la fonction publique.*

*Immédiatement une campagne est organisée dans la grande presse, relayée à l'intérieur des syndicats, dénonçant les trotskystes et le PCI. Par lettre-tract des individus qui n'ont rien à voir avec le mouvement ouvrier inondent de leurs calomnies les instances du syndicat. Ce qu'ils cherchent est clair : porter un coup au combat uni pour la défense des acquis ouvriers.*

*– Avec les militants du MPPT, nous avons engagé la campagne du milliard, sou par sou, franc par franc, campagne contrôlée par une commission financière composée de militants d'origines diverses, désignés par le comité national du MPPT ; nous recueillons 850 millions. C'est un succès militant considérable, et tout naturellement les mêmes calomniateurs, auxquels s'ajoutent* Rouge *et des journalistes bien pensants de la grande presse, tentent de ternir cet effort militant de construction d'un parti ouvrier indépendant. Ils insinuent que ces sommes ne viendraient pas de la collecte des fonds auprès des travailleurs. Ainsi, ils reprennent à leur compte les procédés bien connus de la calomnie, du mensonge, de la provocation.*

*Cela au moment où les staliniens ne sont pas à même d'utiliser leur arme favorite.*

*Cela afin de dresser les obstacles au renforcement de la section française de la IV^e^ Internationale, construisant à égalité avec des militants de toutes tendances des sections du MPPT.*

*Constatons ensemble que cette campagne antitrotskyste est reprise sur tous les fronts au moment même où* Le Journal du Dimanche *lance sa provocation.*

*Réfléchissons à cet ensemble de faits et tirons-en comme première conclusion que cette campagne de calomnies rappelle étrangement les campagnes engagées en 1935-1936, dans un temps où les trotskystes avançaient dans la construction du parti révolutionnaire.*

*Ces quelques éléments permettent à tous les militants de comprendre pourquoi, alors que s'ouvre la discussion de préparation du XXXI^e^ Congrès, comme membre du BP j'écris ce texte.*

*Je n'accepte pas que soient utilisées mes positions politiques contre le parti, contre les militants ouvriers avec qui nous combattons pour construire le MPPT.*

***J'ai des divergences sur l'appréciation de la situation et les tâches du PCI**, tous ceux qui cherchent à se couvrir de mes positions pour autre chose que le débat démocratique dans le PCI tentent de porter des coups au parti et d'introduire de l'extérieur les procédés les plus misérables.*

*Il s'agit pour eux d'empêcher les militants du PCI **de débattre démocratiquement dans leurs instances régulières.***

*Je le leur dis, ils n'y arriveront pas. »*

Kostas,
dimanche 13 avril 1986.

*Impression réalisée sur CAMERON par*

BUSSIÈRE CAMEDAN IMPRIMERIES

GROUPE CPI

*à Saint-Amand-Montrond (Cher)*
*en mars 2002*

Éditions du Rocher
28, rue Comte-Félix-Gastaldi
Monaco

Dépôt légal : mars 2002. N° d'Impression : 021308/1.
N° d'Édition : CNE section commerce et industrie Monaco 19023

*Imprimé en France*